作为一种高效、低成本的销售模式，电话销售不仅能迅速接触到客户，而且能让潜在客户更方便、更快捷地了解自己公司优质的产品或服务。在电话销售已经非常普及的北美，每年电话销售的成交额超过3000亿美元。在中国，电话销售也日益作为一种主流的商业营销手段而被广泛地采用。

进入国内最大的招聘网站，你将发现电话销售人员已经成为居于前列的热门职业，某些优秀电话销售人员的最高月收入，已经超过普通大学应届毕业生的年收入。电话销售具有高效的天然优势，比如戴尔电脑公司的电话销售人员人均一年销售额就超过500万元。有效地运用电话进行销售，已经成为数百万人的职业技能。

然而，越来越多的人和企业对电话销售越来越重视的同时，随之而来的是客户对电话销售越来越大的抗拒。在这种背景下，电话销售人员如何以更专业的方式和客户接触，了解客户的需求和底线？如何通过各种沟通技巧，化解客户的异议和拒绝，从而有效赢得客户？本书将给您一一揭晓正确答案。

全书共分四篇，力图从电话销售的准备、沟通、成交和售后四个主要阶段，针对每一个关键环节，对电话销售的备战、实战、成交与售后做出全方位诠释，同时，结合销售高手的成功案例，系统剖析了电话销售的技巧和策略，帮助你轻松驾驭电话销售，创造辉煌的销售业绩。

1. 准备篇：凡事预则立，不预则废。电话销售同样如此。在电话销售中，由于时间少、客户易挂电话等因素的存在，电话销售人员的准备工作就显得尤为重要。准备工作做得不好，即使电话销售人员的沟通能力再强，也不可能达到预期的效果。

2. 沟通篇：电话是一种只闻其声、不见其人的一对一的沟通工具，利用电话进行销售，倚重的是口头语言的表达能力，掌握拨打电话的礼仪，利用声音的魅力去说服客户、感染客户，并最终赢得客户的信任，是每个电话销售人员的必修课。因此，专业的电话销售人员应该十分注重自己沟通能力的培养。

3. 成交篇：成交是销售的根本目的，如果不能达成交易，那么整个电话销售活动就是失败的。因此说成交凌驾于一切之上。由于电话销售的平均成交率比较低，因此，电话销售人员在推介的过程中要努力倾听，准确应对，才能够卓有成效地把握成功机会，拍板成交。

4. 售后篇：美国闻名遐迩的汽车推销大王乔·吉拉德说过：“我的成功在于做了一件其他销售人员都没有做的事，要知道真正的推销是在产品卖出之后，而不是在售出之前。”可以说，成交之后的有效跟进及投诉处理将会成为你下次销售的开始。售后的关系维护，会让客户产生强大的信任感，并可从中获取继续合作的利益，这是扩展业绩的秘诀。为了维护优良的客户，电话销售人员需要掌握有效的电话跟进策略及投诉处理技巧。

另外，根据部分读者的意见和建议，《电话销售实战技巧全集》(第 2 版）对如下章节的内容进行了修改或补充：准备篇第 1 章与第 2 章、沟通篇第 6 章与第 8 章、成交篇第 10 章与第 12 章、售后篇第 13 章等。补充后的《电话销售实战技巧全集》(第 2 版）内容更全面、新颖和实用。

电话销售绝不等于随机地打出许多电话，靠碰运气去推销产品，这样的电话往往达不到电话销售的目的，反倒会引起客户的反感。成功的电话销售需要销售人员具备寻找客户、了解客户需求、赢得客户并成交等综合能力，并在实战中不断运用、领会和总结提高。这也是本书要传达给你的主要内容，希望在读过本书后，你能在电话销售行业大展身手，走向成功。

编者

2014 年 9 月

快速提升电话销售业绩的实战宝典

电话销售实战技巧全集

第2版

魏巍◎主编

中国纺织出版社

内 容 提 要

作为一名电话销售人员，你在工作中是否遇到和思考过以下问题：如何快速找到目标客户？如何轻松绕过接线员？如何说好开场白最能激发客户的兴趣？如何了解客户的实际需求和底线？如何应对客户的拒绝借口？以上这些问题正是本书所要解答的。

《电话销售实战技巧全集》（第2版）对电话销售的准备、沟通、成交和售后四个阶段进行了全方位介绍，通过上百个销售场景的模拟实训，结合数十位销售高手的成功经验，系统剖析了电话销售的策略、方法和技巧。希望销售新手通过阅读本书，能快速提高业绩，早日走向成功。

图书在版编目（CIP）数据

电话销售实战技巧全集 / 魏巍主编. — 2 版. —北京：中国纺织出版社，2015.1（2020.4重印）
ISBN 978-7-5180-0962-6

Ⅰ. ①电… Ⅱ. ①魏… Ⅲ. ①销售—方法 Ⅳ. ①F713.3

中国版本图书馆CIP数据核字（2014）第215113号

策划编辑：于磊岚　特约编辑：朱　方　责任印制：周平利

中国纺织出版社出版发行
地址：北京市朝阳区百子湾东里A407号楼　邮政编码：100124
销售电话：010—67004422　传真：010—87155801
http：//www.c-textilep.com
E-mail：faxing @ c-textilep.com
官方微博　http://weibo.com/2119887771
三河市宏盛印务有限公司印刷　各地新华书店经销
2012年4月第1版　2015年1月第2版　2020年4月第6次印刷
开本：710×1000　1/16　印张：17.5
字数：311千字　定价：36.00元

准备篇：

“打”就一个字，而准备却要无数次

凡事预则立，不预则废。电话销售同样如此。在电话销售中，由于时间短、客户易挂电话等因素的存在，电话销售人员的准备工作显得尤为重要。一个销售电话沟通得成功与否，能否达到目的，与销售人员的准备工作直接相关。准备工作做得不好，即使电话销售人员的沟通能力再强，也不可能达到预期的效果。

沟通篇：
有效表达，循循善“诱”——电话沟通技巧

电话是一种只闻其声、不见其人的沟通工具，利用电话进行销售，倚重的是口头语言的表达能力，掌握拨打电话的礼仪，利用声音的魅力说服客户、感染客户，并最终赢得客户的信任，是每个电话销售人员的必修课。因此，专业的电话销售人员应该十分注重自己沟通能力的培养。

成交篇：
不“打”不成交——电话成交技巧

成交是销售的根本目的，如果不能达成交易，那么整个电话销售活动也就是失败的。因此说，成交凌驾于一切之上。由于电话销售的平均成交率比较低，因此，电话销售人员在推介的过程中要努力倾听，准确应对，才能够卓有成效地把握住成功机会，拍板成交。

售后篇：
“打”出来的交情也要维护——跟进及投诉处理技巧

美国闻名遐迩的汽车推销大王乔·吉拉德说过：“我的成功在于做了一件其他营销人员都没有做的事，要知道真正的推销是在产品卖出之后，而不是在售出之前。”可以说，成交之后的有效跟进及投诉处理将会成为你下次销售的开始。售后的关系维护，会让客户产生强大的信任感，并可从中获取继续合作的利益，这是扩展业绩的秘诀；相反，卖出商品后便不闻不问，置之不理，只是拼命地寻找新客户，则会事倍功半。为了维护优良的客户，电话销售人员需要掌握有效的跟进策略及投诉处理技巧。

准备篇：“打”就一个字，而准备却要无数次

凡事预则立，不预则废。电话销售同样如此。在电话销售中，由于时间短、客户易挂电话等因素的存在，电话销售人员的准备工作显得尤为重要。一个销售电话沟通得成功与否，能否达到目的，与销售人员的准备工作直接相关。准备工作做得不好，即使电话销售人员的沟通能力再强，也不可能达到预期的效果。

第1章

调整心态，拿起电话前做好充分准备

塑造阳光的心态

积极、上进的阳光心态是销售成功的关键。其实，无论我们做什么事情，心态都是至关重要的。对于每一个销售员来说，谁都希望自己的业绩获得数倍的增长。但要做到这一点，良好的心态是不可或缺的，因为什么样的心态决定了什么样的成就，什么样的心态决定了什么样的人生。

态度缔造成功

成功的电话营销100%来自于正确的态度！积极、上进的阳光心态不会来无影去无踪，它存在于你的心灵中，它会让你产生向上的力量，使你喜悦、生气勃勃，使你沉着、冷静，自强不息。

美国联合保险公司董事长克里蒙·斯通是美国巨富之一、世界保险业巨子。

在16岁那一年，斯通开始从事销售保险的工作。第一次销售的时候，他来到一栋写字楼前犹豫不决。于是，他默默念着自己信奉的座右铭："如果你做了，没有损失，还可能有大收获，那就放手去做，马上去做！"

然后，他勇敢地走入大楼，逐门进行销售。结果，只有两个人买了保险。但在了解自己和销售技术方面，他收获不小。第二天，他卖出了四份保险。第三天，六份。假期快结束时，他居然创造了一天十份的好成绩。

那时，斯通发觉，他的成功是因为自己有积极的心态并能积极行动起来的缘故。

20岁时，斯通在芝加哥开了一家保险经纪社——联合登记保险公司，全公司只有他一个人。开业头一天，斯通销出54份保险。渐渐地，事业一天比一天旺。

有一天，他居然创造了122份的纪录。

后来，斯通在各州招人，在各州扩展他的事业。各州设一名销售总管，领导销售人员。他自己管理各地总管，那时斯通还不到30岁。

但那时候，整个美国笼罩在经济大恐慌之中，大家都没有钱买健康和意外保险，真有钱的又宁愿把钱存起来以防万一。这时，斯通给自己加了几条应付苦难的座右铭："销售是否成功，取决于销售人员，而不是顾客。如果以坚定、乐观的心态面对困难，你反而能从中得到益处。"结果，他每天成交的份数，竟与鼎盛时期相同。

1938年，斯通成为一名百万富翁，他所领导的保险公司也成为美国保险业首屈一指的大企业。

由此可见，积极、乐观的心态能够使销售员激发出自信、勤奋、努力、敬业和认真这些成功所必需的因素，并打造出超凡的销售业绩。

电话营销必备的阳光心态

有时候，对待事物不是单纯的一种态度，而是各种不同心态的综合。作为数量庞大的电话营销队伍中的一员，又应该拥有什么样的阳光心态呢？

1. 积极的心态

对于电话销售工作，积极心态的意义不言而喻。在电话销售领域，那些成功的销售冠军从不会让自己做卑微的乞丐，而是时时保持一种自信满满、雄心勃勃的王者姿态。这便是一种积极的心态，更是达成电话销售的重要推动力。

在与客户交往中，每一个人都有失败的时候，关键是面对失败的心态。只有拥有良好的心态，才会有可观的订单。

两个年轻的推销员各自跑了10家客户才推销出去一件产品。于是，悲观者说："真是浪费时间，看来我不是干推销的料。"他放弃了；乐观者却说："太棒了，我终于有了一个光辉的起点。"他乐观地干下去，最终获得了成功。

挫折是不可避免的，但我们可以调整一下对挫折的态度。可以把挫折看成是我们事业中极富创造性的一段经历，把挫折当成人生的财富，把失败当作成功的跳板，从挫折失利中学到有益的东西，吃一堑长一智，使自己变得更聪明。这样一来，不论在何种情况下，我们都可以看到希望，看到光明，感受到生活的美好，充满生机和活力，就会有一种生生不息的动力推动自己不断前进。

2. 主动的心态

主动是什么？主动就是"没有人告诉你而你正做着恰当的事情"。主动是为了给自己增加机会，增加锻炼自己的机会，增加实现自己价值的机会。社会、企业只能给你提供道具，而舞台需要自己搭建，演出需要自己排练，能演出什么精彩的节目，有什么样的收视率决定权在你自己。

在竞争异常激烈的时代，被动就会挨打，主动就可以占据优势地位。每个人的事业和人生都不是上天安排的，而需要你主动去争取。在企业里，有很多的事情也许没有人安排你去做，如果你主动去做起来，不但锻炼了自己，也为自己积蓄了力量。如果什么事情都需要别人来告诉你，你就很落后了，任何职位中挤上去的都是那些主动行动的人。

3. 创业的心态

为什么你还在为老板打工？那是因为你没有像老板一样去考虑问题！

像老板一样思考，像老板一样行动，你就会去考虑企业的成长，考虑企业的费用，你会感到企业的事情就是自己的事情。你就会知道什么是自己应该去做的，什么是自己不应该做的。从老板的角度考虑问题，你也能取得老板一样的成就。反之，你认为自己永远是打工者，就会得过且过，不负责任，自然也就不会得到老板的认同和重用。

什么样的心态将决定什么样的命运。只有具备了良好的心态，你才会感觉到生活与工作的快乐，成功也就是水到渠成的事情。

4. 自信的心态

自信是推销成功的第一秘诀。相信自己能够取得成功，这是推销员取得成功的绝对条件。自信是一切行动的动力，没有自信就没有行动。

自信表现为对你服务的企业充满自信，对你所推销的产品充满自信，对自己的能力充满自信，对同事充满信任，对未来充满自信。要知道，你是将优良的产品推荐给客户，目的是为了帮助他们满足自己的需求，因此，你的一切工作都是有价值的。对你工作价值的肯定有助于你建立自信。

很多电话销售人员不相信自己的能力，不相信自己的产品，又怎么样说服别人相信自己的产品呢？

5. 空杯心态

也许你在某个行业已经有所积累，也许你已经具备了丰富的技能，但是对于新的企业，对于新的经销商，对于新的客户，你仍然是你，没有任何的特别。所以，当来到一个新的行业或新的公司的时候，你一定要有一个归零的心态，只有这样你才能快速成长，学到这个行业的技巧与方法。

空杯心态，意味着你需要重新整理自己的思路，去吸收现在的、别人的正确的、优秀的东西。企业有企业的文化，有自己发展的思路，有管理的方法，只要是正确的、合理的，你都应当以一种空杯心态，把自己融入企业之中，融入团队之中，去领悟、去感受，否则，你永远是企业的局外人。

6. **双赢的心态**

亏本的买卖没人做，这是基本的商业规则。电话销售人员必须站在双赢的心态上去处理你与企业之间、企业与商家之间、企业和客户之间的关系。你不能为了自身的利益去损害企业的利益。没有大家哪有小家？企业首先是一个利润中心，企业都没有了利益，你也肯定没有利益。同样，你也不能破坏企业与商家之间的双赢规则，只要某一方失去了利益，必定就会放弃合作。客户满足自己的需求，而企业实现自己的产品价值，这同样也是一个双赢，任何一方的利益受到损害都会付出代价。

7. **包容的心态**

作为电话销售人员，你会接触到各种各样的企业，也会接触到各种各样的客户。这个企业有这样的需求，那个客户有那样的爱好。而电话销售人员是为客户提供服务，满足客户需求的，这就要求你要学会包容，包容他人的不同喜好，包容别人的挑剔。

8. **行动的心态**

行动是最有说服力的。千百句美丽的雄辩胜不过实际行动。你需要用实际行动去证明自己的价值，需要用实际行动去打动企业的客户，需要用实际行动去完成团队的目标。如果一切计划、一切目标、一切愿景都停留在纸上，不去付诸行动，那计划就不能执行，目标就不能实现，愿景就是肥皂泡。

你在行动时可能犯错误，但是绝不能因此而放弃自己追求的目标。你必须有勇气承担犯错误的风险、失败的风险、受屈辱的风险。走错一步总比在原地不动要好一些，因为你可以获得矫正方向的机会。

9. **给予的心态**

要索取，首先学会给予。给予与获得是一对孪生兄弟，世间万物有给予才有获得，当给予消失时，获得也就荡然无存了。

拥有给予的心态，就是要给予同事关心，给予客户满意的服务或者优质的产品。唯有给予是永恒的，因为给予不会受到别人的拒绝，反而会得到别人的感激。

10. **学习的心态**

21 世纪，谁会学习，谁就能成功。学习不仅提升自己的竞争力，也提升企业的竞争力。竞争在加剧，能力的比拼将越加激烈。谁不去学习，谁就不能提高，谁就会落后。同事是老师，上级是老师，客户是老师，竞争对手也是老师。

试想，与人沟通是电话销售人员主要的工作内容之一。当你面对不同层次、不同工作、不同年龄、不同个性、不同家庭背景的人时，如何找到每个人有兴趣的话题，每个人能接受的沟通方式呢？显然，这一切都需要去学习。要想找到共同的沟通话题，你不只需要学习推销商品的专业知识，还要学习其他知识，甚至是跟自己行业无关的知识，也许是赛车、也许是股票、也许是旅游、也许是高尔夫球……这些话题可能你没有兴趣，但是却可能是对方最有兴趣的话题，抓住这些话题，你是不是就可以掌握拉近彼此之间距离的机会呢？

你的用心和付出是不会白费的。你会发现，当你学习得越多，你越能够切入话题，订单成交的概率就会比别人大。因为人与人之间共同的话题是销售代表在沟通当中很重要的润滑剂。

所以，不管你喜不喜欢，都要养成阅读报纸杂志、书籍或上网搜集信息的习惯，借助一切知识提高自己的电话营销能力。

如何培养成功心态

没有积极的心态就无法获得成功。记住，你的心态是你唯一能掌控的东西，练习控制你的心态，并且利用积极的心态来引导你的行为，你的奋斗就一定能够成功。

1. 常做“可能”的心理暗示

世界华人成功学大师陈安之曾说过：“世界上发生在我们周围的每一件事物，都是由我们潜意识中的想法所引起的。”如果电话销售人员坚持运用积极的自我心理暗示，并融入自己的身心，就可以保持积极心态，抑制消极心态，形成强大的动力，达到成功的目的。

在电话营销中，怎样通过心理暗示，塑造成功心态呢？

你要向自己的大脑输入积极的语言：“在我生活的每一方面，都一天天变得更美好”、“我的心情愉快”、“我一定能成功”等，语句要简洁有力，不要含糊、脱离实际。早晚睡前醒后的时间再恰当不过了，你可以躺在床上，每次花上几分钟，身体放松，进行一下自我心理谈话——描述自己的天赋和能力；想象你成功的景象；用简短的语言给自己积极有力的暗示。

自我心理暗示是不固定的，你可以说出你想要实现的一个目标，然后不断地重复它。

假设你想要成功，就念“我会成功，我会成功，我一定会成功！”

假设你想要让自己的业绩提升，就告诉自己：“我的业绩不断地提升，不断地提升，我的业绩一定会不断地提升！”

假设你想要存钱，就不断地告诉自己：“我很会存钱，我很会存钱，我很会存钱！”

……

这样反复地练习，反复地提示，当你潜意识可以接受这个指令的时候，所有的思想和行为都会配合这个想法，朝着你的目标前进，直到达成目标为止。

2. **把“不可能”三个字从内心铲除**

不要自我设限，也永远不要消极地认定什么事情是不可能的，首先你要认为你能，再去尝试，最后就会发现你确实能，要坚信一切皆有可能。

在现实生活中，当一件事被认为是不可能时，你就会为不可能找到许多借口，例如：我的智商没有别人高，我吃不了苦，我天生记忆力差，我不是做销售的料……从而使这些不可能显得理所当然，最终的结果肯定是这件事真的成为不可能了。

其实，能还是不能完全取决于你的信念，你认为能，你就能。在人的一生当中，经常会听到有人对自己说“你是做不到的”，而人们往往信以为真。这些声音可能源于你的父母、师长的谆谆告诫，也可能是你比较亲近的同学、朋友。这些话常常会引发你内心的恐惧与不安，使你害怕尝试冒险，自我设限。

年轻的时候，拿破仑·希尔抱着一个当作家的雄心。要达到这个目标，他知道自己必须精于遣词造句，字词将是他的工具。但由于小时候家里很穷，所接受的教育并不完整，因此，“善意的朋友”就告诉他说他的雄心是“不可能”实现的。然而，希尔却认为，对一个要成长、而且要超过别人的人来说，没有任何事情是不可能的。后来，凭借自己的坚持和努力，希尔终于成为了一个优秀的作家。

3. **悦纳自己**

成功的规律不是说只要悦纳自己就能成功，而是说不悦纳自己就无法成功。自卑的人虽也看到身边有许多有利条件和时机，但他总认为这些条件和时机是为别人准备的，与自己并不相干，甚至认为自己根本不配接受这些条件和机会。因此他们就不努力奋斗，也没有和别人竞争的勇气。自卑的人就是这样替自己设置了许多障碍。

马克思很欣赏这样一句谚语：“你所以感到巨人高不可攀，只是因为自己是跪着的。”不信你站起来试试，一定能发现自己并非比别人矮一截，许多事情别人能做到，你经过努力也能做到，重要的是要悦纳自己，对自己要作肯定的评价，对自己的优点和力量要有自我感觉。

正如世界上没有两片相同的树叶一样，每个人都是造物主独一无二的作品。每一个人都是大自然最伟大的奇迹。没有人能模仿你的笔迹、你的声调、你的个性、你的推销能力。你不必再徒劳地模仿别人，而要展示自己的个性，自己的魅力。

4. **用爱拥抱生活**

“爱”是治疗你生理和心理疾病的最佳药物，爱会改变你体内的化学元素，用爱拥抱生活，有助于你培养成功的心态：

（1）早起听听愉快、鼓舞人的音乐。早上起来看看与你的职业有关的当地新闻，不要浪费时间去阅读令人悲伤的新闻。在上班途中，听听电台的音乐。

（2）当情绪低落时，不妨去访问孤儿院、养老院、医院。看看世界上除了自己的痛苦之外，还有多少不幸。如果情绪仍不能平静，就积极地去和这些人接触，把自己的情绪，转移到帮助别人身上，并重建自己的信心。

（3）让消极的口头禅从你的生活中消失。不要说“我真累坏了”，而要说“忙了一天，现在心情真轻松”。

不要说“他们怎么不想想办法？”而要说“我知道我将怎么办”。

不要说“为什么偏偏找上我，上帝？”而要说“上帝，考验我吧！”

不要说“这个世界乱七八糟”，而要说“我要先把自己的事情弄好”。

（4）学会感恩。学会感恩，就懂得了爱；学会感恩，就学会了思考；学会感恩，也就理解了世界和生命。懂得感恩的人会快乐，哇，感谢上帝，今天有两个人支持我，我的命真的太好了。

（5）转移注意力。培养成功心态，还有一个重要方法就是转移注意力，即转移你当前关注的焦点。

一家海外保险公司的电话销售人员士气低落，人员流动大。销售经理想了很久，出台了一个新的制度，规定每打一个失败电话，在表格上填一下，当填满250个时，则发1000美元的奖金，没多久，士气提高很多，销售业绩也开始上升，而公司发的整体奖金并未增加。

为什么会出现这种情况？电话营销其实就是一种数字游戏，成功是有一定比例的。假设平均你每打50个电话就有一次成功的交易，那么当你失败49次时，就相当接近成功了。电话营销的失败率很高，使得电话销售人员过于关注失败而没有成就感。一旦电话销售人员发现众多的失败是成功的必要前奏时，面对失败的电话就显得很坦然了。

克服电话恐惧症

当电话销售人员遭遇非常多的拒绝时，就会产生强烈的挫折感，不愿意继续打电话。毫无疑问，这是正常的心理反应。心理医生常常通过电击来纠正有心理疾患的人。患者被电击后形成条件反射，待该行为再度发生时，电击的感觉出现，于是行为被自觉终止了。被客户拒绝时，就如同你遭遇了电击，多次重复这种感觉后，自然就会有畏惧打电话的心理。这种情形差不多每一位电话销售人员都曾经历过。企业的电话销售人员为什么流失率很高，最主要的原因就是畏惧打

电话。

电话营销常见的心理恐惧

1. 害怕被拒绝

这意味着你把别人的批评当成了对你的批评，尽管批评仅仅是针对你的产品或者是你的服务。解决的办法是：意识到“不”只不过就是“不”而已。要清楚，在听到“是”之前，你会听到很多的“不”。做到这一点很重要。

2. 失去自尊

这是一种自我否定。“是我的错，要是我……”解决的办法是：了解你的产品、计划，知道应该如何帮助客户，这样你对客户可能提出的问题就有了思想准备与解决方案，就不会感到低人一等了。

3. 害怕失败

永远不去尝试，就永远不会失败，这听起来像是个万无一失的方法。但这样你就永远关闭了通往成功的大门。有的人认为，“要么拥有一切，要么一无所有”，“不赢则输”，“不成功就是失败”。实际上，许多微不足道的拒绝或者失败是获得成功必须经历的。职业棒球手一年挣几百万美元。而实际上，他们打球时有60%的时间是在经受失败。电话营销与此非常相似。“不”是通往“是”的旅途中的一步。记住，你有能力成功，或许你比自己想得还要棒。

4. 害怕未知

差不多每个人都多多少少有过这样的恐惧心理，即对未知的事物感到忧虑。事实上令你真正害怕的不是陌生的事物，而是无法控制的陌生局面。解决的办法是：不断提醒自己，每天都有未知情况出现，这并不意味着末日的到来。

击碎恐惧心理的方法

恐惧，是一种令人窒息的感觉。它阻碍成功，偷走你可能取得的成就。在与客户交谈时，恐惧是较为常见的心理情绪。要想战胜电话营销时的恐惧心理，你可以尝试以下方法：

1. 从头脑中清除所有的消极预感

在拨出电话之前，你会希望对方怎样待你呢？既不是太热情也不是过于冷淡，换言之，你会更希望这个潜在客户是很随和的人。有了这样的期望，每当客户的行为与你期待的不一致时，你就会变得忐忑不安，于是会产生一些消极的念头来困扰自己。比如你会想：客户是一个很难对付的人，他一定不会买任何东西。

没有人只是因为客户说了个“不”字就不过日子了。在许多情况下，人们之所以恐惧，常常是出自于个人的消极思考。这种消极的思考越多，对你的行动阻力越大，甚至使你不敢前行半步。

因此，对于电话销售人员来说，把打电话这一行为当作恐惧还是机会，这完全取决于你自己。

2. 经营好你的优势

把你的积极态度转换成你的个人任务，这将变成重要的自我动力，能够帮助你克服做电话营销时的恐惧心理。

先来界定一下优势，即做事中近乎完美的表现，它具有三大原则：

（1）若想把某件事转变成你的优势，就必须始终如一地做好它。

（2）你要将某件事做得出类拔萃，并不需要具备方方面面的优势。

（3）你的成功之道在于最大限度地发挥优势，而不是克服弱点。

3. 运用潜意识的积极作用

专家认为，人的潜意识占了智力的85%，相比之下，意识只占15%。如果真是这样，你就可以运用潜意识中的积极作用，来逆转或者化解命运的诅咒。写下你取得的所有成功的事件，很快你就会发现，你所恐惧的事情只有1%的发生率。

人们常常极大地夸大恐惧，把恐惧夸大得如此荒谬，以至于吓得说不出话。哈佛大学的心理学家戈登·阿尔波特曾经写道：“如果一个人有一点自嘲的精神，那他就能较好地解决问题。当你感到恐惧时，你可以将恐惧假想化，就会发现这是多么荒谬的一件事。这有助于减轻恐惧的程度。”

当做电话营销时，如果对方拒绝甚至态度恶劣，挂机前请微笑着向对方说：“谢谢，祝您工作愉快，再见。”这句话其实是对自己说的，有很强的心理暗示作用。如果说了这句话，你就具备了一定的气势，心情便不容易受到影响。

4. 打破惯性思维的桎梏

人们在一定的环境中工作和生活，久而久之就会形成一种固定的思维模式，我们称之为思维定式。每个人都在不同程度地被自己的习惯和惯性思维所左右。例如，人们上班时总是习惯走一条固定的路线或是乘坐固定的公共汽车，出差时往往喜欢住在自己熟悉的宾馆——道理很简单，因为人们相信经验，进而被习惯的力量所左右。

国外有过这样的科学实验，科学家最初把跳蚤放在一个不高的瓶子里，瓶口处盖上一片玻璃片，跳蚤每次跳起的时候都会被玻璃片挡住，久而久之，跳蚤再跳的时候就只跳到瓶口的高度；而当科学家把玻璃片拿开之后，跳蚤还是跳到瓶口那么高，此时，它们已经不去尝试跳出瓶子了。

你想象的恐惧有时是根本不存在的，是你自己的惯性思维束缚了你。

5. **保持帮助他人的信念**

如果你只是消极地考虑不断地给客户打电话会打扰别人，这样一来电话营销就难以进行。但如果持有这样的信念：打电话是为了帮助别人，帮助别人也等于帮助自己，你就容易做到动机单纯、心无杂念。这不仅会增强你的自信，还能有效地减轻恐惧感，不会有过强的挫折感。

拥有坚定的信念

对于电话销售人员来说，信念是很重要的。信念就像夜空中最亮的那颗星星，摸不着却看得到，能给自己带来无尽的精神力量。无论外界的环境多么恶劣，只要这颗星星亮着，所有的艰难和困苦都算不了什么，都不是生命的绝境。信念，为你的生命注入血液；信念，为你的人生握好方向盘；信念，把你带入成功的天堂。

对于电话销售人员，应该抱有什么样的信念呢？

所接听或拨出的每个电话都是重要的

电话销售人员应时刻提醒自己，你所代表的是公司形象，你的良好形象将建立在每一次通话里。因此，对每一个客户都要抱着认真负责的态度，不能敷衍。

在与客户的电话交流中，你的饱满热情可以通过语言表达出来，但支持它的是你对职业发自内心的热爱：我所从事的是一种崇高的帮助他人的行业；我的客户可能正焦头烂额，而我提供的咨询恰恰是我的客户所需要的；推销产品不是我的主要目的，重要的是向客户提供了快捷优质的服务，帮助他们做好参谋。

电话营销的对象，都是生命中的贵人

关于贵人，有一个笼统的定义，即能改变你的命运，给你带来成功的人。如果结合电话销售人员的工作，可以理解为：让你有成就感，对你的工作给予肯定，愿意接受并与你维持客户关系的人，都可以算贵人。现在面临的一个问题就是：谁是贵人？是啊，也许你每天接听、打出上百个电话，哪一位客户才是贵人呢？答案有两个：一个是“不知道”，另一个是“每一位客户都是贵人”。所以我们必须重视每一个电话，把每一位客户都当作贵人，认真对待，热忱服务。

喜欢自己打电话的声音

世界上各种各样的爱，都是从喜欢自己开始的，都发源于对自己的爱。你如果不喜欢自己打电话的声音，你的电话怎么能打好呢？要喜欢自己的声音，就要想办法把自己的声音调整到最动听、最悦耳、最动人的程度，做到“语不动人誓不休”。

没有人会拒绝你

在电话营销过程中，你常常会遭到客户的拒绝。面对拒绝，你或许有些失望和沮丧，但你同时要清楚，其实所谓的拒绝只是因为客户不够了解，或者你推介的角度不是最好的。所以要善于总结和分析客户拒绝的原因，比如产品的哪些优势介绍得不到位，没有吸引客户等。只有善于从失败中总结的人，才会不断提高。

一定能得到想要的结果

谁也不能保证每次通话都能成交，但我们能从每一个电话中不断总结和提高，能保证下一个电话比上一个电话有所进步，比如学识、营销技能、对客户购买心理的了解、处理问题的态度等。有了这样必胜的信念，就会充满热忱，斗志昂扬，整个身体充满活力，释放出潜在的巨大力量。

一定会成交

请记住，你向客户推销产品的最终目的就是为了成交。有了这种强烈的愿望，你才能在推介商品和说服客户购买时，具有更明确的方向和目标。

渴望成交的信心来源于三个前提条件：一是对产品的信心；二是对自己的信心；三是对客户需求的把握。你推销的产品必须是客户需要的，是可以为客户解决实际问题和带来真实利益的产品，不是为了达成交易而卖给客户不需要的东西。因此，渴望成交的信心，首先应来自于你对所销售商品的了解。如果你的成交信心能激起客户的热情，他们肯定会欢迎你并感谢你。

信念和真理都不是藏在口袋里的一枚闪闪发光的金币。它们是在不断追求的过程中才会被发现的。弱者只会静候信念的光临；强者则会拨开迷雾，在积极的行动中树立信念。一个人，也许拥有金钱，也许拥有地位，可都不如拥有一个坚强的信念更能让他受益终生。

启动同理心思维模式

同理心思维，即换位思维，是指站在客户角度，设身处地地理解客户情绪，感同身受地体会客户处境及感受的一种思维模式。可见，同理心是同情、关怀与利他主义的基础，具有同理心的人能从细微处体察到他人的需求。

事实上，人们非常容易混淆同理和同情。同情意味着你为别人感到遗憾，而同理则意味着你与别人产生了一种共鸣。如果你说“你好可怜啊”或“我真为你感到难过”，这是有同情心的表现。如果你说“我也这么看”或“我理解您的感受”则反映了同理心。同理心是你把自己放在对方的位置上、精神上和感情上，共同分享一个经历。

同理心的“润滑”作用

表达同理心与赞美一样，是销售沟通中的“润滑剂”。推销大师乔·吉拉德说过：“当你认为别人的感受和你自己的一样重要时，才会出现融洽的气氛。”在销售过程中，销售人员必须学会表达同理心，多从客户的角度设身处地、将心比心地考虑问题，尽量了解并重视客户的想法，就能更容易保证交易成功。

生活中我们常说：“人同此心，心同此理。”强调的也是同理心。无论是在日常生活还是在工作中，凡是有同理心的人，都善于体察他人的意愿，乐于理解和帮助他人，这样的人最容易受到大家的欢迎，也最值得大家信任。

一位电话营销专家时常问他的学员：“如果你的一位朋友向你抱怨，现在经济这么不景气，生活压力很大啊！这时，你会对他说什么？”很多学员都会这样回答：“是啊，现在生活真是太不容易了！”这就是在向客户表达自己的同理心。

如果你觉得这种话很没有意义，和自己的销售也没有多大关系而不予理会的话，就会让客户反感。同样的道理，如果客户兴奋地说：“今天我儿子考上了大学。”富有同理心的客户会自然地说：“真是值得羡慕啊，他上的是什么专业？”可能一下子就打开了客户的话匣子。但如果简单敷衍过去，并很快将话题转换到销售中来，不仅不礼貌，还会让客户受到伤害。

“您是王总吗？我是××房产销售处的小李，上次您来看过楼盘，说要先考虑一下，您现在考虑得怎么样了？”

“我考虑到有个4岁的小孩，觉得不太适合。”

“您是担忧小孩托幼的事，是吗？”“是，是这样。”“王总，您看，小区在城西 15 公里处，不用说小区内的各种配套社区服务很完备，就是附近现有的 8 所幼儿园在设施及管理上也是一流的，您完全不必担心，只要是在本小区内的住户，各幼儿园都有优惠政策。并且，不在本小区内上学的孩子，我们也有专车接送。”“哦…… 不过，小姐，这房子价格确实是太高了。”

“是的，但如果想找到这样合适的户型也不太容易，而且银行将为您提供抵押贷款，您只要首付 30 %就可以入住了，剩下的 70 %，可分 20 年付清。王总，您与太太是下周一上午过来，还是下午来看看呢？”

“那……那我们就在上午 10 点过去吧。”“好的，王总，下周一上午 10 点我在售楼处门口等您。”“好的，再见！”

上述案例中的这位售楼小姐就是利用了认同心理，成功地达成了这笔交易。在推销工作中，不管是进行何种交易，表达出你的认同心理，对交易的顺利达成都会有所帮助。

同理心的表达方法

在推销中，电话销售人员应该首先向客户表达你的认同，让客户感受到你在理解他、关心他，这样做有助于激发客户的心理共鸣。激发了客户的心理共鸣，也就赢得了客户的信赖，成功便指日可待。下面这几种方法可以有效地表达你的认同心理：

（1）向客户表示你能够理解与体会他现在的感受。“张总，如果我出现这样的事情，我也会这样想。”“张总，我能够理解您现在的感受，以前我也遇到过这种情况。”

（2）向客户表示认同他的想法。“张总，您这样做肯定是正确的。”“张总，您有这样的想法真的是太好了。”

（3）向客户展示他关心的问题没有被解决所带来的后果。“张总，产品总是出现问题，的确会严重影响您的工作效率。”“张总，如果成本没有办法降下来，那后果可真的难以想象啊！”

（4）向客户表示他的想法获得了广泛的认同。“张总，我以前的客户也都认为成本管理非常重要。”“张总，尽量降低成本，这对每个企业都是非常重要的。”

需要注意的是，认同客户不能盲目，电话营销人员应准确地揣摩客户的心理活动，预测客户的思想感情变化，从内心深处表示自己的认同。

同理心的培养方法

与人类的其他情感一样，同理心也是可以培养和训练的。下面我们就来分享如何使自己更有同理心：

（1）试着从他人的角度倾听并了解他们的遭遇，努力站在他们的立场看世界。

（2）尽量无条件地接纳这个人——不加判断和批评——认同他是有价值且独特的个体。

（3）让对方知道你的理解——通过全神贯注地聆听、身体语言和你的话语。

同理心的培养，主要还是应该在生活中完成。下次与朋友、同事或爱人交谈时，仔细倾听他们的言语，试着了解他们正在说的事——从他们的角度去看问题。你可以说“当然，我敢说你一定为此感到骄傲”或者不论什么话，只要能表达你对他们的理解就好。然后，你注意对方的反应，就可能会发现，你的理解使他们姿势放松，脸上有愉快的表情，而且会对你表示出亲近的样子。

表达同理心的注意事项

表达同理心时，不要操之过急，以免让对方以为你是在故意讨好他。还有一点需要特别注意，那就是你讲话的内容要与你讲话的语气、面部表情相一致。虽然在电话中大家看不到，但你的面部表情还是可以被客户感受到。如果客户在电话中告诉你他与你们公司曾有过不愉快的合作，你在电话中微笑，热情地、快速地说“我可以理解你的感受，但是现在不同了”，你可曾想过电话那端的客户会有何感觉呢？客户一听就会有种做作的感觉。当你真正理解他那不愉快的经历时，我相信你的心情是沉痛的，而沉痛的心情所带来的是低沉的语气、慢语速，看看你的面部表情，肯定也是有些沉重的。当然，我们并不是鼓励你以沉重的心情与客户沟通，只是在必要时你必须这样。

调控好情绪的阀门

每个销售人员都会遇到情绪低潮，如果你的情绪总是起起伏伏、抑郁难调，长期处于忧伤的心境，无疑会影响到你的工作效率和正常生活，所以我们必须要努力克服情绪低潮。

陷入情绪低谷的原因

当情绪低潮出现时，就算是资深的销售员或是业绩一直保持一定水准的销售员，也会发生连续两个月或三个月业绩持续滑落的情况，这就是一般销售员闻之色变的销售低谷。未曾遇到过的人绝对不会相信它的杀伤力有多大，曾经经历过的人则会暗暗祈祷噩梦不要再度来临。情绪低潮，不仅使人精神郁闷，令人丧失冷静，连自己是何许人都会产生怀疑。

事实上，发生这种状况绝对不是没有原因的。其原因是：可能你在一段时间内没有去积极开发新的客户，也可能没有注意保持与新客户的联系或没有适当分配时间做好预定的工作等。显而易见，原因绝大多数出在自己身上。除非是因重大事故或生病等不可抗拒的因素，否则失败的责任绝对得要自己来承担。

所以销售员在平常就要妥善地安排时间去开拓新客户，增加预定客户。不管自己多忙，也要到预定客户处看看情况，不断地调整自己的工作步骤。毕竟，生意是靠自己争取来的，它不会白白送上门来。

有些销售员在业绩不好的时候干脆去喝茶消磨时间，空闲时间太多，也许正是这种人的致命伤。业绩滑落时方寸大乱，不知道自己该做什么，对一个销售员来说，这就是真正的危机。如果让这种低迷的情绪困扰自己，无法振作，只会使情况恶化，甚至无法挽救。

35岁以前，乔·吉拉德经历过许多失败，过着穷困、负债累累的生活，朋友都弃他而去。当时，经济不景气，乔·吉拉德根本无法顺利找到糊口的工作，因此，家人们经常吃不饱。而每一次，当门铃声响起的时候，一定是债主在门外等着要钱。一天，一位穷凶极恶的债主又登门讨债，乔·吉拉德只得从家中的窗户爬出去，逃避债主。

乔·吉拉德离开家以后，内心十分痛苦。他走在街道上，抬头看见一家汽车公司的招牌，他决定要去争取一份销售汽车的工作，乔·吉拉德去应聘了。虽然汽车公司的经理一开始便回绝了他，但是乔·吉拉德依然不停地向经理说明他的工作能力，在经过了几个小时的努力之后，经理终于同意让乔·吉拉德试一试，不过附带的条件是：乔·吉拉德没有基本底薪与福利，而且他只能赚取销售汽车的佣金。

后来，当乔·吉拉德好不容易邀约到一名客人来公司里面看车时，他的心中只有一个想法，要是这笔生意能够成交，他就可以帮助家人购买许多食物，当想到能够看见家人满足与幸福的神情时，他的心中就无比的快乐。因此，无论如何，他一定要全力以赴！没过多久，怀抱着热切期望的乔·吉拉德，终于成功地

卖出了他的第一辆汽车，开启了精彩的职业生涯。

从乔·吉拉德的故事，我们能够知道，生命里最大的阻力与挫折，往往也能够成为人生最大的动力。你发现了吗？名画家们最得意的画作，常常是在他们的生命低谷时期创作的；名作家流传千古的作品，也常常是在人生的低潮时期里写下的。这其中，包括许多登上人生巅峰的成功人士，他们也都是从人生的低谷里向上攀升的。这些例子都意味着，当每一个人身陷困境时，只要能够继续保持积极的心态，平心静气地思考应对之道，并且积蓄补充自己的能量，等到时机来临时，一定能够顺势而起。

在人生的旅程中，总会遇到高山与低谷。在登高时，我们不可以张狂自满；走入低谷时，也不要气馁沮丧；因为，在人生的每一个阶段，都能够重新开始，所以，即便你在最痛苦难熬的时候，也应该牢记光明和美好始终存在。有时候，当我们身处于旅程的低谷时，往往会抱怨、悲泣、痛苦、责难他人、自暴自弃，或者任由自己沉溺在低落的情绪里，此时此刻，我们就像是急需救治的病人，除了依靠优秀的医护人员、先进的医疗设备来对我们加以拯救之外，最重要的，是要依靠我们自己的意志力与信念。如果对自己都失去了自我激励与信心，我们将很难走出人生的困境！

如何摆脱情绪低潮

产生情绪低潮时，销售员不要气馁，要把眼光放远一点，把低潮看作是一件很正常的事情，不能总是质疑自己是否适合做销售，先把目标摆正，找出自己的薄弱环节，才能摆脱瓶颈。

1. 用积极的心态看待自己

当情绪低潮来临时，销售员应该积极地看待自己，将之看成快速成熟的炼钢炉。作为销售员，克服这些挫折最重要的是使内心不断得到改善，从每天的生活起居开始调整。让自己的生活和工作目标明确，并且两者之间有益地进行结合。

2. 加大活动量

这个时候，销售员就要多到户外活动或者多去拜访一些老朋友，尽量到一些人多的场合活动，千万不要将自己固守在一间房子里胡思乱想。活动量加大了，人就会有精神。你也可以不断去拜访客户，一旦有成果，你的精神压力就会减退，这也是避免情绪低潮最有效的方法之一。

3. 自我充电

不断充实自己的专业知识与销售技巧，把学习专业知识纳入自己的时间管理体系中，这也是克服情绪低潮的好方法。销售员通过自我充电，可以达到内外兼修的效果，并取得准客户的信任。

4. 不要追悔

不要让时间白白浪费，追悔只能让事态恶化。销售员应该从容面对低潮。业绩不理想，不是靠你追悔就能扭转局面的，一定是自己在某些地方做得还不够，因此，调整这些不足是低潮中必须为之的。

5. 找出问题的答案

业务低潮人人望而生畏，但是要克服它，最终还是要从自己的角度来进行调整。销售员不妨问自己 5 个问题：

问题 1：你最需要什么？

问题 2：你想在工作方面成长吗？

问题 3：你的工作有晋升渠道吗？

问题 4；你所从事的这个销售领域有发展前途吗？

问题 5：你的工作有价值吗？

好好找出这 5 个问题的答案，对克服情绪低潮有积极的作用，其实情绪低潮并不可怕，可怕的是你无法真的战胜自我。

准备好扮演不同的角色

在某一个特定的社会环境之下，每个人都要扮演不同的角色。作为一名电话销售人员，在每一个推销电话中，在不同的时间背景下，都扮演着不同的角色。这也是在电话营销工作中必须做到的。

扮演不同角色的必要性

电话销售人员为什么要扮演不同的角色呢？因为工作的环境是不断变化的，随时都会出现不同的情况，比如说：

在你打电话以前，肯定会收集很多信息，包括自己的、对手的信息等。

在你打电话时，需要不断用新的策略去解决可能存在的障碍。

在你的电话销售过程中，需要严格地分析各种因素，包括产品给客户带来什么，客户现在的购买态度，下一步的策略等。

在打电话时，你必须考虑说什么话，如何说话等说话的艺术；

在你打给客户的电话中，对于一些脾气不好、喜爱争辩的客户，重要的是你

的耐心和正确对待问题的态度。

你打电话给客户，推荐给他一个产品也就意味着帮他解决一些问题。

你要想有好的业绩，必先学会管理，管理好客户、管理好自己。

你需要用朋友般的关心态度去对待你的客户。

你需要有技巧地去处理客户的反对意见或争辩。

你必须教会客户如何使用产品。

在上面的这些情况中，电话销售人员都必须扮演不同的角色，才能处理好这些问题。

扮演哪些角色

作为一名成功的电话销售人员，应扮演好以下几种角色：

1. 客户的解难人

电话销售人员应明确客户需要什么，给客户所面临的问题找出最适合的解决方案。

小陈是某公司的电脑销售员，在听到顾客诉说没有足够的空间来放置电脑时，他马上动手制作了一个可以在狭小空间里安放这种电脑的特殊的架子，从而达成了这笔交易。

试想一下，如果小陈认识不到自己是一个“顾客解难人”，没有为客户提出解决的办法，那么这笔交易恐怕就难以达成了。

2. 心理学家

销售员要与各色人物打交道。因此，销售员需要对各种人的思想、感情和行为表现保持敏锐的洞察力。这对电话销售的成功是非常关键的。

3. 管理者

电话销售人员必须管理好自己的时间和推销区域。电话销售人员要确定工作目标、制订推销战略，并对工作效果进行评估。因为，电话销售人员经常处于不受领导直接控制的状态中，在工作中没有人会对你随时加以指点，所以就必须自己管好自己。

4. 朋友

一个好的电话销售人员就应该“急客户之所急，想客户之所想”，充当客户的朋友，这样会让客户觉得你是一个值得信赖的人。所以，一个好的电话销售人员不能只考虑自己如何把产品推销出去，更重要的是要关心客户的利益。做到这一点的电话销售人员不但能做长久的生意，而且能够在交易之外获得更多精神上的满足。

5. 分析家

分析能力在发掘问题、解决问题方面都是不可或缺的，一个好的电话销售人员必须能够扮演分析家的角色，对于在电话沟通中所遇到的问题，能够冷静、周详地分析，并且，要经常对自己的产品进行分析，对目前所采用的推销技巧进行分析，要能够使顾客放弃使用老产品、旧方法，采用自己推销的新产品、新方法。

6. 健谈者

一个专业的电话销售人员必须言之有物，而且态度必须适当。换句话说，诚恳的时候应该很诚恳，慷慨激昂的时候应慷慨激昂，失望的时候也应表现得很失望，所以，说话的态度跟说话的内容对一个好的电话销售人员来说是同等重要的。因此，一个电话销售人员应能扮演一个健谈者的角色，主动掌握商谈的内容，如果被顾客牵着鼻子走而不能主动控制商谈的主题，那么这位电话销售人员只能早日“下岗”了。

7. 外交家

一个电话销售人员经常会遇到顾客与其争辩或反对自己所提出的论点，这时候常可看见许多电话销售人员会粗气大声地为自己辩解，这是很不明智的。一个专业的电话销售人员在这个时候必须要保持优雅的风度，像一位外交家那样，平息顾客的怒气，从而达成一项对彼此都有益的结果。

勤奋让你心想事成

“古之立大事者，不惟有超世之才，亦必有坚忍不拔之志。”这是北宋文学家苏轼的一句名言，其字里行间的意思无外乎一个“勤”字。其实每个追求理想的人都懂得勤奋的道理，但要把“勤奋”二字付诸实践，却不是每个人都能坚持到底的。

勤奋让你更容易成功

要成为一名成功的销售人员，不是一朝一夕的事，需要长年累月的积累和奋斗。在现实生活中，有很多销售人员本身条件很不错，不仅谈吐不俗，举止优雅，而且目标明确，信心很足。但是，他们不仅没有成为最优秀的推销员，反而沦为即将淘汰的对象。这是为什么呢？很重要的一点就是，他们有很远大的目

标，但没有行动，缺少勤奋的精神。

《致加西亚的信》中说：“如果你希望将自己的右臂锻炼得更强壮，唯一的途径就是利用它来做最艰苦的工作。相反，如果长期不使用你的右臂，让它养尊处优，其结果就是使它变得更虚弱甚至萎缩。”

身高只有1.45米的原一平，貌不惊人，可是在日本的人寿保险界里，他却是一位响当当的人物。因为他在保险行业中连续十五年夺得了全国业绩第一，被日本人尊称为“推销之神”。

原一平69岁时，一次应一家人寿保险公司的邀请作公开演讲。在演讲会上，有人问他推销成功的秘诀。他当场脱掉鞋袜，请提问者走到讲坛上，说：“请您摸摸我的脚底。”发问者莫名其妙，但也只好照原一平说的做了。

原一平问：“您觉得怎么样呢？”

提问者说：“您的脚底茧好厚啊！”

“不错，我的脚茧特别厚，您知道这是为什么吗？”

“为什么呢？”

“因为我走的路比别人多，比别人跑得勤，所以脚茧特别厚。”提问者这才恍然大悟，道谢而去。

原来，原一平的意思是说，他推销成功的秘诀唯有“勤”字而已。

原一平刚加入保险行业时，因为没有固定薪金，收入完全来自成交额提取的佣金，所以有三年多的时间，他吃不起午餐，搭不起电车，每天用那双勤奋的脚，马不停蹄地推销。

他平均每个月要用掉1000张名片，每天一定要访问15位准客户，没访问完毕绝不作罢。他经常因受访者不在，而在晚餐后再去访问，常常是晚上11点后，才能回家休息。

由于他的勤快，五十年来，他积累了2.8万个准客户，这就是他被誉为“推销之神”的由来。

爱因斯坦说过，成功等于勤奋努力加上正确方法和讲究效率。他把勤奋称为成功的首要因素，要取得任何形式的成功，都必须具备勤奋的精神。

勤奋就是一种永不止步的进取精神。此外，勤奋的销售人员都有一个明确的奋斗方向，一旦目标确定就不会退缩，永远不会满足于现状。他们总有一股自强不息的劲头，他们的人生哲学就是：向前，向前，再向前。

如何保持勤奋

勤奋说起来容易，做起来难。销售人员如何才能做到勤奋呢？具体做法如下：

1. 要有远大的志向

如果一个人没有远大的志向，那么做起事来就是三分钟的热度，三天打鱼两天晒网，顺利时很认真，一旦遇到挫折就失去了前进的勇气和决心。明朝学者王守仁说过："凡学之不勤，必其志未笃也。"所以，勤奋这种品质只有依靠志向才能持久。

2. 欲望要专，不能杂

那种这也想做那也想干的人，看起来很勤奋，但是，因为为欲望所惑，把握不住奋斗方向，最后的结果必然是一事无成。

3. 要做好艰苦奋斗的准备

销售工作是非常艰苦的工作，需要成年累月地与客户打交道，甚至逢年过节也需要招呼一下客户。这就需要销售人员做好艰苦奋斗的思想准备。

4. 养成"今日之事今日毕"的习惯

东晋诗人陶渊明有一首诗："盛年不再来，一日难再晨。及时当勉励，岁月不待人。"勤奋实际上是一种习惯的养成，而关键有两点：一是"及时"，不能将可以在今天完成的事推到明天、推到将来去做，不珍惜时间的人是不会勤奋的；二是对勤奋的人来说，他们能从小事做起，从脚下做起，那种大事干不来，小事又不愿做的人，也是绝不会勤奋的。

但是，最需要我们注意的是，勤奋固然重要，但是身体的健康更加重要。身体是一切的本钱，如果你的销售水平很高，但却是一个病入膏肓的人，那么如何享受自己的成就呢？

第2章

知己知彼，向客户提供真正需要的产品

熟知产品相关知识

作为一名合格的电话营销人员，在给客户打电话进行推销前要对产品的知识有一个全面的了解。这是因为只有熟记产品知识，才能够知道自己的产品是否适应客户的需要，然后灵活自如地把产品和客户需求嵌和在一起，说服客户购买。可以说，产品知识就是销售员造城堡所需要的砖，没有砖就永远建立不起一座属于销售精英的城堡。

需要了解产品的内容

总的来说，你需要了解产品的以下内容：

1. 产品的基本构成

产品的基本构成包括：产品名称；物理特性，包括材料、质地、规格、颜色和包装；产品功能；技术含量，产品的技术特征；产品价格和付款方式；运输方式等。

关于产品的基本构成情况，电话销售人员要做到心中有数，而且要能对答如流。你一定要让客户感觉到你不仅是一名电话销售人员，更是这一类产品的专家。这样一来你所讲的一切都意义非凡了。

刚开始介绍产品基本构成情况时，电话营销人员千万不能急功近利，应该像一个专业而沉稳的工程师，客观冷静地向客户作简洁、明确的介绍。在进行产品基本构成情况介绍时，电话营销人员最好不要急于向消费者发出销售攻势，因为客户此时只是想了解更多的基本信息，而不想迅速做出决定。此时，如果电话营销人员表现得过于急功近利，反而会引起客户的反感，这将不利于彼此之间的进一步沟通。

电话营销人员对产品的基本构成分析得越是全面和深入，表现得越是从容、镇定，给客户留下的印象就越是专业和可靠。建立在这一基础上的客户沟通就会比喋喋不休地对产品进行华而不实的宣传好得多。

2. 产品为客户带来的价值

（1）产品的品牌价值。随着品牌意识的普及和提高，对于很多领域内的产品，客户都比过去更加注重产品的品牌知名度。

（2）性价比。这是理智的客户购买产品时都会考虑的一个重要因素，在购买某些价格相对较高的产品时，客户对这一因素的考虑将更加深入。

（3）产品的服务特征。产品的售后服务已经越来越受到客户的关注，可是产品的服务绝对不光指售后服务，还应包括销售前和销售过程中的服务。

（4）产品的特殊优势。产品的特殊优势是一股强劲的竞争力，对于客户来说，无论产品是采用新科技，还是增添新功能，都是一大益处。

客户最关心的是产品为自己带来的价值，没有价值的产品，客户是不会考虑购买的。所以，电话营销人员必须站在客户的立场上，深入挖掘自己所销售的产品到底能为客户提供什么样的价值，以及有多大的价值等。如果电话营销人员自己都弄不清楚产品的实际价值，那么客户更不会对这样的产品感兴趣了。

3. 全面掌握公司的情况

有些电话营销人员认为，客户购买的是产品，又不是公司，所以总是忽略对公司情况的了解。其实，对客户来说，电话营销人员代表的就是自己所在的公司，如果电话营销人员对关于自己所在公司的问题都不能迅速做出明确的回答，那么就很容易给客户留下“这个公司没有什么实力”或者“公司影响力可能太小”等印象。

为此，电话营销人员应该对公司的具体情况加以必要的了解，比如应该了解公司的长远发展目标或未来发展方向、公司最近的某些重大举措及其意义、公司的历史沿革以及过去取得的重大成绩、公司主要管理人员的姓名、公司承载的社会责任等。

介绍产品知识的注意事项

在向客户介绍产品相关知识时，电话营销人员还应该牢记以下几条原则：

1. 站在客户的立场看待产品知识

客户最想知道你推销的商品能够给他带来什么好处。如果一味滔滔不绝地讲一些与产品相关但客户不关心的信息，那你就白费口舌了。比如，客户想要购买一台平板电脑，因为他经常出差，想要一款小巧、携带方便的平板电脑。如果销售员一味给他推荐设计时尚华丽、配置佳的平板电脑，那就是没有说到点子上。

这样，即便你舌绽莲花，也没有用处。

2. **产品知识要灵活运用**

产品知识死记硬背是没有用的，要能够运用在日常销售工作中。销售员可以假设自己是顾客，用自问自答的方式将产品知识了解通透，或者可以请家里人、朋友帮忙，让他们提问，你来回答。找到自己知识的薄弱处，苦下工夫。熟记之后，再根据不同客户的需求灵活运用。

3. **研究竞争对手的产品**

市场竞争的严峻性不仅引起了厂家的警觉和注意，客户同样也已经注意到了日趋严重的产品同质化现象。面对越来越多的同类产品，客户无法一一对不同厂家的产品进行了解，于是，很多时候，电话销售人员常被客户问到这样一个问题：你们的产品与竞争对手相比，好在哪里？假如你没有仔细分析过自家产品的竞争优势，客户凭什么要买你的，而不买竞争对手的？你的推销过程就会遇到阻力。因此，平时你就要对竞争品牌的价格、质量、促销手段等有一定程度的认识，比如通过电视、报刊广告等，关注市场最新的促销动态，注意收集客户对于不同品牌的使用心得与评价。这样，你就能在销售时成竹在胸，对答如流，增加客户对你推销商品的信任度。

4. **要成为顶级销售员，就不能局限于产品说明书**

产品知识有狭义和广义之分。所谓狭义，就是指产品说明书上的一些知识；而所谓广义，就是与产品有关系的所有知识。拥有了庞大的产品知识系统，销售员可以博古烁今，从任何一个角度切入，与客户谈论自己的产品。要达到这样的知识量，销售员日常要留心留意，多读报纸，多看新闻，多看书籍，并且要多思考，将所看所思化为潜在的能量，一旦客户需要，就可以随意从脑子中调用，侃侃而谈。

相信自己的产品是最好的

做销售工作很大程度上就是要赢得客户的接受和赞同，最终把产品成功销售给客户。如果连销售人员都对自己所销售的产品没有信心，那么在客户面前就容易缺少底气，也就很难把自己的产品成功地推销给客户。而让客户相信你的产品，最有效的方法就是：自己要相信自己的产品是最好的。

当乔·吉拉德推销雪弗兰牌汽车时，他很清楚还有比雪弗兰牌更好的汽车，他也买得起其他任何牌子的车，但他坚持开雪弗兰。他说：“你必须相信你的产品是同类中最好的。”而其他许多雪弗兰经销商却坐着卡迪拉克和梅塞德斯去上班，他们推销雪弗兰却开其他牌子的车，客户见了就会想：推销商是不是不屑于坐他自己推销的车？如果向客户传达这样的信息，客户就会对推销商的产品产生不信任感，推销工作就很难进展顺利。

销售产品的过程也是一个说服顾客的过程。作为一名销售员，他必须使顾客相信自己的产品能够给客户带来利益。要说服客户，必须先说服自己，即自己真心地相信所销售的产品是最好的，能够给客户带来利益，能够满足他们的需求。相信自己的产品是最好的，可以使自己拥有更自信的心态，让自己在销售产品的过程中更富有感染力，更容易取得客户的信任。自信的心态可以让你对客户的异议应对自如。理所当然就会在销售中取得更好的效果，使自己的销售业绩蒸蒸日上。

而在现实中，有很多电话销售人员的销售业绩不好，常常把原因归咎于公司的产品不好，常常会抱怨：“我们的产品能有什么市场竞争力？人家都是国际名牌产品啊，我们自己的产品算什么啊？”或者抱怨公司的广告力度不够，别人都不知道自己的产品：“为什么不多在广告上下工夫？人家 ×× 牌产品都上中央台的黄金档了。”这样如何能搞好电话营销？应该对自己的产品充满自信，应该认为客户购买产品是他的幸运，而不购买产品则是他的损失。只有具备这样的信念，才能打动客户。如果你对自己销售的产品都不感兴趣，都不愿买，那又如何能激发起客户购买产品的热情呢？

如何做到相信自己的产品第一

1. 端正自己的态度

相信自己的产品第一首先要端正自己的态度，相信你的公司与产品。相信你的产品并做到服务一流，这份信心会在无形中显现出来。你的信念会清楚地传达给客户，而且会在你的业绩数字上表现出来。如果你对自己的产品都没有信心，你的客户对你还会有信心吗？

2. 认识自己产品的优势

了解自己产品的独到特点，即不同于其他同类产品的特点。了解自己的产品能给客户带来的独特功用和好处。同时，时刻注意与市场上其他同类产品相比，自己产品在性价比上有什么优点。

3. 正视缺点

虽然坚信自己的产品是第一的，其实谁都明白任何产品都不可能完美无缺，你要把自己产品与同类产品相比时发现的缺点，及时地反馈给公司，以便改进。当然除了自己调查以外，你还可以从老客户那里知道你的产品的缺点，从他们那里得到的消息是最真实的。

虽然有缺点但还是坚信自己的产品优势，着重表现自己产品高于其他同类产品的地方。只有如此才能扬长避短，化“腐朽为神奇”。

设定明确的目标与行动计划

如果你的心态已调整到了最佳状态，同时，对所要推销的产品也胸有成竹，接下来，是不是就可以拨打电话了？且慢！要想使你打出去的电话有效率、有效果，仅仅做到这些是远远不够的。成功的电话营销不仅要有积极的态度，你还需要明确电话营销的目标与行动计划。

设定主要目标和次要目标

一位专业的电话销售人员在打电话给客户之前，一般都会预先订下希望达成的目标。如果没有事先订下目标，将会很容易偏离主题，失去方向，并会浪费许多宝贵的时间。

其实，陌生电话拜访的目的无非就这么几种：为了签单；为了让对方了解自己的产品；为了唤起客户的兴趣；约负责人见面。你的目标是想成功地销售产品还是想与客户建立一种长久的合作关系？通常陌生电话的目标是要找到决策者并与之约见。因为电话营销并不是完全通过电话来完成的，在电话中，只要让对方对你推销的产品产生兴趣，就可以不失时机地要求约时间面谈。

那么，电话销售人员如何设定电话营销的目标呢？

一般情况下，我们和客户沟通往往不是一个单一的目标，所以就需要对这些目标进行一下划分，确定哪些是主要目标要重点解决，最先沟通；哪些是次要目标，可以在达成重要目标后完成，或者穿插在主要目标实现过程中完成。如果见客户突然有事情要立即挂断电话，此时我们的主要目标已经完成，那么就不会过多影响我们的电话沟通目标，并且有些时候次要的目标是要在主要的目标实现的基础上才能去沟通和实现的。

那么，什么是主要目标呢，通常是你最希望在电话中达成的事情，而次要目标是如果当你没有办法在电话中达成主要目标时，你最希望达成的事情，或者说在主要目标完成后要进一步完成的目标。

1. 主要目标通常有以下几种：

（1）根据商品的特性，确认准客户是否是真正的潜在客户。

（2）了解谁是购买的决策者。

（3）定下约访时间。

（4）确认准客户何时能做出最后决定。

（5）让准客户同意接受服务提案。

2. **次要目标通常有下列几种：**

（1）取得准客户的相关资料，进一步明确客户的需求。

（2）定下未来再和准客户联络的时间。

（3）引起准客户的兴趣，并让准客户先看适合他的相关资料。

（4）得到转介绍。

许多电话销售人员在打电话时，常因为没有订下次要目标，在遇到客户的拒绝或者主要目标没有实现的时候，不知道下一步该如何沟通；或者在主要目标实现后，发现客户还有兴趣继续听下去，而电话销售人员又因为没有准备，不知道如何利用这个大好的机会做进一步跟进，完成后续的目标。草草结束电话的结果，不但浪费了时间，也对电话销售人员的心理造成了负面影响。

目标设定的原则

无论是你主动打电话给客户，还是接听客户的电话，为了将销售向前推进，你的电话营销的目标应符合以下五个原则：

1. **时效性**

一定要有一个具体的时间，客户在什么时候会采取这些行动，例如，客户想同你签这个订单，是今天，还是明天，或是三个月以后？这一点你要有个清楚的概念。

2. **数据化**

客户要同你签订单，签多少？45台，30台，还是2台？

3. **可行性**

要根据实际情况制订电话营销目标，这个目标一定是可以达到的，是经过认真判断得出的，而不是空中楼阁。

4. **以客户为中心**

以客户为中心，就是电话完成以后，是客户想采取的行动，而不是你要让客户采取的行动。

5. **要有可替代的次要目标**

如果你不能保证一定可以完成主要目标，那就要有一个可替代的次要目标，不然，你将一无所获。

为目标制订行动计划

无论是主要目标还是次要目标，都需要制订相应的行动计划，计划犹如罗盘，具有引导推销活动的作用。

在电话销售的过程中，许多事情是未知的、充满变数的。为了能够有效地应对这些未知的变化，电话销售人员一定要做好整个销售过程的计划，否则可能会对电话沟通过程中出现的意外情况手足无措。

比如，当电话销售人员打电话给客户时，客户正在开会，此时需要根据当时的具体情况来定，如事情的重要程度、与客户的熟识程度、沟通所需时间等。这些问题，都需要电话销售人员在电话拜访前考虑清楚。如果对这些问题毫无准备，到时想说，又觉得不合适，在电话中吞吞吐吐，欲言又止，肯定不利于达成交易。

此外，电话销售人员如果对客户可能会问的一些问题准备不充分的话，可能到时就会被客户问得哑口无言、不知所措。这不仅会加剧电话销售人员的紧张感，还会影响正常的工作心态，同时也会让客户对电话销售人员的专业程度产生怀疑，这同样非常不利于达成交易。

电话销售人员在打电话前做计划，不仅会使自己对所销售的产品更有信心，也会让自己的声音听起来更自信。拿起电话之前，你要做一些准备工作，了解顾客的背景以及他的业务情况，做些评估，最后再做计划。

需要提醒大家的是，最好多做几份计划，多准备几套方案，以备万一首次推销失败，可以提出其他方案供客户参考，这样也就加大了成功的机会。

为达到目标所必须问的问题

在电话销售中，我们应当准备好一系列符合逻辑的问题，这些问题有助于达成目标。例如，如果你的电话目标是为了判断这个客户是否是有效客户，也就是寻找销售线索，那根据这个目标，我们应当提出以下问题：

（1）我们希望与您保持长期联系，以便在您需要我们的时候，我们可以帮助您。不知最近三个月，你们关于电脑的采购计划是什么呢？（有些人可能会讲这样的问题是否太直接，而事实上这是很高效的问题，因为你就是为了寻找最近三个月有采购计划的客户。而客户是否会很配合地告诉你这些，就全看你的沟通能力了。）

（2）我知道您公司在当地很有影响力，相信您也有不少同行业的朋友，不知就您所认识的主管中，有谁最近会有 ×× 项目呢？（千万别小看这个问题，对你来讲，就是在电话中多问了一句，但最后的效果却会让你受益匪浅。）

如果没有准备好这两个问题的话，你就不可能实现你的目标，至少说实现目标的可能性大大降低。

了解你的客户需要什么产品

在电话营销中，只有详细了解你的客户，才能做到“知己知彼，百战不殆”。每个电话销售人员所接触的客户不尽相同，内容性质也不同，所以就必须建立属于自己的“客户资料数据库”，这样既方便自己，又可以提升自己的工作效率。

详细的客户资料可以完善电话销售人员与客户沟通的细节，寻找给客户打电话的理由，以便在打电话过程中不至于太茫然。

客户资料的内容

1. 记录客户的姓名与职务

在与客户进行第一次通话后，电话销售人员要给客户寄产品信息或是进行多次通话，因此，准确记住客户的姓名非常重要，这不但可以减少电话销售人员在工作中的差错，而且是对客户的一种尊重。

知道客户的职务和他所负责的项目后，电话销售人员可以决定是和他谈下去还是通过他找到购买的决策者。所以，在电话中，应该了解对方的职务。如下面这段对话：

电话销售人员：“请问，您负责公司哪个部门的工作？”
客户：“我负责人力资源部的。”
电话销售人员：“哦，请问公司负责采购业务的是哪一位啊？”
客户：“是采购部李经理。”
电话销售人员：“您知道李经理的分机号码吗？”
客户：“李经理的分机号码是……”
电话销售人员：“非常感谢。下次去您公司时，一定去拜访您。”

就这样，详细了解电话中客户的姓名和职务，下次打电话就很明确了。

2. 准确记录客户的联系方式

记录客户的联系方式应准确、详细，主要包括客户的手机以及客户的直拨电话、分机号码、邻座号码。如果你记住客户的邻座号码，会让他觉得你办事非常仔细。下面是询问客户联系方式的一段对话：

电话销售人员："李小姐，您好，您的电话号码是多少？您邻座的电话号码是多少？"

客户："您问我邻座电话号码干吗？"

电话销售人员："我是想，如果有重要的事情通知您，您又不在，我就可以要您邻座的同事转告给您。您觉得可以吗？"

客户："是这样啊，当然可以。邻座的号码是……"

从对话中可以看出，只要电话销售人员说出合理的理由，为客户着想，客户是不会拒绝告诉你详细的联系方式的，而且这会使沟通更加顺利。

3. 记录客户的经营状况

记录客户的经营状况，是为了从中了解客户的信用和支付能力，寻找业务机会，判断有没有必要与之合作。了解客户的经营状况，需要电话销售人员善于观察分析。比如，有的电话销售人员能够从客户的进货周期、进货量判断其营业额；从员工人数判断其经营状况、生产规模；从广告宣传判断其市场动向等。

了解客户的经营状况，可以通过以下几种途径：

（1）查询企业网站。企业网站是一个巨大的载体，可以通过企业网站直接看到经营方向、服务特色以及销售收入等。

（2）实地观察。通过实地观察企业员工的精神面貌、办公氛围、客户外在表现等可以看出这个企业的活力。

（3）公共信息。根据各种媒体对企业的宣传、行业内的相关资料、企业主动发布的广告等也能对企业的经营状况甚至发展动向做出判断。

将客户信息归类

电话销售人员要想把产品成功推销给客户，就必须充分了解客户需要什么产品，并且了解客户的业务范围，客户会感受到你在关心他、帮助他。客户之所以购买你的产品，是因为他需要这个产品。例如，客户觉得工作很辛苦想去旅游，此时销售"新马泰"旅游给他，就解决了客户身体需要休息的问题。有些电话销售人员将管理培训课程推销给别人，是因为很多管理人员的能力还不够，这样的课程有助于提高管理人员的领导力和专业能力，解决客户的疑问。只有了解客户的业务范围，电话销售人员才能了解应从哪些方面入手客户才会比较倾向自己的产品，这样才能更好地帮助客户解决他所遇到的问题。

同时，电话销售人员还应了解清楚客户的业务属于服务型、生产型还是销售型。不同的类型有不同的特点，自然也有不同的沟通方式。将不同性质的客户信息进行归类，更加有利于进行区别沟通。

总之，详细记录客户的信息，并归类整理好客户信息，对每一位电话销售人员来讲，都是非常必要的。

设计电话销售脚本

设计电话销售脚本对于电话销售人员来说尤为重要，因为如果这方面的工作准备不充分的话，那么你将会发现，在拿起电话之后可能会语无伦次，可能会没有机会把应该介绍给对方的产品说出来，因为，对方很有可能会在第一时间就发现你是一个销售员，而拒绝与你继续通话。所以，你必须在这之前设计一个电话销售脚本来配合你的工作。

那么怎样去设计好的电话销售脚本呢？

精心设计要问的问题

在电话销售脚本设计这方面，需要着重注意的是“问题的设计”。在整个通话过程中，我们需要提出一系列的问题，这样一来能掌握电话的主动权，二来能避免给客户造成强烈的推销感。

设计提问大纲时需把握好如下两点：一是提问要引导对方的思路朝你的问题发展迈进；二是提问要尽量引导客户多说，并且在倾听客户的回答中，你可以提出更多的问题，让谈话继续。

提问方式分为“开放式”与“封闭式”两种。这两种提问方式各有自己的优点。

1. 开放式问题

开放式问题就是为引导客户能自由启口而选定的话题。如果你想多了解客户的需求，就要多提一些这样的问题。能体现开放式问题的疑问词有：“什么”、“哪里”、“告诉”、“怎样”、“为什么”、“谈谈”等。

通过开放式的问题，我们可以了解对方更多的看法，获得大量资料。例如：贵公司不考虑做推广型的搜索引擎主要是什么原因呢？由这个问题，你会听到各种各

样的理由，然后就可以针对对方的想法向他进一步介绍。这样会更有针对性。

2. **封闭式问题**

封闭式问题是指为引导谈话的主题，由提问者选定特定的话题，由对方在有限范围内做出选择，如“是”或“否”，“A”或“B”。封闭式的问题经常由“能不能”、“对吗”、“是不是”、“会不会”、“多久”等疑问词引导。

当你想获得一些更加具体的资料和信息时，就需要对客户提出封闭式的问题，这样才能让客户确认你是否理解了他的意思。但是在电话营销中，如果你问了很多封闭式的问题，会给客户造成一种压力，同时也不利于自己对信息的收集。所以在前期了解客户的需求时，应多问一些开放式的问题，以便让客户能够自由、毫无拘束地说，这样才更有可能使你从中获得有用的信息，找到新的商机。

在设计封闭式的问题时，一定要注意，你所设计的这个问题的答案90%以上应该对自己有利，你得非常有把握地知道对方一定会回答“是”或者“不是”，这样才可以成功地引导对方的思维朝你所设计的方向发展。下面我们来看一个例子：

电话销售人员：如果做了推广型的搜索引擎，那么搜索结果将在第一页出现，从而将大大提高点击率。这样的话，将对贵公司的业务有积极的推动作用，您认为对吗？

它的答案是肯定的。那么，设计这样一系列的问题，对方的思路就会逐渐沿着你预期的方向走，最终客户就会被你说服。

设想客户可能会问到的问题

一般来说，客户通常会问以下问题：

你们的产品有什么特色？

你们的产品与B公司相比，有什么优势？

你们的服务怎样？

什么时候能送货？

如果产品出现质量问题怎么办？

……

总之，客户所提出的问题往往同你的公司、你的产品和服务、你的竞争对手、你所在的行业等有关，只要你认真准备并经过良好培训的话，是不会被客户问得不知所措、不知如何回答的。

将客户经常问到的问题列举出来，然后找出参考答案，看似简单，可是相当多的企业并没有对这个问题引起足够的重视，就同一个客户关心的问题，不同的电话销售人员有不同的回答，当然，也有电话销售人员不知道如何回答的。如果电话销售人员被客户问得不知所措，或者客户就同一个问题从同一公司的不同电话销售人员处得到不同的答案，我们可想而知会造成什么样的后果。

设想电话中可能发生的事情并想好对策

在电话中，什么事情都可能发生，因为你不能和对方面对面交谈，你无法确定对方会有什么事，比如客户正在开会，或者客户在开车，或者其他不方便接听电话的情况。通常，100 个电话中可能只有 80 个电话能够打通，80 个电话中又往往只有 50 个电话能找到你要联系的人，每次打电话都可能有不同的情况出现。例如，当你打电话给客户时，如果客户正在开会，你将如何办？你是讲完你要说的话呢，还是与客户约时间再谈？这两个选择都没有对错，关键就在于客户与你的关系以及客户的类型，但无论如何，你得有所准备，否则的话可能会出现你既想对他讲，又觉得不合适的状况，最终你还是没法达成目标。

因此，电话销售人员要事先对突发情况有所预料，这样才能够采取相应的对策。下面有六种在电话销售业务过程中可能发生的情况及六种对策，供电话销售人员参考：

可能发生的事情	对策
客户直接接听电话	要随时准备与客户沟通
电话需要转接	对其他人要有礼貌，并说明是约好的
客户不在	搞清楚什么时候会回来，再打过去
客户在开会	再次约时间，然后准时打过去
客户在开车	迅速约定时间，如过半小时再联系
客户的秘书接听电话	礼貌地请求转接

在明确了上述问题后，电话销售脚本的制作就比较容易了。无论何时，你都要记住，不管你是多么优秀的行家里手，在电话销售业务开展前都需要设计一个优秀的电话销售脚本。如果需要的话，我们可以照脚本来应答，最好谙熟于心。

下面是一个初次打电话可以借鉴的脚本：

“宏瑞公司吗？您好，我是腾达公司的，叫关勇。上次我给咱们公司的人打过电话，说经理这个时间在。”

“你要哪里？”

“供应部。”

“打错地方了。”

“噢，我找的是供应部经理，请告诉我供应部的电话好吗？”

“他不在。”

“噢，他不在。请问什么时间能回来？”

“不清楚。”

“您是说他上午什么时间回来不清楚是吧？那……下午 1 点以后会回来吗？”

“可能吧。”

“那就是说下午也不一定是吧？那明天上午经理会在吧？”

“不知道。”

“经理真是个大忙人。那么我直接打经理办公室的电话，您知道经理的电话吧，我记一下。”

“你什么事？”

“噢，我是腾达公司的关勇，有批材料上的事要和经理协商。”

“供应部不需要材料。”

“不是不是，您误会了，我跟经理是要探讨一下材料方面的市场情况。”

“你说的到底是什么事？”

“有关市场方面的变化，我想和经理沟通一下，顺利的话宏瑞和我们都会有很好的收益。”

“这种推销电话我见多了，你不必找经理了，他不感兴趣。”

“您说得没错，大家对不了解的东西都不会感兴趣。”

“他很忙，没有时间接待你。”

“所以我才打电话给他。您知道经理的传真吧，我记一下。如果他非常忙，又见不着面，我想应该尽快传真一份材料给他。”

“传真机正在修。”

“您知道经理的手机号吧，我记一下。”

“他平时不开机。你是不是刚做业务？你找别的公司吧，我们公司对你说的材料不感兴趣。”

“我早就听说宏瑞在经营上相当出色，所以我想，要把业务做好，就要找最好的公司来合作。”

……

在列举了所有被拒绝的可能性和应对方法后，脚本也就完成了。

电话销售人员尤其是新业务员应该在这方面勤加练习，练习得越多那种不自然和不舒服的感觉就消失得越快。如果你曾被接线人弄得一时语塞，或不知该如何将谈话继续下去，很可能是你的电话销售脚本没准备好，你应立即完善它，这样才会应对自如。

产品推介要保持清晰的思路

在电话销售人员拿起电话之前，就要考虑自己的话客户是否喜欢听，不然即使打通电话也只是浪费时间和金钱，这时是否具备清晰的思路决定着你所表达的语言是否能让客户清晰、明了。此外，在日常的电话销售中经常要遇到很多问题，而且大部分时间我们都是自己独立思考，因此，时刻保持清晰的思路将决定你行动的成败。

清晰思路的重要性

下面我们来看一个失败的电话销售案例：

销售人员："先生，您好，这里是××公司个人终端服务中心，我们在搞一个调研活动。您有时间我们可以问两个问题吗？"

客户："你讲。"

销售人员："您经常使用电脑吗？"

客户："是的，工作无法离开电脑。"

销售人员："您用的是台式机还是笔记本电脑。"

客户："在办公室用台式机，在家就用笔记本电脑。"

销售人员："我们公司最近对笔记本电脑有一个特别优惠的促销活动，您是否有兴趣？"

客户："你就是在促销笔记本电脑吧？不是搞调研。"

销售人员："其实，也是，但是……"

客户："你不用说了，我现在对购买笔记本电脑没有兴趣，因为我已经有了，而且，现在用得很好。"

销售人员："不是，我的意思是，这次机会很难得，所以，我……"

以上的推销电话，许多电话销售人员也都有类似的体验，而且往往都以失败告终，其中一个重要的原因就是思路不清晰。

潜在客户已经陈述了自己有了笔记本电脑，而该销售人员没有有效地响应客户的话题，只顾按自己预先设计好的思路来推进，会取得什么效果呢？其实，在得到客户的回答以后，恰恰应该是发问的最好时机，既可以有效地呼应开始设计的调研借口，也可以逐渐挖掘客户在使用笔记本电脑时的主要困惑，从而寻找客户的潜在需求，可惜，这个销售人员不过是简单、机械地按照培训的套路来自说自话，从而导致销售失败。

保持清晰思路五要点

准备跟客户交流时，措辞是很重要的，因为你的专业程度的高低就体现在措辞上，也就是说，要时刻保持清晰的思路去与客户交流。回答问题时有以下五方面要注意：

1. 回答问题应有逻辑性

如果客户问一个问题，你回答问题时很有逻辑性，给客户一种很清晰的逻辑思维，这时你的专业水准也就自然地表露出来了。所以在讲话时，要运用一些像"第一、第二"这样的词语。

2. 配合肢体语言

不要认为这时的肢体语言是没有作用的，当你与客户面对面地交流讲到"第一"的时候，一般要配合着一些手势，你的手势又会反过来影响你的声音，比如在合适的地方加上重音，在适当的地方稍做停顿等。在电话交流时客户虽然看不见你的动作，但是你的动作却能有效地影响你的声音，客户是可以通过你的声音感受到的。

3. 积极的措辞

讲话时一定要用积极的措辞。例如，你在某个行业里只有过一个客户的经验，于是直接告诉客户，在这个行业里你仅有过一个客户，显然这会对客户造成消极的影响，认为你经验不足。如果你换个积极的措辞，说在这个行业里面已经有过一个客户了，给客户的感觉就是你已经有过经验了，从而会对客户产生积极的影响。

4. 自信

作为电话销售人员一定要自信，说话时不要吞吞吐吐，尽量不用"可能、大概"之类模棱两可的词。如果客户觉得你信心不足，他势必也很难相信你说的话。说话时自信、果断，敢于给客户承诺，可以有效地增加客户对你的信任程度，成功的概率相应地就会增大。

5. 简洁清晰

讲话尽可能简洁、清晰，要注意你是在用电话和别人交流，没有人愿意拿着电话听你讲很长时间。不要啰唆，先把你想说的要点想清楚，整理好自己的思路，用简洁、清晰的话来表达清楚自己的观点，不要说一些无关紧要的话。在较短的时间里给客户一个清晰的概念，会使客户感到愉快，并留下一个好印象。

第3章

有的放矢，了解客户的需求和底线

挖掘客户内心的需求

上兵伐谋，攻心为上。而攻心为上，对营销来说关键就在于抓住客户的心。要想说服客户，你首先必须知道客户真正需要什么，然后因势利导，在满足对方需求的同时，达到自己推销的目的。

有家公司的总经理很奇怪地发现，他的某位雇员一天竟然做到了30万美元的成交额，于是他便去问个究竟。

“是这样的，”这位销售员说，“一个男士进来买东西，我先卖给他一个小号的鱼钩，然后告诉他小鱼钩是钓不到大鱼的，于是他买了大号的鱼钩。我又提醒他，这样，不大不小的鱼不就跑了吗？于是，他就又买了中号鱼钩。接着，我卖给他小号的渔线、中号的渔线，最后是大号的渔线。接下来我问他上哪儿钓鱼，他说海边，我建议他买条船，所以我带他到卖船的专柜，卖给他长20英尺有两个发动机的纵帆船。他告诉我说他的车可能拖不动这么大的船，于是我又带他去汽车销售区，卖给他一辆丰田新款豪华型巡洋舰。”

经理后退两步，几乎难以置信地问道：“一个顾客仅仅来买鱼钩，你就能卖给他这么多东西吗？”

“不是的，”这位售货员回答说，“他是来给他妻子买针的。我就问他：你的周末算是毁了，干吗不去钓鱼呢？”

这个案例生动地告诉我们：销售与人的心理有关，懂得挖掘客户内心深处的需求，不断激起客户的购买欲望，有时可以起到事半功倍的效果。

了解客户需求的途径

1. 运用各种提问

要了解客户的需求，提问题是最好的方式，通过提问可以准确而有效地了解客户的真正需求，为客户提供他们所需要的服务。在实际电话销售过程中，一般有以下几种提问方式可以借鉴：

提问方式	目的或作用
通过问题了解对方身份	初次跟客户谈话时，可以问一些了解客户的问题
直接提问式	单刀直入，观点明确的提问可以使客户详细说出你所不知道的情况
描述式	让客户描述情况，谈谈他的观点，这有利于了解客户的兴趣和问题所在
澄清式	在适合的时候询问，澄清客户所说的问题，也可以了解到客户的需求
封闭式	封闭式的问题即让客户回答“是”或“否”，目的是确认某种事实，以及客户的观点，希望或反映的情况
其他	与客户交流的最后，可以问他还需要哪些服务

2. 通过倾听

在与客户进行沟通时，必须集中精力，认真倾听客户的回答。站在对方的角度尽力去理解对方所说的内容，了解对方在想些什么，对方的需要是什么，要尽可能多地了解对方的情况，以便为客户提供满意的服务。总而言之，通过适当的提问，认真倾听，可以了解客户的真实需求和想法，更好地为他们服务。

挖掘客户需求中会碰到的难题

在挖掘客户需求的过程当中，会遇到很多困难。比如客户不回答我们的问题，或者是敷衍，甚至是挂我们的电话。有时候，一开始客户还是回答问题的，问到最后他越来越不耐烦，最后草草结束电话……凡此种种，不一而足。

其实，客户之所以不愿意回答问题，是很多原因造成的。

1. 关系没建立起来

客户不回答问题，可能是我们跟他的关系还没有建立起来。跟你关系越好的人，你向他发问的时候，他配合你的可能性会越大。所以，客户如果拒绝你，你要先思考的是：我跟他的信任度到了什么程度。

2. 客户性格、职位方面的原因

我们可将客户的性格特征和行为方式按照行事的节奏和社交能力（与人打交道的能力）分为老鹰型、孔雀型、鸽子型和猫头鹰型。

越是高端客户，往往职位越高，老鹰型的特点就越明显，老鹰型的特点就是时间观念特别强，喜欢直入主题，讨厌自己的时间被浪费。如果你问的问题没有价值，那就是在浪费他的时间。而老鹰型的人，还有一个特点就是掌控对方，那就意味着你问他问题，说明你想掌控他，这跟他本意是相违背的。所以不回答你问题的人，最大的可能性是老鹰型和猫头鹰型，这两种客户都是不太爱去回答问题的。越是高层领导，越难影响他。所以循序渐进的需求引导的方法，用在高层身上很少有成功的，他没有那么多的时间陪你玩，他更喜欢直截了当。这跟他的性格和职位都有一定的关系。

作为电话销售人员，对待老鹰型客户不要生硬地说服他，而要指出他的关注点在哪里。对这种客户最好用封闭式的问题进行探寻，比如："我知道像您肯定关心 ×× 的问题，其他客户都关心这种问题，那您肯定也关心，对吗？"实际上就是指出了他心里的想法，而不是靠"您现在在关心什么？"这样的问题去引导客户，很多客户是不会回答你这样的问题的。

对待猫头鹰型客户要认真，不可马虎，凡事考虑得要仔细，注意一些平时不太注意的细节。在电话中，不可与他们谈论太多与目的无关的东西，不要显得太过热情，要直入主题。他们如果愿意与你在电话中交谈的话，你要提供更多的事实和数据，以供他们做判断。而且，提供的资料越细越好，并经常问他们："还有什么需要我提供的？"

对于孔雀型和鸽子型的客户，或者相对职位低一点的人，可以用到迂回战术，因为他们有时间在电话里面跟我们做一些交流。

3. 我们的方式不对

客户不愿意回答我们的问题，还有可能是我们提问的方式不对或者逻辑性不强。

比如有一个销售人员，他跟客户是这么沟通的：在谈到中间某一个环节的时候，他问了客户一个问题："您这边是负责销售部的吧？"客户说："是啊。"这个销售员又提了两个问题以后，再次问道："销售部是您负责的吧？"

同样一个问题问好几次，谁都不耐烦。这暴露了销售人员提问的逻辑性不是很强。客户听到你不断地问类似的问题，肯定都没有耐心。

所以我们要学会改变提问的方式。你要去思考的是，同样问一个问题，怎么问客户才更容易接受。比如，我们问客户："在现在的工作当中，您遇到的主要困难有哪些？"他为什么要回答你这个问题，他工作当中遇到的困难，跟你有什么关系！

稍微改一改，加一个赞美："王老板，像您这样经验丰富的人，在这种岗位上，您都关心哪些问题？我特想向您学习。"有了一个赞美，他的内心感觉就不一样了。

下面这个问法，也是为了建立信任度。“我们很想有机会可以帮到您，您觉得哪里可以改善？”问这些问题的目的，都是在找困难，但是不同的问法，客户的感知有很大的不同。

挖掘客户的真实需求

虽然大家都知道，做销售最关键的就是挖掘客户需求。但是，不同客户的需求往往千差万别，有时客户的需求甚至是深藏不露的。而且，由于种种原因，当你探测客户的需求时，客户往往会给以虚假信息，让你难以捉摸其真实需求。

因此，根据客户反馈的信息，去伪存真，挖掘其真实需求，就成为一个优秀电话销售员必备的技能。

下面我们看一个销售人员挖掘客户真实需求，使销售成为可能的案例：

小王拜访林总的时候曾向他推荐A系统，林总只是说“考虑考虑”就把他打发走了。在做了充分的准备之后，小王再一次电话拜访林总。

小王：“林总，您好！昨天我去了××公司，他们的办公自动化系统已经正常运行了，他们准备裁掉一些人以节省费用。”（小王引起话题——与自己推销业务有关的话题）

林总：“我们公司曾经考察过，许多企业上A系统钱花了不少，可起的效果不太好，其实我们公司去年就想上这个系统来着。”（客户主动提出对这件事的想法——正中小王下怀）

小王：“林总，您这话一点都不错。投入不产出，那就有毛病了。您研究过他们失败的原因么？”

林总：“A系统也好，B系统也好，都只是一个提高效率的工具，如果这个工具太先进，但不适合自己企业使用，怎能不失败呢？”（小王通过林总说的，了解到客户的问题）

小王：“是啊，其实就是这样，超前半步是成功，要是超前一步那就成先烈了，所以企业信息化绝对不能搞‘大跃进’。但是话又说回来，如果给关公一挺机枪，他的战斗力肯定会提高很多倍的，您说对不对？”（小王再一次强调A系统的好处，为下面的销售做铺垫）

林总：“这点我们认同，但是有一个问题啊，厂家的出发点往往是如何将产品销售出去，所以总是用各种理由来说服我们上项目，而我们又不得不谨慎行事。”（小王了解到客户目前没有采购A系统的真实原因）

小王：“是，对我们来说，如果客户不能成功，那么以后的任何服务都不复

存在，也就不存在什么收益。在我看来：什么样的人我们就给他什么样的工具。比如说×××公司吧，如果让他们上A系统肯定会失败，因为A、B这样的系统几乎是对整个企业业务流程的再造，这么大的一项变革，肯定要一步一步来。而且，如果没有经验丰富的系统分析师指导的话，是很难成功的。所以当时我就建议他们先上办公自动化系统，这样对他们原有的流程改变并不大，但可以在很大程度上提高他们的办公效率。后来也证明，这种渐进的方式是成功的。”（引用客户见证过的实例，分析A系统的好处，激发客户对采购A系统的想法）

林总：“现在行业内有句话叫‘上项目找死，不上项目等死’，所以我们现在心里也没有底。”

小王：“首先，企业的高层必须全力支持；其次，一定要有经验丰富的系统分析师做指导；第三，必须有品质过硬的产品。这三点缺一不可。企业信息化建设是对一个企业内部流程的变革，改造领导意识是其起点。同时，既然是一场变革，就必然会涉及部分人的利益，这也需要企业高层的支持。另外，有优秀的系统分析师做指导也是十分关键的。这绝对不是一个好产品所能替代的。您说是不是这样的，林总？”

林总：“一点不错，真是这样。这个问题毕竟会牵涉到各个部门的利益，我也不清楚各部门对这个问题是怎么想的，还需要讨论讨论。”（客户提出目前的困惑，看小王怎么回答）

小王：“我能理解，您这是对企业负责。如果仅仅是为了这个，我想我能够从很多方面配合您的工作。您还有没有其他顾虑呢？时间不等人呀。”（小王“时间不等人”的话旨在引起对方的急迫感）

林总：“你也知道，这两年我们这一行的生意难做呀，我们今年的费用已经超了，这事最快也要等到明年才行。”

小王：“费用您不用担心，这种投入是逐渐追加的。这样好不好，您定一个时间，把各部门的负责人都请来，让我们的售前工程师给大家培训一下企业信息化的相关知识。这样您也可以了解一下您的部下都在想什么，做一个摸底，您看如何？”（针对林总的回答，小王提出下一步的解决方案）

林总：“好的。”

把潜在需求变为明确需求

请记住成功电话销售人员的一句忠言：在完全、清楚地识别及证实客户的明确需求之前，请不要推荐产品！只有准确地区分了客户的明确需求与潜在需求，才能进一步与客户顺利沟通。

区分客户的两种需求

需求是什么，其实所谓需求简而言之就是“消费者的一种期望”。客户的需求有明确需求和潜在需求之分。

明确需求是指客户主动提出要解决他们的问题的愿望。例如：

客户：“我觉得销售人员 ××× 的沟通能力不是很强，在这一方面他很有必要提高。”

客户：“我单位的原材料供应商不太好。”

这时客户已表达了一种明确的需求。明确需求是一种非常有效的需求，在这种需求状况下很容易与客户达成协议。客户一旦表达了明确的需求，其实也就是表明他已产生了要改变现状的想法，这个时候最容易达成交易。然而，事实上在现实生活中遇到的大部分客户都是没有明确需求的客户。所以，电话拜访客户面临的一个挑战就是要引导和激发客户，使其潜在的需求变成明确的需求，这一过程需要一系列的说服和引导工作来完成。

潜在需求是指由客户陈述的一些问题，包括对现有产品或服务的不满，以及目前面临的困难等。不管这些问题是谁提出来的，也不管客户是否认同，它们都算潜在需求。潜在需求对双方来讲是一个合作的机会。潜在需求和明确需求的概念是有差别的，潜在的需求一般用“想要”、“在找”、“需要”、“希望”、“期望”等来表达。例如：

客户：“现在感觉我的笔记本电脑速度有点儿慢。”

客户：“我希望我的电脑不会被过早淘汰。”

这就是该客户目前所面临的一个问题，可能成为他将来的需求。

实际上，没有一家公司的产品能够完全满足客户的需求。所以客户去购买产品的时候，往往会出现这种情况：A公司的产品可以满足他一种需求，B公司的产品可以满足他另一种需求。如果不知道客户的需求中哪一种对他是最重要的，你就不能很好地引导客户选择你的产品。所以一定要对客户的需求有一个完整、清楚的了解，同时要知道哪一种需求对他是最重要的。

清楚的概念就是你不仅要知道客户的需求都有哪些，同时还要知道客户为什么会产生这种需求，他想解决什么问题。如果把客户的需求作为一种冰山模型来看，客户表面上表达的需求是冰山水面以上的部分，而它下面更大的部分是看不到的。如果不主动地去挖掘，你就不知道客户为什么会产生这种需求，他的驱动力究竟在哪里。你一定要想尽办法把他内在的驱动力挖掘出来。

将潜在需求变为明确需求

只有当客户表达了明确的需求以后，才能推荐给他最合适的产品。如果客户没有表达产品需求，你可以介绍产品，介绍产品是有必要的，因为你要把产品信息传达到客户那里。一定要分清楚，介绍与推荐产品是不同的。推荐产品是指在销售行为中告诉客户，这个产品对他是最有帮助的，他应该购买这种产品。

许多电话销售人员的销售经历中都有过非常痛快的销售经历。可见，销售人员有时也会捡到金元宝，客户有明确需求，你刚好遇上，而且你的产品或者服务正好能满足客户的需求，交易很快就达成了。就像碰到一个饥饿的小孩，拿出一双碗筷晃动，小孩就变得兴奋。创造销售机会的最简单的方法就是找到饥饿的小孩，然后在他们面前晃动碗筷。然而这一比例太低，可能你打电话找到的 1000 个客户里，只有 1 个有明确的需求，立即同意购买。优秀的电话销售人员与普通的电话销售人员的重要区别就是，将客户的潜在需求转化为明确需求的能力不同。

如何有效地让客户的潜在需求变成明确需求？关键是在电话中适时地提问。高超的提问技巧将使电话销售人员赢得客户的初步信任，从而有机会能在电话中进一步了解客户的需求。

当与客户就他的需求进行讨论，并告知客户将要获得的利益后，电话销售已经向前推进了一大步。

针对客户的需求推荐合适的产品

你了解了客户的明确需求，知道这些需求中哪些对客户是最重要的，而且你知道客户的具体需求有哪些，并且已经得到客户的认同，那么接下来就要进入下一个环节——针对客户的需求来推荐自己的产品。

在确定了客户的需求之后，销售人员虽然可以针对这些需求与客户进行交流，但是这还达不到销售沟通的目的，这时就需要销售人员巧妙地将话题从客户需求转到销售沟通的核心问题上。例如：

“作为母亲，您对孩子的关心自然是无人可比的，‘世上只有妈妈好’说的不就是这个道理吗？如果妈妈不关心孩子的话，那又有谁会关心孩子呢？如果妈妈不及时为孩子考虑购买保险的话，那恐怕没有谁能替孩子想到这些……”

或者：“大爷，最近听说又有冷空气要来，今年冬天的天气真是没有往年好呀。您岁数大了，尤其要注意保暖，省得头疼感冒，或者关节疼痛。现在有一款适合老年人穿的加厚羽绒服，既暖和又舒适，而且非常耐穿……”

你应该在第一时间表示对客户需求的关心，而不是只关心自己的销售额。

当你对客户正感到焦虑的问题表示出特殊的关心时，客户会因此对你产生好感，进而拉近彼此间的心理距离。使自己对客户的需求或客户关注的问题产生浓厚兴趣，在整个沟通过程中要表现得积极热情，以感染客户情绪。

确定合理的底线

有人曾经说过：如果想得到100%，那么你最好提出200%的要求；如果只提出100%的要求，那么你最多能得到80%的满足。因此，假如想要得到100%，那么你就应该提出120%甚至150%。你具体提出的要求，必须根据你想得到的底线来确定。

要想掌控全局，在每次与客户沟通的过程中，销售人员都需要在关键问题上事先确定一个合理的底线，比如产品价格不能低于多少、不符合某种购买条件时不提供某种免费服务、客户最晚不超过多长时间付清货款等。如果不能事先确定一个底线，那么在与客户沟通的过程中，销售人员就很容易处于被动局面，从而导致自己和公司丧失许多利益，甚至出现销售了产品却赔了钱的情况。如果销售人员通过充分的准备工作，事先确定了一个合理的底线，那么在与客户沟通时就会摆脱被动局面，从而有效实现自身利益和公司利润。

设置底线所遵循的原则

在设置谈判底线时，销售人员需要注意以下问题：

设立标准	解释说明
利益最大，损失最小原则	利益，既包括销售人员个人的人格、尊严、经济利益等，也包括销售人员代表的公司利益。如果不能使自身获得利益、减少损失，那么这样的底线就没有丝毫意义
尽可能高地超出底线	经验丰富的销售高手都知道，要想在满足底线的前提下争取到更大的利润，就要提出超出底线的要求。简单地说，如果你想将产品至少卖到1000元，那么在第一次报价时，一定要报出超过这个底线的价格。只有销售人员提出的要求超出自己期待的最低目标，即超出底线，才有可能获得更大的利益
尽可能坚持底线	在确保底线设置合理的前提下，一旦确定底线，那么无论客户提出怎样的条件，销售人员都要尽可能地坚持底线。这是因为，当销售人员轻易地放弃底线之后，客户恐怕还会一而再、再而三地要求让步，这并非是客户在得寸进尺，而是销售人员的表现激励着他们争取获得更大的利益
实现双赢	销售人员及其所代表的公司与客户之间的关系应该是一种双赢关系，客户可以满足自身的某种需求，销售人员及其所代表的公司可以获得一定利润。只有实现这种双赢，才能达成交易，并且维持更持久、密切的客户关系

当然，销售人员必须结合同类产品的市场情况以及竞争对手的各项信息来提出要求，如果盲目地漫天要价，那无异于给电话销售投下了一枚重磅炸弹。

有效确定底线的案例

为了更形象地理解以上问题，我们可以看看以下几个不同销售人员和客户的对话，从中了解如何确定合理的底线。

客户："您上次向我推荐的那套××小区的住房多少钱？"

电话销售人员："我想您已经对市场上同一地段、同一性质的房屋有了一些了解，您觉得它值多少钱呢？"

客户："应该是在70万元左右吧。"

电话销售人员："您说的这个价格的确可以买到其他小区同样楼层的住房，不过这套房子的价位是在80万元左右，因为它的楼层、朝向和年代等综合性价比相当高……"

销售人员既巧妙地提出了超出自己期望的条件，又照顾到了客户的要求，所以能够和客户展开进一步的沟通。

客户："您上次向我推荐的那套××小区的住房多少钱？"

电话销售人员："公司规定这套房子不能低于70万元，可以一次付清，也可以分期付款。"

客户："这个价位可够高的啊！我看到××小区有一套房子和这套看上去差不多，可是价格却低了将近6万元。"

电话销售人员："对不起，如果您觉得这个价位太高的话，可以考虑其他小区的房子，这套房子房主就要这个最低价70万元了。"

销售人员提出的产品价格比较合理，但是他却没有考虑到客户寻求平衡的心理。当客户认为销售人员不给自己任何讨价还价的余地时，他们就会对接下来的沟通失去兴趣，从而放弃购买。

客户："您上次向我推荐的那套××小区的住房多少钱？"

电话销售人员："这套房子是90万元，如果您对它非常感兴趣的话，我们可以帮您跟房主谈谈，大概可以打9.6折。"

客户："为什么这么贵？打了折也比其他同类住房贵……"

销售人员虽然率先提出了超出自己期望的价格，但是这个价格是完全脱离市场行情的，而且大大超出了客户可以接受的范围。客户很可能会认为销售人员是想狠狠地“宰”自己一笔，所以会迅速对这样的推销活动产生防范心理。

总之，要对自己销售的产品或服务进行科学评估，设定一个既能实现自身利益又可以让客户接受的底线。争取实现自己和公司与客户的共赢，不要冒着破坏长期客户关系的风险追求一次交易的巨额利润。

要有技巧地提出要求，既要超出底线，又要保证客户有兴趣继续与你沟通。要在提出的要求与底线之间有目的、有技巧地让步，不要让客户产生“施加一点压力就能获得一部分让步”的感觉。

准确判断客户

在你手上有了准客户的名单之后，是不是意味着马上就可以开始推销？答案是否定的。原因很简单，准客户只是可能购买产品的个人或企业。他们对你的产品需求的迫切性有多高？他们的购买能力或资金信用情况如何？谁拥有购买的决策权？购买的程序如何？如果这些问题没有调查清楚就拿起电话进行推销，则带有很大的盲目性，成功的概率自然也大大降低。

因此，一个优秀的电话销售人员，在拿到准客户名单后往往并不急于打电话，他们总是先对照企业整体电话营销方案的要求，根据自己以往的经验或借助上司和同事的经验，淘汰掉准客户名单中与这一要求差距甚远或最没有希望成为合作者的准客户；然后对基本符合企业整体营销方案要求且有希望成为合作者的准客户，进行外围情况调查和试探性接触，进一步全面深入地调查了解准客户，若有合作的可能才开始进行实质性的电话营销和谈判。

有些电话销售人员将目标锁定那些既有购买动机、又有购买能力的客户，这无疑是正确的，但还要考虑到客户的需求和购买动机也不是一成不变的。比如说，某公司目前为员工提供的是“高山牌”矿泉水，并有固定的供应渠道，但如果电话销售人员所在企业的“流水牌”矿泉水质量更好，且价格上也具有竞争力，经过电话销售人员的说服，就有可能使客户的购买动机和需求发生变化。可见，在进行客户调查和客户资格审查时，电话销售人员不能孤立地、静止地仅仅关注客户过去的情况，而要根据企业内部和外部调查所取得的资料和情报，全面了解、考量准客户的基本情况，然后结合推销品的特点和本企业状况，综合进行考虑，才有可能把真正的客户“一网打尽”，既不使真正的客户“漏网”，又不使不符合要求的准客户“混入网内”。

掌握准客户的背景情况

英国思想家培根说过：“如果你想对别人施加影响，首先必须了解他。熟悉他的天性和行为方式，这样就可以引导他；知道他的目的，你就可以说服他；了解他的利益所在，你就可以控制他。”电话营销的成功来自于98%对人的了解加上2%的商品知识。资深的推销大师都非常清楚地知道这一点。

无论推销什么产品，对客户的情况了解得越多，你与他进行业务往来的方式也就越具有个性，越容易找到打开“客户心门”的钥匙，成交的概率也就越大。单单这一点就足以把你与大多数竞争对手区分开来，使你成为专业的“顾问”，而不只是一个电话销售人员。因此，在打电话前，要对客户的基本情况了如指掌。

准客户的背景情况主要包括以下几个方面：

1. 企业的性质、品牌、名称

你的准客户是国有企业，合资企业，还是民企、独资企业？对电话销售人员而言，应该对准客户的企业性质与品牌进行调查，并有基本的了解。同时，要回过头来看看自己的企业性质和品牌形象，据此预测准客户对本企业的态度，并准备好相应的对策。了解客户公司的全称是必不可少的。无论直接问也好，旁敲侧击问也好，只要掌握问问题的要诀，即可打听到准客户的这一信息。

你在打电话的时候可以说：

“您好！你们的张经理在吗？我有一份传真给他。请问他的传真号是多少？”

“他不在，传真号是6438……”

“顺便问一下，您公司的全称叫什么？”

“××农药股份有限公司。”

2. 准客户的规模与地址

一般来说，准客户的规模大意味着其对原材料、零配件等物品的消耗量大，可能购买的数量也大；而准客户的地理位置好则意味着其对下游客户的辐射能力强；一般来说，人们都愿意与规模大、地理位置好的客户做生意，不过，如果电话销售人员所在企业品牌形象难以与客户相提并论，与之合作的可能性会比较小。

3. 准客户的业务范围及特点

电话营销同样是替客户解决问题。要成功地卖给客户产品或服务，就要充分了解准客户的业务范围及特点，设法从中发现准客户的需要。客户需要都有其自身的特点。比如做广告，客户的版面位置、怎么排版、什么策略、什么价位和上版时间等，每个客户的要求都是不同的。

在了解了客户的业务范围、特点和需要等的基础之上，你才会知道你能够帮助准客户解决哪些问题，以什么样的出发点与准客户进行沟通会比较有效。

现在大多数公司都有自己的网站，你可以通过浏览网页详细了解准客户的业务内容、公司定位以及其他信息。

4. 准客户的经营状况

调查准客户经营状况的目的，是为了从中了解准客户的信用和支付能力，寻找业务机会，判断有没有必要与之合作。如果有必要，你应以何种方式切入准客户？准客户接纳本企业产品的可能性有多大？他可能会提哪些要求？这都是在为正式的电话营销作准备。

在现金交易的政策条件下，你必须要调查了解客户的现金支付能力，即客户的购买力。若准客户购买力不足时，他就不能成为你的现实客户。当然，你也可以采用另外的方式。比如，当所要推销的产品价格高于准客户的现金支付能力时，你可以考虑在基本满足客户需求的前提下，建议客户购买略低一档的产品。比如，某人想买一台价值1万元的电视机，但他只有7000元钱，这时，电话销售人员就应了解客户购买电视机的主要需求，建议他买一台能够满足他主要需求而价格又接近他支付能力的，这样既使客户满意，又做成了生意。

在允许赊销的政策条件下，为了回避坏账风险，电话销售人员就要对准客户的信用程度进行事先调查。凡能完整地履行合同，既享受权利，又承担义务的个人或企业，就意味着这个人或企业讲信用或信用程度好；而那些肢解合同或部分履行合同，只享受权利，拒绝、逃避应承担义务的个人或企业，则是不讲信用或信用程度不好的。

即使准客户其他条件都符合推销的要求，但只要其信用程度不过关，就不能向其推销产品，否则，只会落得个鸡飞蛋打、血本无归的下场。股市有名言：“宁可不做，不可做错。”此话同样适用于电话营销。

准客户的经营状况你可以通过以下几种途径来了解：

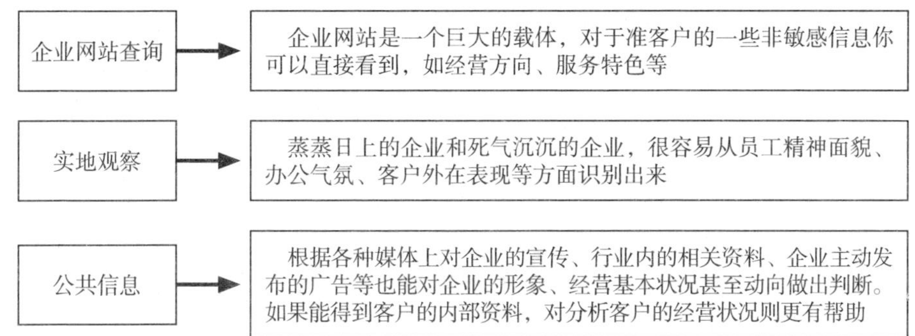

总体上说，要了解准客户的经营状况，就要善于观察分析。比如，有的电话销售人员能够从客户的进货周期、进货量判断准客户的营业额；从库存品种及数量判断其销售业绩；从准客户的员工人数判断其经营状况、生产量；从准客户使用的设备判断其经济实力；从准客户的广告宣传判断其市场动向；从准客户的采购、设备购买、项目投入判断其投资状况等。

5. **准客户所属行业**

你的产品或服务对准客户行业中的哪些部门最有用？对这个行业是否还有其他有用之处？你能发现什么行业需求？行业中是否存在特殊的管理手段，或者存在着你可以给予弥补的管理缺陷？它们是否给你提供了新的机会？掌握了这些信息，将有利于你在电话谈判中获得主动。

掌握决策人或关键人的信息

当准客户不是一个人，意见产生分歧，最终决策人或关键人一定要找准，因为他们才有权决定是否购买你的产品或服务。决策人或关键人是影响签单的重要因素，你只有与他们直接进行电话沟通，才有成交的可能。

1. **确认决策人和关键人**

电话推销前，你需要确认谁是准客户中的决策成员，以及谁是其中的关键人。关键人虽然不是最终拍板者，可他却对最终决策有绝对的影响力，所以，把你的推销意图集中在关键人身上，才能有效展开电话营销。

要找准购买关键人，先要了解准客户的购买决策程序。消费者和企业客户具有不同的决策流程，你可以通过探询其中的信息，确认你要找的人。

对于消费者个人来说，比较容易识别购买决策人，纸、牙刷、牙膏等日常小商品，通常由家庭成员中某一个人即可决定是否购买并实施购买行为。大件商品则是由家庭成员协商，共同决策的。电话销售人员一般可通过电话交谈判断出谁是购买的决策者或谁对购买有重大影响。

当准客户只是小规模的中间商或企业终端客户，购买程序较为简单，通常由主要负责人掌握其购买决定权。电话销售人员与中间商和企业主要负责人谈妥合作事宜，签订合同后，具体事宜可与企业负责人或其指定的经办人办理。但对于一些较大规模的企业来说，购买程序一般有多个职能部门的人员参与，对决策起重大影响力的往往是采购部门或某一职能部门的主管或办事人员。如果不了解准客户的购买决策人是谁，而径直去找总经理，那么你会无功而返。

当大中型中间商需要增加经营项目、添置经营设施、办公设备、开展计划外临时性的宣传促销活动，需要增拨资金时，要经过一定的购买程序和决策程序。另外，大中型企业客户需要改变供货企业，或需要添置固定资产时，也须经过一定的购买程序和决策程序。一般来说，参与企业购买决策过程的成员包括：

（1）使用者。指实际使用该产品或服务的人员。使用者的需求非常简单，就是产品使用起来一定要尽可能方便。使用者不关心价格，也不太关心售后服务。

（2）影响者。指直接或间接对采购有影响的人员（如技术员或工程师）。在购买产品尤其是技术产品的过程中，决策人肯定会征求技术人员的意见，或者要求技术人员进行技术审核。那么技术人员就会要求你提供大量的技术资料，通过这些资料来判断产品技术是否可靠。

（3）决策人。指有权决定采购项目和供应者的人（总经理、采购经理、生产主管等）。决策人就是在一个单位中对各项采购做出决定的那些人。决策人通常是高职位者，这类人一般都不愿意在各种表格上签字，因为每签一个字就意味着承担了更多的责任。显然，决策人关心的就是所购买产品的安全度和可靠性。此外，决策人通常还非常关心投入产出比。

（4）执行者。指具体执行采购行为的人。执行者可以帮助制订产品规格，但主要任务是选择卖主和交易谈判，在较复杂的购买过程中，执行者或许也会与高层管理人员一起参加交易谈判。

（5）控制者。指阻止电话销售人员与购买决策成员接触，或与采购部门交往的人（如接线人、秘书、助理等）。他们对销售的帮助可能会非常大。哪些人有可能是控制者呢？比方说公司的秘书或相关的助理，虽然他们不是决策人，但他们的影响不容低估。这类人的需求和决策人、财务人员的需求是不一样的，他们的需求就是得到电话销售人员的尊敬。同时，他们也可能有一些小恩惠的需求，如一件小礼品。

上述参与购买程序的各个部门和各种身份的人，在购买决策中会发挥不同的作用，具有各自的权力范围。因此，电话销售人员在对大中型中间商和企业终端客户推销上述范围内的产品和服务时，要通过直接和间接的调查，获取准客户购买程序的准确信息，并对不同的购买环节和不同身份、作用的购买程序参与人加以确认，采取相应的电话营销策略。

2. 确认决策人的电话号码

电话销售人员要准确无误地确认决策人的电话号码，包括对方的座机号码、分机号码、邻座的号码以及手机等。假如对方不在的时候，你恰好有重要的事情找他，就可以通过邻座及时转达你的信息，这样，对方会觉得你在为他着想，是个办事周到的人。体谅别人比方法更重要，这种一切为客户着想的态度，一定会感动准客户。

你可以直接询问接线人，得到决策人或关键人的电话号码。例如：

"请问您在公司负责哪个部门的工作呢？"

"我是负责办公室工作的。"

"噢！在内务这块儿。请问，公司购买电脑通常是哪一位决定呢？"

"是总经理办的任主任。"

"您知道他的电话吗？"

"他的电话是8697××××。"

"噢，谢谢您，如果方便的话，下次去您公司一定会拜会您，再见！"

3. 了解决策人的购买偏好

只有了解决策人习惯购买哪个品牌的哪种产品，你才能充分调动他的购买积极性。世界第一人际关系大师哈维·麦凯，就是这样的一位行销高手。他仅是一家信封公司的董事长，而一年的销售额却是数百万美元。他最高超的本领在于知晓决策人的购买偏好，很好地调动准客户的购买积极性，从而使准客户变为现实客户。

寻求共同点

电话沟通，还要求电话销售人员寻求与客户的共同点，形成彼此心理相容的沟通气氛。

共同点的含义

什么是共同点？共同点就是指电话销售人员在与客户的接触中，强调观念、立场上的一致性，从而拉近与客户的距离的一种手段。当电话销售人员向客户表明与之相同的观念和立场时，双方很容易在思想上形成共鸣，同时，电话销售人员也比较容易赢得客户的好感与信赖。例如：

客户："我比较喜欢简洁大方的服装款式。"
电话销售人员："您非常有品位，简洁大方永远是流行的款式。"

或者：

客户："我比较喜欢黑、白、灰三种色彩。"
电话销售人员："你的目光的确独到，这三种色彩是今年最流行的颜色。"

电话销售人员这样回答客户，能够很自然地拉近与客户之间的距离，使沟通顺利进行。

但是，寻求共同点并不意味着一味地迎合客户，因为一味迎合客户的话会让对方感觉电话销售人员太虚伪，不再信任电话销售人员，电话销售工作也无法进行下去。

寻求共同点的方法

1. 有具体的观点

寻求与客户的共同点，不是简单的迎合，电话销售人员必须有自己的明确观点。请看王芳的一次成功销售经历：

电话销售人员："您好！是孙总么？我是 ×× 公司的王芳。"
客户："王芳你好。找我有事吗？"
电话销售人员："我这里有一种新的水净化处理产品，想向您介绍一下。"
客户："对不起，小王，我对此不感兴趣。如果你介绍一些高科技类别的产品的话，我倒是比较关注。"
电话销售人员："是吗？孙总您真是太有眼光了。我觉得您的想法很不错，水净化处理产品现在就是应该向高科技方面发展。这次我跟您说的这种产品的科技含量就很高呢！"
客户："那这种产品颜色怎么样？"
电话销售人员："这种产品颜色比较丰富，考虑了实用性和观赏性，造型比较典雅，色彩比较清新，应该是非常符合您的要求和个人喜好的。"
客户："是吗？我比较喜欢这类风格的，造型太特别的觉得很怪异，看着就别扭。"
电话销售人员："我跟您看法一致。现在市场上有些产品确实是'金玉其外，败絮其中'，只重视了'眼球'效应，忽视了产品的内在质量等硬件指标。

我个人认为，这也只是哗众取宠的短期现象，从长远来看，还是那些经典的造型更受大众欢迎。王总，您的看法的确非常独到，不仅有前瞻性，还很有内涵。”

客户：“是吗？谢谢你这么说。那你把大概的产品信息向我介绍一下吧。”

寻求共同点的关键所在就是电话销售人员必须有自己的观点，也就是有具体的意见。只有抓住了具体的意见，再寻找共同点，才能深入下去与客户交谈。例如：

客户：“我觉得 ×× 产品不错。”

电话销售人员：“我也这么认为，和您看法一致。”

客户：“那你觉得这个产品到底哪里好呢？说来听听……”

电话销售人员：“这种产品具有省时、省电、节能等功效，价格还不贵，我觉得性价比很高。”

假如电话销售人员只是简单地迎合客户，对客户的进一步追问无法继续回答的话，可以想象会出现什么样的情况：客户会认为你只是在迎合他的话，根本无法产生共鸣。而你能够提出一个具体的意见，并说得头头是道，客户当然觉得你与他能够产生共鸣，你的话是发自你内心深处的。

2. 善于抓住特殊机会

此外，还有一些比较特殊的情况，如果善于抓住这些机会，往往会给电话销售工作带来非常好的效果。例如：

电话销售人员：“您好！是赵经理么？我是 ×× 公司的柳眉。”

客户：“小柳，你好。有什么事么？”

电话销售人员：“我想向您做个产品调查，不会耽误您太长时间的。您看可以吗？”

客户：“没问题。你说吧，具体是哪些内容的调查？”

电话销售人员：“赵经理，听您的口音，好像是河北石家庄的人吧。”

客户：“你耳朵真灵哦，尽管已经出来20年了，我还是乡音难改。”

电话销售人员：“哦，太好了，赵经理，我也是石家庄的。”

客户：“是吗？那你家是石家庄市区还是郊县的？”

电话销售人员：“我是市里的，家在新华区。我家就挨着中山西路和西二环。”

客户：“是吗？真是老乡。我老家也在新华区那边。以前我经常去附近的公园玩。那时候街道还很狭窄、破旧呢，现在石家庄的变化挺大的吧？”

电话销售人员：“是啊。我也经常去那个公园玩。现在街道已经非常宽阔了，新修的路四通八达，石家庄已经更美丽了呢！”

客户："俗语都说老乡见老乡，两眼泪汪汪。咱们今天也别说别的了，既然是老乡，能照应的我就一定照应你。有需要我帮助的，你就直说。"

该案例中，电话销售人员柳眉意外听出客户赵经理和自己同是河北石家庄人，也就是老乡关系，这应该是一个共同点。之后围绕这一共同点进行谈论，无疑对自己的销售工作起到了非常好的影响。

籍贯、住址、毕业学校、家庭背景、兴趣爱好、共同认识的某个人、熟知的某个行业……在很多话题中，我们都能找到与客户的相同或相似之处，通过这些共同点切入，能迅速消除和客户之间的隔阂，拉近彼此间的距离。

电话销售人员还需要注意的是：找共同点时要自然，不能唐突；找到共同点后，要深入，有内容，勿蜻蜓点水；距离拉近后及时回到业务主题上，趁热打铁达成共识。

选择客户感兴趣的话题

推销人员在一开始吸引客户的注意力时，就必须从客户最关心、与客户切身利益有关的事物或话题展开。推销人员必须处处留意，事事关心，才能了解客户感兴趣的事物是什么，然后从客户感兴趣的事物开始推销，才能引起客户的重视与注意。因为，客户只注意他们感兴趣的话题。著名的汽车推销大师乔·吉拉德曾经有这样一个故事：

一次，他明明与客户已经达成了销售协议，交易过程非常顺利。当客户准备付钱时，他的另一个销售同事过来与吉拉德谈起了球赛。吉拉德一边与同事谈笑风生，一边去接车款。不料客户竟扬长而去，没有买车。百思不得其解的他，按捺不住急切想知道答案的心情，拨通了对方电话，询问问题出在哪里。客户非常不高兴地在电话中告诉他，原因就是付款的时候，客户与他谈到了自己的家人情况，吉拉德不仅没有做出回应，还只顾着和同事谈球赛。吉拉德这才明白，生意失败的原因在于自己没有认真倾听，同时就客户感兴趣的话题进行讨论。

后来，吉拉德说：当别人说话时，你要全神贯注地倾听。看着对方的脸，听着他的声音。你越善于倾听，说话的人越信任你。但是太多的人只顾着用嘴巴说。嘴巴只善于做一件事情，那就是吃。闭嘴，让别人说。让别人说，别人就会开始喜欢你。

误区：只谈自己感兴趣的

在实际的电话销售业务中，许多销售人员往往只关注自己的产品，忽视客户。许多实践已经在告诉我们：只有谈客户感兴趣的话题，客户才会关注销售人员感兴趣的话题。所以，电话销售人员不要只谈自己感兴趣的话题，只有先让客户对你个人产生信任和好感，才有可能销售产品，你必须关注客户感兴趣的话题，并能够迎合。我们看一下电话销售人员小吴的一次失败经历：

电话销售人员："您好！是马经理么？我是 ×× 公司的小吴。"

客户："你好，小吴。有什么事吗？"

电话销售人员："我公司现在推出了一种新产品，我觉得比较适合贵公司使用。"

客户："哦。是这样啊，谢谢你。"

电话销售人员："马经理，您什么时候有时间，这周咱们见面谈谈？"

客户："不好意思，小吴，我这两周非常忙，抽不出时间来，你看向后推迟一下吧！"

电话销售人员："哦，我知道了。那马经理，您看这样好不好，要不现在我先在电话里简单向您介绍一下这个产品的情况？"

客户："对不起。我想先跟你请教个问题。就是上次从你们公司买的 ×× 产品的性能问题，你是这方面的能手，可不可以详细跟我说一下。"

电话销售人员："您说的这个没问题。但我公司有规定，通电话时间不能过长，我先抓紧时间向您介绍一下新产品的情况吧……"

客户："这样啊，以后再说吧。不好意思耽误你的时间了。再见！"

电话销售人员小吴的失败在于，没有根据情况及时转移话题，只谈自己感兴趣的事，即介绍新产品，完全忽略了客户感兴趣的问题，即想向小吴请教产品性能情况，这样的话，很难与客户建立起信任关系，更别提让客户继续与之通电话了。

其实，完全可以这么说：

客户："对不起。我想先跟你请教个问题。就是上次从你们公司买的 ×× 产品的性能问题，你是这方面的能手，可不可以详细跟我说一下。"

电话销售人员："好的。那我先简单地向您介绍一下 ×× 产品的性能……因为公司规定电话时间不宜过长，请您谅解。您看这样好不好，等您不忙的时候，我再专门去拜访，到时候把这个产品的详细情况和公司推出的新产品一起分析说明，好吗？"

客户："好的，没问题。再联系！"

电话销售人员态度一转变，把客户感兴趣的事情放在第一位，给予对方相应的帮助，自然能让客户有继续和销售人员通电话的兴趣，也自然容易做成生意。

围绕客户的兴趣讨论

客户不喜欢把时间浪费在听自己不关注的事情上面，除非你能够让他们知道，这个电话可以给他们带来利益。在销售过程中，必须在极短的时间内引起对方的兴趣，如果没有办法让准客户在30秒内被你吸引，客户随时都可能终止谈话。此外，除非你引发了对方的谈话兴趣，让他围绕自己感兴趣的话题来交流，否则，电话销售就毫无意义可言。

谈客户感兴趣的话题，包括了解客户的爱好，比如体育、电影、音乐、宠物、烹饪等，与之探讨他们喜欢的东西。例如：

电话销售人员："喂，您好！我是××公司的小吴。可以占用您几分钟时间做个电话调查吗？"

客户："可以。"

电话销售人员："请问您贵姓？"

客户："免贵姓刘。"

电话销售人员："刘先生，您好。您采用的理财方式一般是哪几种？有理财计划吗？"

客户："我一般采用银行定期定存。目前还没有什么理财计划。"

电话销售人员："哦，我知道了。那您对理财计划有哪些了解？"

客户："我从没关心过这些问题。"

电话销售人员："那我可以问您一下，平时刘先生除了采用银行定存之外，还有其他理财方式吗？"

客户："没有。我觉得其他理财方式没什么必要。股票和基金市场都有很大的风险，别的也没什么了解，还是感觉把钱存在银行里更保险，手里的钱够用就行了。"

可以看出，客户刘先生对银行定期存款比较感兴趣。下面，我们看小吴是如何利用刘先生感兴趣的问题进行讨论的，并适时地将话题转移到销售上。

电话销售人员："刘先生，那您有没有过想好好存下一笔钱，却因为一些原因无法达到储蓄目的的时候？"

客户：“有的。”

电话销售人员：“我相信您肯定有过。您觉得定期定存风险最小，最有保障，所以能够放心地把大数额的钱存在银行里。您的理财计划不错，但是还没有做到更好。”

客户：“是吗？我觉得很好啊！我觉得自己对定期存款的政策非常精通呢。”

电话销售人员：“如果您有兴趣，我可以跟您讲一些具体的政策，咱们顺便好好交流一下具体的意见或看法。您看怎么样？”（转移话题）

客户：“好啊，没问题。”

从电话销售人员和刘先生的对话中，客户由起初的冷淡态度转为对交谈开始感兴趣，再到最后双方终于达到深入交流的效果。无疑，交谈中，小吴抓住了刘先生流露出的困难，即因一些原因无法达成储蓄目的，了解了他的兴趣所在，即自认为对定期定存非常精通，这就使得小吴可以通过引导客户关于定存的见解，来激发对方交谈的兴趣。

当你与客户交谈时，记住选择对方最感兴趣的话题——他们自己以及自己所掌握的信息。当你与他们谈及这些内容时，对方会非常有兴趣，对你的好感也就油然而生了，电话销售怎么会不能顺利进行呢？

电话销售人员可以在销售过程中适度创造话题，以避免客户太快拒绝、促使客户提供更多信息以利于销售。

与客户一起成长

被誉为“清代三杰”之一的曾国藩有句名言被众多人奉为商业圣经，那就是“自立立人，自达达人”，这句话针对销售管理也同样适用。任何推销员若想自己立足，先要帮助客户立足；要想自己发达，先要帮助客户发达。

关注客户并积极帮助

电话销售工作中，为什么有的推销人员一直能够顺利开展业务，而有的推销人员却始终无法避免失败呢？答案是，失败的推销人员往往盲目地打电话给客户。与其匆忙打电话给更多客户，不如认真做好准备，以求打动每一位客户。

如果你是一位优秀的电话销售人员，在给客户打电话之前，最好全面调查、了解客户的需要和问题，然后有针对性地提出建设性的意见，比如能够增加客户销售量或能够使客户节省费用、增加利润的方法等。只有这样，你的销售才有可能更有成效。下面，我们看一下销售人员小张为客户提供帮助的案例：

电话销售人员："喂，您好！是江经理么？我是 ×× 公司的小张。上次咱们约好今天这个时间打电话的。您对 ×× 产品考虑得怎么样了？"

客户："还可以吧。价格还比较合理，不过我们只能订一半货了。"

电话销售人员："哦？为什么呢？"

客户："现在公司的资金都压在原材料上了，一时间周转不开呀。"

电话销售人员："没关系。那这次订货量我就帮您改成原计划的一半，好吧。不过，我有点建议想跟您讲讲。"

客户："好啊，请说，我洗耳恭听。"

电话销售人员："据我了解，您公司原材料出货量确实很大。可是，贵公司一直从南方购买原材料，已建立了多年的良好合作关系。凭借您的良好声誉，南方的原材料供应商没有理由不答应您的要求。再说，原材料价格变动较小，您只需要在出货前把货物补齐，不需要进大批原材料来储存啊，打一个时间差，就能够在出货前的时间段里把资金腾出来，加速资金的周转了。"

客户："真是一语惊醒梦中人了！我以前怎么就没想到呢？小张，多亏你了！下次就这么办，我可以提高你们公司的订货量，趁市场形势好，大赚一把！"

电话销售人员："别客气！这是我一点粗浅的见解，幸亏是遇到您这样明智的经理才能够被及时采纳呢。"

电话销售人员小张帮助客户解决了难题，必然受到对方的欢迎。在打电话之前，带给对方一个有益的构想，是给客户良好第一印象的必要条件。

为客户做有用的准备

电话销售人员还可以通过为客户做准备这个方式帮助客户解决实际问题。例如：

电话销售人员："林总，您好！我是 ×× 公司的小楚。"

客户："是小楚啊，有事吗？"

电话销售人员："这次不是关于工作的事情，今天我打电话来，是有点其他的事情跟您谈。"

客户："什么事情？你说吧！"

电话销售人员："是这样的。上次咱们聊天的时候，您提到想成立一家网络文化传播公司，可是在技术方面有些问题还没有解决。碰巧，前两天我给一位客户打电话的时候，他精通这方面的东西，我跟他打听了一下，记录了下来，跟您说的情况应该差不多，他还给出了一些具体的建议，我想可能对您有用。需要我发到您邮箱里吗？"

客户："好的，先谢谢你啦！发过来吧！"

客户（看完邮件之后）："哈哈，太好了小楚，非常感谢你！这些资料对我太有用处了！"

电话销售人员："是吗？那太好了！我也很荣幸能对您有所帮助。"

许多电话销售人员平时很难做到像案例中小楚那样，在拜访中随时留心客户的困难和问题。如果希望提出一个对客户有利的想法以便顺利地接近客户，你就必须事先搜集有关信息。这个道理许多电话销售人员都明白，可是往往在实践中只注意到跟自己业务相关的信息。也许你会说，那是小楚运气好，才能遇到这样的好机会。可是，假如电话销售人员不是经常带着建设性的意见，那么，绝对不会在和客户通电话的时候去问相关的问题。对每位客户都力求做到建设性访问，才能够随时都对所有机会产生机敏的反应。

关注客户的发展是一个随时需要进行的工作，它对销售工作的巨大作用无法用具体的数量来衡量。不管与销售产品行为本身是否有关，在客户需要帮助的时候，适时加以援手，这样的结果往往是双赢的，因为，你帮助了客户发展，作为回报，他就会把你介绍给更多的客户。所以帮助客户实际上也是在帮助自己发展。

电话销售人员需要时刻牢记：把对客户有用的想法记住，不错过任何一个能帮助对方的机会，哪怕只是一个偶然的机会。

全方位挖掘潜在客户

在电话营销业务开展前，其中一项必要的准备工作就是搜寻你的潜在客户。也就是说你打算把产品或者服务销售给谁。潜在客户也就是有可能购买你产品的人，它具备两个要素：用得着和买得起。

专业的市场调研公司所提供的数据表明：在第一年的销售从业经历中，80%的失败是来自于对潜在客户的搜索工作不到位。可以说，搜寻潜在客户是电话销售人员最重要的准备工作，在很大程度上，这决定着你今后的目标与方向，在这一阶段，如果你选错了方向，将不得不面对失败，这是搜寻潜在客户重要性的原因所在。

那么，通过哪些渠道能发掘到你的潜在客户呢？这里为大家介绍几种途径：

取得行业引路人的帮助

在要进入某个全然陌生的行业时，如果你能获得一个行业引路人的帮助，那将是非常幸运的事。行业引路人应该是这样的人：在行业里具有一定影响力的声誉良好的核心人士、具有对行业里的技术和市场深刻认识的专业人士、具有行业里的广泛人脉关系的人。行业引路人往往并非是一个客户，他可能是你的某个朋友，也许是一个行业里的供应商，由于入道较早而积累了对行业的深度了解与把握。行业引路人可以帮助你掌握行业技术及产品发展趋势，以及某些关键客户的动向，让你少走不少弯路。

有位电话营销高手曾介绍自己的经验说：“我在IT行业里有一个朋友，对该行业有很深的了解和把握，他能够对该行业里的厂商、公司老板等做出客观的评价。这使得我的销售目标变得非常明确，他甚至还向我推荐了他所认识的公司老板和与他关系良好的朋友，这对我的销售帮助极大。”

参加产品展览会

参加产品展览会往往能让你在短时间内接触到大量的潜在客户，而且可以获得相关的关键信息，对重点意向的客户也可以做重点说明，约好拜访时间。有时，只需要去看一个展览会，你就会得到这个行业的几乎最有价值的那部分潜在客户。经常去参观某个行业的展览会，你甚至会发现每次你都能看到那些人，大家可以像老朋友一样问候：“嘿嘿，又看见你们了。”这对后期介入客户是非常有利的。参加产品展览会要注意做到以下几点：

（1）往往在客户的现场你可以看到他们的产品，能够仔细研究客户的产品并能够寻找出自己产品与客户产品的适配性，也能了解到他们目前应用的是哪个竞争厂商的产品，是否可以由你们的产品来替代？

（2）拿到该客户相关人员的名片。

（3）在尽可能的情况下与这些潜在客户的销售代表或技术人员交流，明确谁在负责跟你的产品应用相关的领域。

（4）在展览会结束后，尽快取得联系，免得记忆失效而增加后期接触难度。

（5）将客户的产品资料拿回来仔细分析，寻找机会。

如果是自己的公司参加展览会，这需要很好地设计和规划一下。你可以挑选

规模比较大的，影响力比较大的，可以是行业里的也可以是客户行业里的展览会来参加。

在每年的年末，你可以通过互联网或展览公司的朋友，收集下一年相关行业的展览会信息，然后贴在办公间的醒目处并在日程表上进行标注，提醒自己哪些会要抽时间去参加一下。

多参加一些专门的研讨会和聚会

要想方设法参加一些俱乐部、研讨会，一些公司的会议活动，一些朋友的生日聚会，一些酒会，一些专门的聚会。参加这些聚会可以结识更多的人脉，可以交换更多的名片，也可以获得更多的可拨打的陌生电话名录。

一个成功的电话销售人员，会具有这样的良好习惯，在任何一个新的场合认识的人，一定要在认识之后的一周之内与对方联络一次，重视跟这些朋友及时联系沟通，以建立深厚的朋友关系。但要注意，构成一个圈子的时候，不要太过于急功近利，这样会对自己造成很多被动，一定等到你和对方逐渐建立起信任以后，再去讨论资源共享的问题。记住遵循圈子里的游戏规则，不要打着介绍人的旗号，因为你的行为将会影响你朋友的声誉。而这将影响你是否能够获得信任、赢得长期的资源共享。

与非竞争性的电话销售人员交换资源

非竞争性的电话销售人员是指那些和你一样从事电话营销，但是，却并不在产品上和你发生冲突的人，例如：为电梯提供电机系统和变频器的销售人员，为印刷机械提供控制系统的销售人员，为中央空调提供制冷压缩机和铜管的销售人员都是非竞争销售人员，但是，却拥有同样的客户方向。

查询黄页

黄页是国际通用的按企业性质和产品类别编排的工商电话号码簿，相当于一个城市或地区的工商企业的户口本，国际惯例用黄色纸张印制，故称黄页。目前几乎世界每一个城市都有这种电话号码本（黄页），上面有你要找的任何公司，任何机构的号码，分类非常详细。电话号码簿上的公司都可以成为你瞄准的潜在客户。

特定行业的电话名录

宝洁公司进入中国之前，首先做了一个调查，向中国电讯公司购买了十万个名录，一元钱一个，花了十万元钱。然后打电话向这些单位做咨询，中国人喜欢什么样的感觉，喜欢什么样的洗发水等。通过详细的市场调查，收集了大量的客户信息，进行准确的市场定位和产品开发，才有了宝洁公司的今天。

目前市面上有很多带有姓名和地址的特殊目录和数据资料出售，你可以买到需要的名录。例如，你可以买到所有幼儿园名录，全国所有水产养殖场的名录，以及所有汽车销售代理商名录等。很多行业协会或主管部门有其成员或下属机构的名录。很多商业名录将公司按照规模、地理位置和商业性质进行分类。这些名录是你寻找新的潜在客户的一个绝好出发点。包含公司管理人员姓名和地址、工厂地址、财务数据及其相关产品的大型名录，在大型的公共图书馆或大学图书馆中都可以找到。并且，请注意不要忽略地方上出版的商业机构的名录。

专业渠道

1. 专业报刊、网站

你从专业报刊、网站中整理客户资讯进行联络，要注意有一个时间差，才会给客户留下深刻的印象。很多的公司订阅报刊，这对他们集纳资讯非常有帮助。做保险的订《保险报》，做商业的订《商情》。订阅越多的报刊，你从中获得的信息就越多、越专业、越标准、越有效。

2. 加入专业社团组织、会所或高级俱乐部

你的产品或服务如果只是针对某一个特定社会团体，例如：青年人、退休人员、银行家、广告商、零售商、律师和艺术家的话，这些人可能属于某个俱乐部或社会组织，因此你就要想办法加入，才能接触到这些客户。

人脉就是钱脉。做生意需要认识一些有影响力的人。你结交的朋友并不在多，而在于质量！假如每天跟亿万富翁在一起，你不想成为百万富翁都很困难，随便给你一件生意做，你就成为百万富翁了！

3. 专业的市场调研公司提供的行业分析报告及客户名录

当然，这往往会需要公司花费一笔费用。

4. 行业协会的年会、技术研讨会等

各行业协会定期举办各种专业会议，并有简报、会议资料可以参阅。

进行网络搜索

借助互联网强大的搜索引擎，如百度、雅虎、搜狐等网站，你可以获得有关潜在客户的资料，比如客户的基本联系方式、客户的公司简介、客户的产品等。网络上还有一些行业的专业网站会提供该行业的企业名录，一般会按照区域进行划分，也会提供一些比较详细的信息，例如：慧聪国际、阿里巴巴这些网站往往会提供行业的分析研究信息。

亲友、熟人或老客户转介绍

朋友、亲戚、熟人和客户都可以作为你寻找潜在客户线索的途径。比如你和寿险代理人谈过工作吗？这位寿险代理人起码要向 1000 人推销人寿保险，这 1000 人当中，有多少人会使用你的产品和服务呢？还有，原来你所从事的职业或者销售工作为你提供的老客户，如果你目前从事的工作与以前供职的公司有较大的差异，不构成直接的竞争，你一样可以利用这些资源。

挖掘老客户也是找到潜在客户源的一个好方法。每一个客户背后都有 250 位潜在客户，得罪他一个人也就等于得罪了 250 位客户。如果你能发挥你的才智吸引一个现有的客户，也就获得了 250 个客人。你在得到现有客户推荐的情况下，可以获得客户的转介绍，即客户将周围的朋友介绍给你。你还可以有意识地选择具有一定社会知名度与公众影响力的权威人物，取得这些知名人士的帮助。在推销过程中，利用此种手法的关键在于电话销售人员必须具备较高的信誉、较好的职业道德，只有这样才有可能赢得现有客户的信任，赢得他们的推荐。

一般主顾之间的交往和联系，总是以某种共同的利益需求和共同的兴趣爱好为纽带的。有时候，某一交际圈内的所有成员可能都具有某种共同的购买需求与消费动机，对推销工作来说可能是一大类客户。以电脑产品的推销为例，当你了解到现有的客户是一家总厂，而它的分厂或协作单位如果准备从别的电脑公司进货，那么在同这家客户电话洽谈时，不妨问对方一句：“你是否知道还有谁需要这类产品？”短短一句话，很可能就为你的推销名录上增加了一个新的客户。

从公司现有资源中搜寻

你所在的公司有最容易使用的资源，比如公司的其他部门可能正在向你不知道的客户销售产品，你可以从这些部门获取客户名录清单以及相关信息；公司财务部门可以帮你找出那些曾经从公司买东西的老客户；服务部门的人员能向你提供新的潜在客户的信息，他们更容易识别出哪些客户需要新的产品。

通过以上途径搜集到足够的潜在客户的资料后，电话销售人员便可以有选择性地对这些潜在客户进行陌生电话拜访。电话里说不清楚的也可以发传真或电子邮件。在邮件中，可以比较详细地说明自己的身份、公司产品的特点，以及价格、服务等内容。但内容要尽量简短，这样，对方也能尽快回复。

筛选目标客户法则

潜在客户有很多，但并不意味着电话销售人员要拨打所有的电话，因为与你通话的某些客户可能对你的产品或服务根本不感兴趣。如果缺乏对潜在客户的筛选，就会使你的时间和精力浪费在不合适的客户身上；虽然辛苦但收不到良好的效果，特别在保险、房地产等直销领域，这种现象更为明显。

有位电话营销高手回忆自己第一年的销售工作时这样说：

大概那时候是第三个月，在一个从事工业电炉的客户那里，他进行了不下4次的拜访，结果在确定了报价后，客户忽然就觉得不能接受，因为他们根本不愿意采购这一明显高于国产产品4倍价格的产品；相反，在另一家外资企业，他仅仅对客户进行了一次电话拜访，做了5%价格让步却签了合同。

这个故事告诉人们：如果选对目标客户的话，你会很省力。

因此，电话销售人员要学会对潜在客户进行筛选，对于非目标客户要懂得放弃，否则，会浪费你很多时间和精力。

评估潜在客户

筛选目标客户是指搜索到一个潜在客户后，对客户资料进行仔细分析，明确自己的进攻方向。也就是明确什么人才是你要联系的准客户。为此，你需要对潜在客户进行评估。

1. 评估潜在客户是否具备以下基本要素

（1）客户要具有购买能力。

（2）客户要具有购买决定权。

（3）客户有需求。

你要以这三点来不断校准自己的方向，来衡量这个客户是否是你的合格客户，是否需要你去介入。否则，花费再多时间也不会有任何收益。

2. 评估哪些行业的客户有潜力可挖

哪个行业出现了产品最大的需求，或者你的产品与服务本身是为哪些行业而设计制造的，这些行业通常拥有较大的需求量和购买能力，例如：高端的仪表管阀件产品对于特种气体、半导体行业就是有需求的，在中央空调行业存在着对制冷压缩机的大量需求，在电梯行业也有对变频器的大量需求。

对潜在客户进行市场细分

一个产品不可能适合所有的人，所以要通过市场细分，找到你的目标客户。你可以按照不同的特征，对潜在客户进行市场细分，分析他们的不同需求，从中识别并找出你的目标客户。比如追求相似利益的人群、具有相同爱好的人群、相同年龄层次的人群、相同收入水平的人群、相同职业特征的人群等。这样，你就可以将电话联系人限定在某个范围之内，可以避免去打那些毫无价值的电话，从而为自己赢得时间。

每个行业都可以把其客户分成几种类型，每种类型的客户都有特定的需求。例如：一位车行的电话销售人员按职业和职务类别，会将汽车使用者分成如下几大类：

（1）医生、律师、建筑师、会计师等专业人士。

（2）店主、门窗清洗商、建筑包工头等小老板。

（3）酒店老板和餐馆老板。

（4）本地工业企业的董事和总经理。

（5）大公司的运输管理人员。

在这个行业中，共有五种类型的客户。每位客户都希望买具有特殊性能的车辆，以满足自己的特别需要，比如小公司的老板需要炫耀自己的身份，医生需要省油等。制造商认为，同一辆车如果能够同时满足各种客户的不同需要，是因为这辆车具有各种特色。

明确最佳客户和最差客户

你必须了解一点，数量最多、利润最高的客户群体不一定是企业的准客户，20% 的客户带来了 80% 的收入，这 20% 就是你的最佳客户。这就是著名的 80/20 法则，即多数往往造成少许的影响。少数常常造成主要的、重大的影响。所以要找出你的最佳客户和最差客户，对那 20% 的客户投入更多的关注，以便能够稳定销量，获得更多的产出。

最佳客户是指对你微笑、喜欢你的产品或服务、使你有生意可做的那些客户。他们是你希望的回头客。好的客户会这样做：

（1）让你做你擅长的事。

（2）认为你做的事情有价值并愿意买。

（3）通过向你提出新的要求，来提高你的技术或技能，扩大知识，充分合理利用资源。

（4）带你走向与战略和计划一致的新方向。

最差客户正好相反，他们会这样做：

（1）让你做那些你做不好或做不了的事情。

（2）分散你的注意力，使你改变方向，与你的战略和计划脱离。

（3）只买很少一部分产品，使你消耗的成本远远超过他们可能带来的收入。

（4）要求很多的服务和特别的注意，以至于你无法把精力放在更有价值且有利可图的客户上。

（5）尽管你已尽了最大努力，但他们还是不满意。

你应该做出努力让你的最佳客户对你的产品或服务更满意。通过分析客户所做的事情以及你为他们所做的事情之后，你会发现有些客户没有什么用，有时会造成麻烦。例如，他们的财务状况很糟糕，不能及时付款。如果没有这些客户，可能你的处境会更好些。有时，如果恪守永远不能拒绝客户的信条，会使你陷入误区和麻烦。所以，对付最差客户，你要首先找出他们是谁，然后把他们变成好客户或者放弃他们。

人们变换工作，公司转换经营重点，现有的客户陷入困境……任何事情都可能发生。你手中的潜在客户名单也在不断发生变化，今天的非目标客户，也许就是明天非常好的客户，所以，筛选你的目标客户，并不意味着彻底放弃非目标客户。你应该把非目标客户置于后备名单中，并且与他们保持联系。

沟通篇：有效表达，循循善“诱”——电话沟通技巧

电话是一种只闻其声、不见其人的沟通工具，利用电话进行销售，倚重的是口头语言的表达能力，掌握拨打电话的礼仪，利用声音的魅力说服客户、感染客户，并最终赢得客户的信任，是每个电话销售人员的必修课。因此，专业的电话销售人员应该十分注重自己沟通能力的培养。

第4章

润物无声，用声音去感染客户

电话销售就是一种声音与语言的艺术，因为电话销售人员与客户素未谋面，只能靠倾听去判断准客户的所有反应，并判断营销方向是否正确。同样地，准客户在电话中也无法看到电话销售人员的肢体语言、面部表情，准客户只能依据他所听到的声音及其所传递的讯息来判断自己是否喜欢这个电话销售人员，是否可以信赖这个人，并决定是否继续这个通话过程。所以电话销售人员的声音非常重要。

保持合适的音量大小

一场成功的推销应该像一个好的电视节目，有好画面和好音响，如果电视机的声控不佳，音响效果就不好，观众的听觉享受就不佳。这就像推销时，不管你是现场交易或是用电话来交易，一切都用声音传给客户，所以必须随时注意自己说话的音量。

声音太小细如蚊子，客户听不清楚；而声音太大，则又会造成客户情绪及听力上的负担。我们都曾有过这样的经验，接听电话时，如果听筒传来的声音太大，我们通常会将听筒拿远一点儿，其实，面对面谈话也一样，如果你说话音量太大，也会令客户刻意与你保持距离。而且，大声说话也容易产生误解，让客户误以为你在生气或是想吵架，这岂不是很冤枉。

因此，在给客户打电话时，电话销售人员应该根据场合、场所的大小，客户的多少，客户的相互距离来确定音量大小，要以客户能听清楚又不刺耳为宜。具体如何在和客户沟通的过程中，保持自己适中的音量？下面教给你一些技巧：

找到自己最合适的音量

语言的威慑和影响力与声音的大小是两回事。千万不要以为大喊大叫就一定能说服和压制客户，音量过高只能迫使客户不愿听你讲话而讨厌你说话的声音。所以，通电话时，电话销售人员要以平常见面说话的同一语调说出，且要调好嘴巴和话筒的距离，一般以对方能听清楚为最适当，声音大的人要拿远些，声音小的人则近些。

与音调一样，我们每个人说话的声音大小也有其范围，试着发出各种音量大小不同的声音，并仔细听听，找到一种最为合适的声音。

不要让声音尖得刺耳

我们每个人的音域范围可塑性很大，有的高亢，有的低沉，有的单纯，有的浑厚。说话时，你必须善于控制自己的音量。高声尖叫意味着紧张惊恐或者兴奋激动；相反，如果你说话声音低沉、有气无力，会让人听起来感觉你缺乏热情、不屑一顾，或者让人感觉到你茫然无助。有时，当我们想使自己的话题引起他人兴趣时，可以提高自己的音调；有时，为了获得一种特殊的表达效果，可以故意降低音调。但大多数情况下，应该在自身音量范围内找到一种恰当的平衡。

充满热情与活力

响亮而生机勃勃的声音给人以充满活力与生命力之感。当你向客户传递信息时，尽管他看不见你热情、充满活力的面容，但你的声音却会传递出你的情绪与感觉，听在客户耳中自然就变得有感染力，从而带动着你的客户。

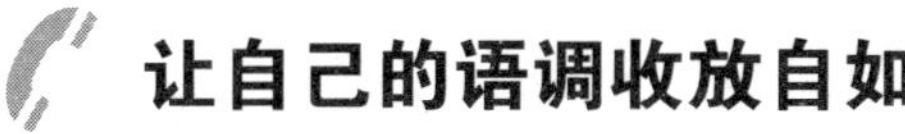

让自己的语调收放自如

语调是表达情绪、传递思想的重要手段，不同的语调会给人带来不同的感受和体验。一个人生气、惊愕、怀疑、激动时，所表现出的语调自然也就不同。从你说话的语调中，客户可以感知你是一个令人信服、幽默、可亲可近的人，还是一个呆板保守、具有挑衅性、好阿谀奉承或阴险狡猾的人。你的语调同样也能反映出你是一个优柔寡断、自卑、充满敌意的人，还是一个诚实、自信、坦率以及尊重他人的人。

因此，电话销售人员应该把握说话的技巧，不管在什么场合讲话，都应该讲求语调的变化。正是这种速度变化和声音强弱不同的配合，才使声音有了抑扬顿挫、高低起伏，从而引起客户的注意和兴趣，产生深刻的共鸣。

语调的类型

通常，语调可分四种：

（1）昂上调（↗），表达疑问、愤怒、兴奋、惊异、命令、号召等语气，也就是那些比较外露的、鲜明的情绪。

（2）降抑调（↘），表达肯定、感叹、沉痛、请求、规劝等语气，反映一些比较内向的含蓄的情绪。

（3）弯曲调（W），语调不断地上下滑动，反映一种不稳定的情绪，通常表达嘲讽、反话等语气，它在生活中使用不多，要防止滥用。

（4）平直调（→），表达叙述、说明等语气，这是最常用的，生活中人们也都能掌握的一般的语气。

当然，内容决定形式，语调是被说话的内容以及说话人的情绪所决定的。离开了内容，或者缺乏真情实感，只会机械地模仿别人，或想当然地选择一些语调，往往会弄巧成拙，比如，不少电话销售人员在说“很荣幸与您通话！”这类话时喜欢用昂上调，以为这样感情强烈。其实，由于过于直露反而显得浅薄造作，效果适得其反，还是用降抑调能把内在的感情表达得更真实、质朴。

当然，与客户交往，还要注意因场合、对象的不同，而使语调富于变化和韵味。

操控语调的技巧

无论你谈论什么样的话题，都应保持说话的语调与所谈及的内容互相配合，并能恰当地表明你对某一话题的态度。要做到这一点，你至少要具备两个基本条件：第一，要在乎自己说话的声音。第二，每天不断地练习自己说话的声音，同时要掌握以下几个诀窍：

1. 沟通中的语调控制

语调在和客户沟通的效果上也有重要作用。当一个人心存怒气时，说话的语

调无疑会上扬，形成一种尖刻的没有耐心的高语调。这种调子有很强的传染性，会使客户马上也像受传染一样针锋相对，厉声对厉声，尖刻对尖刻，只会使事态扩大，矛盾加深。所以，在与客户交谈中，你必须善于控制自己的情绪，不要让自己的语调过于上扬。

2. **语调要低沉明朗**

交流是相互影响的，你的音调会影响到对方的情绪。当你高嗓门说话时，客户为了达到和你同样的效果，也会情不自禁地提高自己的嗓门；如果你以低沉而缓和的语调交谈，即便语气和内容都很强硬，客户也能接受，使交谈能顺利进行，而你也可以给人留下沉稳、有涵养的印象。所以，你要给客户留下难忘的印象，使用低沉缓和的语调往往效果更佳。

为什么两个人吵架可以越吵越激烈，而从没有看到一个大声吵，一个小声吵，可以持续吵下去的？前者就是因为吵架双方都在模仿，所以“投机”，后者双方不模仿，就没有“默契”。所以语调偏高的人，应设法练习让语调变得低沉一点，这样才能发出迷人的声音。

3. **跟随客户的语调**

语调跟随的作用，在于有意识地创造一种感情融洽的气氛，以便客户更好地接受你。每一个人在交谈时，声音都是有高有低、有快有慢、有缓有急，有不同的语调、不同的语速。这些不同会产生反差鲜明的结果，推销的关键是你能不能做到用跟客户同步的正确的语调和语速跟客户沟通。如果客户说话慢，声音低，你说话快，声音大，不跟随是怎么也谈不到一块的。

其实，推销就是沟通，沟通的最高境界就是目标一致，达成交易。无论你是跟随客户的口气说话，还是根据自己要表达的内容调整自己的语调，归根结底是要和客户达成一种默契。

让说话的节奏张弛有度

节奏，即说话时由于不断发音与停顿而形成的强弱有序和周期性的变化。使用快节奏讲话往往会使你显得心急，情绪不稳，易激动发火，这不利于客户的思考和应对，显得你没有诚意；节奏太迟太缓，又显得你缺乏生气，没有信心，影响说服效果。只有交谈语言节奏适度，方显自然、自信、有力，易于从心理上影响对方，产生良好的心理效应。因此，推销必须首先学会控制自己的说话节奏。

在与客户通话中，电话销售人员如何才能掌握好说话的节奏以吸引客户的注意力呢？以下方法值得借鉴。

熟悉讲话的主题

当我们的思考不发生任何迟疑的情况下，要说的话也自动地到了嘴边。充分的准备可以增加流利程度，因为这能增加自己的自信心，从而能更坚信自己要讲的话。另外，熟悉主题会使电话销售人员有更大激情，这种激情会使你的整个身心都投入到其讲演的境界之中。这样，就很少会讲话磕磕绊绊、毫无节奏感了。

发音要准确，语言要流利

发音含混不清是说话犹豫的一种表现。如果电话销售人员连续几个地方都有迟疑不决的现象，就会使客户感到你其实并不知自己在讲什么。因此，如果我们有意识地在流利方面做出一些努力，会收到很好的成效；反之，如果我们在推销说服的其他方面下工夫，而认为到时候自然会流利起来，那结果将只有失望。

注意讲话的速度

在语言交流中，讲话的快慢将直接影响向客户传递信息的效果。如果电话销售人员讲话速度太快，尤其是所推销的产品对客户来说又是比较陌生时，那么客户可能还没有听明白你在说什么，你说的话却已经结束了，客户听不太清楚，自然就会失去兴趣，这肯定也会影响到电话销售的效果。

语速变化是表情达意的一种重要手段。速度快，会使人感到急促、紧张；速度慢，会使人感到安闲、平静。恰当地运用语速的变化并结合其他言语技巧，可以渲染场景，烘托气氛，增强言语的节奏和气势，产生巨大的感染力。

要保持恰当的讲话语速，不下一番苦工夫是不行的。有一位电话销售人员在与客户交流中最大的困难是经常无法把要说的话在限定的时间内说完，一般人只需要 10 分钟便可轻易讨论完的问题他却要花 15 分钟。后来，他请教一位语言专家，专家听了他的情况之后，建议他从学会调整自己的速度开始。通过训练，他可以在 10 分钟内有效地讨论别人要费 20 分钟的问题，并可以掌控自如地加快或减慢速度。

语言要富于节奏变化

节奏主要体现为快慢和停顿。说话没有节奏变化就会像催眠一样使人昏昏欲睡。

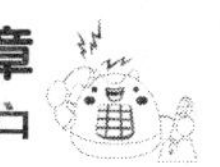

说话时应该减速的地方有：需要特别强调的事情，极为严肃的事情，勉强控制的感情，使人感到疑惑的事情，数据、人名、地名等。

说话时应该加速的地方有：任何人都知道的事情，不太重要的事情，精彩的故事进入高潮时，无法控制的感情等。

停顿（沉默）是控制节奏，吸引客户注意力，调节现场气氛的重要方法。适当的停顿，可以让电话销售人员快速整理自己的思维、引起客户好奇、感知客户反应、促使客户回话、强迫客户下决定等。

案例1：

销售员："王总，您好！我是……今天打电话给您是向您表示感谢的，因为过去一段时间以来，您每月的话费都超过了150元，谢谢您对电信的支持！（停顿1）为了向您表示感谢，我有责任将电信公司最新的针对您这样的重要客户的优惠方案告诉给您……"

案例2：

销售员："王总，您好！不好意思这时候打电话给您。前几天我同您的一个朋友聊天的时候，她说贵公司正需要一批路由器，建议我同您联系下。（停顿2）我们公司目前也正在推出丰富的优惠活动，我想既然大家都是自己人，当然不能让您错过！不知可否占用您两分钟时间向您做个简单的介绍？"

案例3：

销售员："您好！王总，我是中国移动外呼组的，不好意思现在打电话给您，您现在方便吗？是这样，最近我们推出了一系列的优惠活动，我看过您的话费，觉得其中有些会适合您，所以，想简单向您介绍下，看是否可以帮您降低话费。"（停顿3）

在上述案例中，"停顿1"是为了转换话题，让客户有一个适应的过程；"停顿2"是为了试探客户在得知对方是一个朋友的熟人时所做出的反应；"停顿3"是为了试探客户对自己所下的"钓饵"的兴趣，以便进一步详谈。

可见，有意识地停顿，不仅能使讲话层次分明，还能突出重点，吸引听话人的注意力。

注意对客户的应对速度

对客户讲话的应对速度也很重要。电话销售人员如果对客户的话语反应太快，特别在知道客户下面要说什么时的情况下打断了客户，那么就是一种不礼貌的表现，往往会被客户误解为没有耐心倾听自己的谈话。反之，电话销售人员对客户话语的反应如果太慢，会被客户认为电话销售人员根本就没有认真听他的讲话。

当客户讲述完他的观点之后，有意让你对刚才他的陈述发表看法时，这才是你说话的好时机。此时要注意让自己的话语保持一个适当的速度。适中的语速是大多数客户所乐意接受的。

适时调试自己的语气

语气是体现电话销售人员立场、态度、个性、情感、心境等起伏变化的晴雨表，它是思想感情、词句篇章、语音形式的统一体。

电话销售人员的语气要求

电话销售人员的语气要求是：平和中有激情，耐心中有爱心，杜绝产生不耐烦的语气。电话销售人员也许经常会遇到这类客户，给他讲第一次，没有听清楚，讲第二次也没有听清楚，到讲第三次时还不清楚，这时电话销售人员解释一次，语气可以，解释第二次，也可以，解释第三次时就明显可以听出不耐烦了，同时心里还会想："你怎么这么笨呀，都跟你讲三遍了，还不清楚。"这种语气一流露出来，就会把客户给吓跑了。

电话销售人员的语气训练

语气是多种多样的，电话销售人员应根据表情达意的需要来选择语气。

1. 从语言的基本单位进行语气训练

"您好，我是发财证券大牛路营业部的陈大明。"——这句话显然是个陈述句，应用平铺直叙的陈述语气。

"我们公司的专长是提供企业闲置资金的投资规划，今天我打电话过来的原因是我们公司的投资规划已经替许多像您一样的企业获得了业外收益，为了能进一步了解我们是否能替贵公司服务，我想请教一下贵公司目前是由哪一家券商为您服务？"——这句话是个疑问句，应用疑惑不解，由衷发问的语气。

"……非常感谢您对我们工作的支持！"——这句话是感叹句，应用带有真实情感，有感而发的感叹语气。

2. 从说话的表述方式上进行语气训练

电话销售人员在和客户沟通时，语气要和缓、委婉，不能声色俱厉，咄咄逼人。和缓委婉的语气能冲淡对方的防备心理，给对方一种信任感、诚实感，不至于导致双方产生敌对心理，激化矛盾。语气往往体现在表述方式上，追问、反问、否定会使语气显得生硬、激烈，易引起对方反感；而回顾、商榷、引导等语气，往往能营造出平和融洽的谈话气氛，有利于减轻双方的压力，阐明事实、表明观点。

3. 从表情达意的内容上进行语气训练

从表情达意的层面来说，语气有表情语气、表意语气、表态语气之分。

（1）表意语气。用这种语气讲话，话语中通常带有相应的语气词，它可以独立成小句，或用于句子的末尾。如："对此，您的意见如何呢？"（反问）"您明天下午三点有安排吗？"（询问）

（2）表情语气。电话销售人员应注意，有时说话的表情语气比内容更重要。如果表情不好，语气强硬，即使内容再好，再简单的道理，客户也听不进去，不会接受。同样的话，如果换一种方式说，且注意说话的语气，就会收到非常好的效果。例如："哎呀，这可太好了。"（喜悦）"您这一仗打得真漂亮啊！"（赞叹）"哦！我终于弄明白了。"（醒悟）

（3）表态语气。电话销售人员运用这种语气与客户沟通，能明确地表达出自己对某件事的态度。例如："他确实尽了最大的努力。"（肯定）"这件事恐怕难以办到。"（不肯定）"我不希望看到那样的结果。"（委婉）"你认为这样做行吗？"（商量）"这种意见是错误的。"（否定）

此外，单用词句表达你的意思是不够的，必须加上你对每一词句的感受，以及你的神情与姿态，这样你的谈话才会生动形象。

当用同一种方式和客户交谈而毫无结果之时，你就要考虑怎样才能打破僵局，即改变自己说话的语气和方式。语气具有综合性，既包括声调、句调，还包括语势。语势是一句话声音的趋向和态势，而一句话无论怎样复杂，总由句首、句腹、句尾三部分组成。所以，要正确把握句首、句腹、句尾，使三者既浑然一体，又曲折变化，这样才能使语气千姿百态，丰富多彩。

第5章

轻松突破，销售员必知的绕过接线员技巧

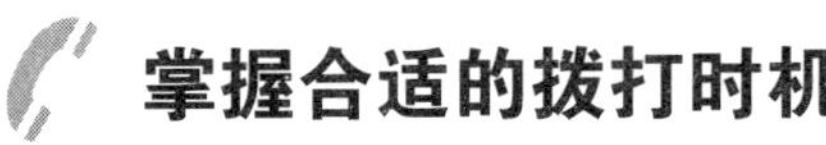

掌握合适的拨打时机

客户为什么会对陌生电话感到反感呢？常常是因为这些电话经常来得不是时候。电话行销方式的优点在于客户无法拒绝与你沟通，但如果对此不加以合理利用的话，就会成为电话营销最大的弊病。在电话铃响时，客户不知道来电的具体意图，这使他丧失了拒绝的权利。在接起电话后，即使有急事，也会出于礼貌不去挂断电话，但他心里，可能早已产生了拒绝的心理，这对你的电话营销就非常不利。要想克服这个弊病，就需要选择一个合适的时间去拨打电话。

一星期中的拨打时机

星期一：一般公司都在星期一开商务会议或安排工作，所以大多会很忙碌。如果你要洽谈业务的话，尽量避开这一天。如果你找客户有紧急的事情，应该避开早上的时间，选择下午会比较好。

星期二到星期四：这三天是最正常的工作时间，也是电话行销最合适的时间。电话销售人员，应该充分利用好这三天。这也是业绩好坏与否的关键时间。

星期五：一周的工作结尾，如果这时打过去电话，多半得到的答复是“等下个星期我们再联系吧！”这一天可以进行调查或预约的工作。

一天中的拨打时机

8：00 ~ 10：00：这段时间大多客户会紧张地做事，接到推销电话也无暇顾及，所以这时，电话销售人员不妨先做准备工作。

10：00 ~ 11：00：这时你的客户大多不是很忙碌，一些事情也会处理完毕，

这段时间应该是电话行销的最佳时段。

11：30 ~ 14：00：午饭时间，除非你有急事，否则不要轻易打电话。

14：00 ~ 15：00：这段时间人常常会感觉到烦躁，尤其是夏天，所以，这段时间不要去和客户谈生意。

15：00 ~ 18：00：努力地打电话吧，你会在这时取得成功。

要避免在吃饭的时间里与客户联系，如果你需要打电话到客户家里，下午 5 点以后就不太合适，这时候一般客户家里都已经开始忙碌晚饭了，谁有心情接你的电话？接下来是晚饭时间和一天的休息时间，大家都知道，这时候打电话是多么不礼貌。

不同职业客户的最佳拨打时机

会计师：最忙是月初和月末，不宜在这个时间联系。

家庭主妇：最好是上午 10 点至 11 点打电话。

行政人员：通常在 10 点半后到下午 3 点最忙。

教师：最好是放学以后打电话。

股票行业：最忙是开市的时间。

银行：最好是早上 10 点前或者下午 4 点后打电话。

公务员：最适合的时间是上班时间，但不要在午饭前后和下班前打电话。

忙碌的高层人士：最好是 8 点前，即秘书上班之前。成功人士多数会提早上班，比较晚下班。

总之，选择合适的打电话时间，关键是站在客户的角度来考虑时间合适不合适。当然，也要视你和客户的熟悉程度而灵活掌握。

即使你选择了一个较为合适的时间拨打电话，也要在接通后礼貌地征询客户是否有时间或方便接听。如“您好，王经理，我是 ××× 公司的 ×××，这个时候打电话给您，没有打搅您吧？”如果对方有约会恰巧要外出，或刚好有客人在的时候，应该很有礼貌地与其说清再次通话的时间，然后再挂电话。如果对方不在的话，需向接电话的人索要联系方式：“请问 ××× 先生 / 小姐的手机是多少？他 / 她上次打电话 / 来公司时只留了这个电话，谢谢你的帮助。”

注意打电话时的礼仪

主动拨打电话的时候，也就是电话拜访的时候，除了要注意拨打的时机外，还需要注意哪些礼仪细节呢?

掌握好通话的时间

打电话应遵循同一原则，即达到打电话的目的就可以结束谈话。如果你在电话里喋喋不休，客户可能会有机会提出新的异议，或者给客户增添更多的顾虑，因此，目的一旦达成，即刻结束谈话。

在正常的情况下，一次打电话的时间最好不要超过 3 分钟。每天拨打电话时间总和以 2 小时为限。如果电话时间过长的话，效果不会好。这就要求你的通话内容简明扼要，干脆利索，不要吞吞吐吐、东拉西扯。这种做法，在国外叫“打电话的 3 分钟原则”。要求打电话的一方要有很强的时间观念，抓住主题，在尽可能短的时间内表达自己的意思。时间过长，造成电话占线，会影响正常的通讯。打电话要讲究效率，既节约自己的时间，也不要浪费他人的时间。

礼貌的开头语

打电话时，每个人开口所讲的第一句话，是给对方的第一印象，所以应当慎之又慎。

打电话时所用的规范开场白有两种。第一种要求用礼貌用语把双方的单位、职衔、姓名一一道来。其标准模式是：您好！我是 ××× 公司 ×× 部副经理 ×××，我要找 ××× 分公司经理 ××× 先生，或者是副经理 ××× 先生。

第二种适用于一般性的人际交往，在使用礼貌性问候以后，应同时准确地报出双方完整的姓名。其标准模式是：您好！我是 ×××，我找 ×××。

如果电话是由总机接转，或双方秘书代接的，在对方礼节性问候之后，应当使用“您好”、“劳驾”、“请”之类的礼貌用语与对方应对，不要对对方粗声大气，出言无忌，或是随随便便将对方呼来唤去。

得知要找的人不在，可请代接电话者帮叫一下，也可以过后再打。无论如何，都不要忘了说话要客客气气的。

用语言与声调传递感情

拨打电话时，对电话销售人员的形象影响最大的，当首推他的语言与声调。从总体上讲，打电话时所使用的语言应当简洁、明了、文明、礼貌而谦恭。

许多人容易忽略接听电话时的音调变换。你不能完全按照平时说话的习惯，要有适合打电话的节奏与速度。你的音量也要加以调整，太轻太重都会使对方听

起来不清晰。

对方拿起听筒后，应当有礼貌地称呼对方，亲切地问候“你好！”只询问别人，不报出自己是不礼貌的。如果需要讲的内容较长，可以问：现在与您谈话方便吗？

打电话时，嘴部与话筒之间应保持3厘米左右的距离。这样的话，对方接听电话时，才能听得最清晰。同时，你的声音应当保持柔和清朗，吐字清晰，语速适中，使人感到悦耳舒适，这样才能打动对方。

打错电话时要向对方道歉：“对不起”、“打扰您了”等。不可一言不发，挂断电话了事。

在通话时，若电话中途中断，按礼节应由打电话者再拨一次。拨通以后，须稍做解释，以免对方生疑，以为是打电话者不高兴挂断的。当通话结束时，别忘了向对方道一声“再见”或是“早安”、“晚安”。按照惯例，电话应由拨电话者挂断。挂断电话时，应轻放。

通话时表现出热情专注的态度

打电话时应站好或坐端正，举止得体。不可坐在桌角上或椅背上，也不可趴着、仰着、斜靠着或者双腿高架着。虽然你打电话时的姿势对方看不见，但不良姿势可以影响一个人的情绪和声音，使对方有所察觉。另外，在同事面前，也会有损自己的风度和形象。嘴里千万不要嚼东西，也不要一边打电话，一边同旁人聊天，或一边打电话，一边兼做其他事，给对方心不在焉的感觉。

让你的声调充满笑意

电话销售人员应该明白：客户在电话的另一端可以“看”到你的笑容，微笑可以通过电话线传给客户。你的声调有笑意吗？有温暖吗？如果你能把你的友好与真诚灌进你的声调中去，即使对方看不见你，从平和喜乐的语调中也会被你感染，给客户留下极佳的印象。

所以，打电话时第一件事，就是用声调表达出你友好的微笑来。尽管客户不能从电话中看见你的笑容，但他是可以从电话中听出来的。你的声调要充满笑意，要比平时高兴的时候有更多的笑意。

香港电信有很多负责客户服务的技术人员，在电话中处理客户的投诉。一线的技术人员不能解决问题时，问题将被升级，由更资深的技术工程师来解决。香港电信发现，很多在一线得不到解决的问题，其实并非一线的工程师不能解决，而是客户认为这些技术人员的态度不好，才将问题升级。为了解决这个问题，香港电信在每个技术人员面前配了一面镜子，并要求技术人员在打电话前对镜子微笑，然后将这些微笑保持在每一个通话中。此外，管理人员还经常将技术人员的通话录下来，然后放给销售代表听。很快，客户的投诉和升级减少了。另外的一个效果是，技术人员自己也更开心了，因为他们的微笑和热情传染了客户，客户也回以好的态度对待技术支持人员。

礼貌的结束语

打完电话，应当有礼貌地寒暄几句，如使用“再见”、“谢谢”、“祝你成功”等结束语。

突破接线人，找到决策人

电话营销中，只有找到决策人才算是沟通的开始，因为非决策者无法对你所提供的产品和服务做出购买决定。能作决策的购买者往往是公司或企业的高层或负责人。在找到他们之前，电话往往迂回地被对方的秘书或接线人挡驾。那么如何在短时期内突破这些接线人，找到真正的决策人呢？

正确对待接线人

在电话营销中，如果连接线人员这一关都过不了的话，那还搞什么电话营销呀？接线人员这一关很重要，因为你给他们留下的印象会间接传递给决策人。那么如何在几十秒内对从未谋面的陌生人表达出你的诚意，使接线人为你所用呢？

1. 使用礼貌、平等、中性的语气交谈

有一些电话营销人员常常犯的一个毛病是：初次接触就用很不礼貌，凌驾于他人之上的语气进行接洽。以为这样就会让对方以为自己是有来头的大人物而产生压迫感，为己所用。比如：

电话销售人员：“总经理在吗？”

接线员：“您哪里？”

电话销售人员：“《国有企业报》广告部，你给我找一下你们经理。”

结果怎么样？接线人毫不犹豫地挂断了电话！

其实，任何时候，销售人员都应该重视礼貌，这是毋庸置疑的。你可以在接通电话后，马上用和缓的口吻问一下对方的姓氏，比如你可以这样说："您好，请问，贵姓啊？"这样就扭转了立场上的上下级关系。因为当你要求对方报出姓氏时，他甚至会觉得不可以不认真对待这个电话，否则，会有一些责任上的追究。如此给对方罩上一个心理阴影，在对方想尽快解除心理上的压力时，就把相关的信息泄漏了出来。另外，交谈中切记要使用平等中性的语气，谨防用粗鲁的语气，那样会激怒对方，因为一流人物和无礼的自大狂有本质上的不同。

上面那个《国有企业报》营销员的电话可以这样处理：

"您好，请问，贵姓啊？"

"什么事？"

"我是《国有企业报》的，有一些情况想找老总了解一下，给我一个老总的电话好吗？我记一下。谢谢您。"

"好的，您请稍等。"

就这么简单，使用平等中性的语气交谈，很轻松地就绕过接线员的障碍了。

2. 勿因人而改变通话语气

不要因为对方身份的改变而改变通话语气，应该自始至终使用亲切平和的声音平等地对待对方。如果对方听到声音发生明显转变，心里很容易产生反感，从而认为打电话的人非常势利，没有教养。

3. 简单明了、语意清楚

通话过程中要注意做到简单明了，尽量将语意表达清楚。说话时含含糊糊、口齿不清楚，很容易让通话对象感到不耐烦。尤其需要注意的是，不要在通话的同时嘴里含着食物或其他东西。要在短时间里向接线人输送大量信息，非伶牙俐齿、快人快语不可。

4. 说话速度要恰当、流畅

通话过程中要始终注意谈吐得当，力求三思而后言。说话时速度要适当，不可太快，这样不但可以让对方听清楚你所说的每一句话，还可以帮助你自我警醒，避免出现说错话而没及时发现错误的情况。另外，说话的语调尽量做到抑扬顿挫和流畅，给人舒服的感觉。

归根结底，能否与接线人在平等的地位上沟通才是最重要的。电话沟通无非就是对这种关系的调整，从这一点出发，你将永远保持活力，而不是仅仅看重业务的成功与否。

轻松突破接线人的技巧

电话销售业务的目的就是寻找决策人与之签约。在没有决策人的详细资料下，我们不可能拿起电话就找到决策人，我们只能通过对方单位的职员、秘书、办公室主任等接线人，才能来到决策人的面前与之交锋。那么，如何轻松突破前台找到真正愿意买产品的决策者呢？先来看一个实例：

一次，电话销售人员小王要找一个公司的技术工程师，但是不知道对方的详细号码，只从电话黄页上查到对方是客户服务部的人还有对方公司的总机。请看一下他和前台的对话：

电话销售人员："您好！我是 ×× 公司的王 ××。帮我转一下刘工程师。"

前台："不好意思，我们不知道。"

电话销售人员："就是你们部门负责技术的。我是他朋友，可忘了他的号码了，现在我有非常急的事情找他，你让他赶紧给我回电话。"

前台："好的，我先把你的电话记下来。然后马上找到刘工让他给你回电话。"

电话销售人员："好的，我的电话是 ××××××。谢谢你了！"

此外，也可以这么说：

电话销售人员："您好！我是 ×× 公司的王 ××。帮我找一下技术部负责人刘工程师。我忘记他的号码了，我找他有急事，赶紧帮我找找他的电话。"

前台："不好意思，我忘记他的号码了。这样，我找找看。"

电话销售人员："大概多长时间？"

前台："5 分钟吧。"

电话销售人员："好的。"

无疑，电话销售人员小王认真揣摩了前台小姐的心理，他的话让前台小姐觉得自己要找的人职位比她更高，如果误了这个人的紧急事情，前台小姐就是失职。她会考虑到耽误了这个人我怎么承担那些后果，所以她无法拒绝这个电话要求。

电话销售人员第一次打电话给客户时，通常需要越过客户公司里的"屏蔽"，如秘书、总机小姐等，有时甚至要经过多重手续才能找到真正的决策者。针对层层的"阻碍"，可以使用以下技巧解决：

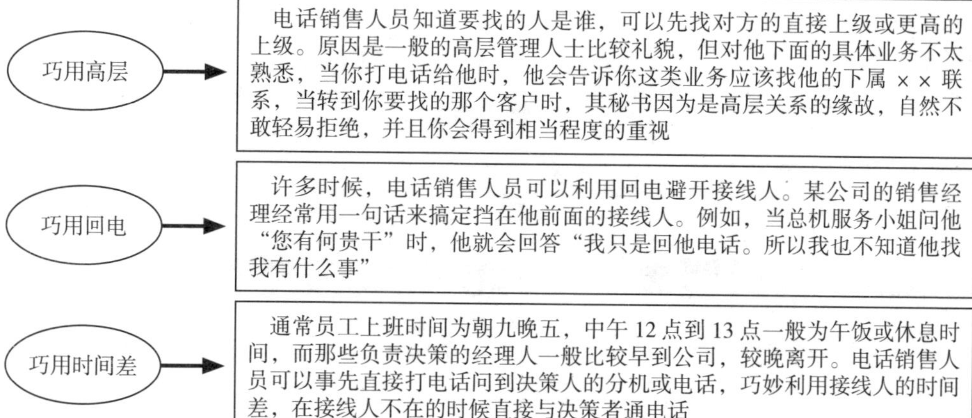

与接线人建立信任的方法如下：

1. 用熟悉的口吻或直呼其名

电话销售人员：“请帮我转总经理办公室，我是你们老总的朋友，我找他有些私事。”

电话销售人员：“这个事情比较重要，因为明天我们可能会召开一个关于这一方面的政府会议。您帮我转一下你们的老总。”

上述两例中销售人员的表述会使接线人误认为销售人员是决策人的熟人、好朋友或亲戚，甚至感觉是老板让你打来的，因此，这样的电话一般会被转到决策人那里。

2. 让接线人参与进来

电话销售人员：“我下周会请您的秘书帮我们安排十分钟的电话会议时间。”

使接线人参与其中，能更好地帮助销售人员。

3. 在每一次沟通中都表现出诚意与感谢

电话销售人员：“真心感谢您，王秘书！”

每一句真诚的感谢都会使接线人更主动地帮助你。

总之，要找到真正的决策人可能是一个复杂的过程，电话销售人员学会轻松突破接线人，就意味着离找到决策人不远了。

第6章

拉近距离，这样说开场白最有效

 这样开场电话才不会被挂掉

开场白或者问候话是你与客户通上话后前30秒内你所讲的话，或者说是你所讲的第一句话。这些内容是客户对你的第一印象，要记住，虽说我们经常讲不要以第一印象去评判一个人，但我们的客户却经常用第一印象来对电话销售人员进行评价。如果说对于大型的销售项目，第一印象相对来讲并不太重要的话，那么在电话销售中，第一印象将是决定着你的这个电话能否进行下去的一个关键因素。

电话被客户挂掉的开场白范例

下面我们举一些因开场白不当、第一印象欠佳而被客户挂掉的范例：

范例一：

客户经理："您好，陈小姐，我是正大证券营业部周小明，我们营业部已经有10年的历史了，不晓得您是否听说过我们公司？"

错误分析：

（1）电话销售人员没有说明为何打电话过来以及对准客户有何好处。

（2）准客户根本不在意你们公司成立多久，或是否听说过你的公司。

范例二：

客户经理："您好，陈小姐，我是正大证券的周小刚，我们是专业的理财投资顾问，请问你在哪家券商进出？"

错误分析：

（1）客户经理没有说明为何打电话过来以及对准客户有何好处。

（2）在还没有提到对准客户有何好处前就开始问问题，让人立即产生防备的心理。

范例三：

客户经理："您好，陈小姐，我是正大证券的周小刚，几天前我寄了一些资料给您，不晓得您收到没有？"

错误分析：

（1）客户经理没有说明对准客户有何好处。

（2）平常大家都很忙，即使收到资料也不见得会看，而且这让他们有机会回答："我没有收到。"

范例四：

客户经理："您好，陈小姐，我是正大证券的周小刚，我们的专长是提供适合贵公司的投资理财规划，不晓得您现在是否有空，我想花一点时间和您讨论一下。"

错误分析：

（1）直接提到商品本身，但没有说出对准客户有何好处。

（2）不要问客户是否有空，直接要时间。

成功开场白必须讲清的三件事

许多电话销售人员经常在电话刚开始的30秒内就被客户挂掉，还莫名其妙。为了彻底避免这种情况，电话销售人员需要给自己精心设计一个好的开场白，这样才不至于被客户挂掉电话。通过对上述四个范例的分析，我们可以对开场白进行一下总结：在初次打电话给客户时，你必须要在30秒内让客户清楚地知道下列三件事：

1. **你是谁 / 你代表哪家公司**

电话销售人员要郑重其事地介绍自己和所在的公司，以给对方留下深刻的印象。

2. **是否有相关的人为你引荐**

如果有相关的人物，你就要对此做一个简明扼要的说明，这等于建立起一座与客户沟通的桥梁。否则，你开门见山地直接进入话题，显得很唐突，也不利于建立起融洽的关系。如："您好！我是××××销售培训公司的陈志良。前几天，我跟贵公司的张总一块儿探讨过关于如何提高电话营销业绩的问题，他提到您在电话营销方面是非常专业的，他建议我一定要同您联系一下，所以我今天打电话给您……"

3. 打电话给客户的目的是什么

电话销售人员在说明打电话的目的时，常会用到以下几种方式：

（1）借用第三方影响力。例如："王先生，我是正大证券的周小明，我打电话给您的原因是许多像您一样的成功人士加入了黄金客户俱乐部，我们曾经替许多成功人士服务，为他们节省了不少手续费和宝贵的时间，并帮助他们达成了长期理财目标……"

又如："王先生，我是正大证券的周小明，您的好友王军觉得我们公司的服务很好，希望您也有机会了解一下，也许您会对我们的服务有兴趣……"

（2）直邮跟进。"我来电是想了解一下我们按您的要求寄出的产品目录，您是否感兴趣？"

（3）提及对方最近的活动。"贵公司最近组织中层以上经理参加的中欧工商管理学院的客户关系管理课程……"

（4）将产品与著名专家的论点联系起来。"营销界的泰斗程演历院士认为目前的营销自动化软件需要解决数据格式本地化的问题。您桌面材料上这一版是我们新推出的升级版，完全解决了……"

（5）提供给客户最大的好处。"先生，我今天特意打电话给您，是为了告诉您有一个产品可以大大提高您的工作效率。我相信，您会和××先生一样，对这个产品感兴趣。"

（6）分享一个重要的资讯。"您好，赵经理，我是大蓉集团的刘正博，今天特意打电话给您，是因为我们刚刚结束了与……的一个重要合作项目，这一项目极大地提高了……我们希望有机会拜访您，与您分享我们与××先生合作的成功经验。"

在开场白中如果让客户清楚地知晓了上述三件事，也就不失为一个好的开场白。如：

"喂，陈先生吗？我是××公司市场部的陈明，我们有非常庞大的××产品开发系统。今天我打电话过来的原因是我们的产品已经为××（某行业）朋友所认可，能够为他们提供目前最高效的××服务，而且我们还给他们带来了很多××（利益）。为了能进一步了解我们是否也能为您服务，我想请教一下您目前是否有意向购买我们的产品和服务？"

开场白中不要提及的事项

在开场白设计中，除了要对客户讲清楚上述三件事外，电话销售人员还必须切记不要一开始就提到下面两方面的内容：一是拿起电话就推销，二是张口就谈价格。拿起电话就开始推销产品或服务很容易造成客户的反感，这就是很多人讨厌电话销售人员的原因。此外，张口就谈价格，也会给客户留下不良的印象，客户根本没有享受到服务，而更像是在菜市场上讨价还价一样，这势必会引起客户的不愉快。

开场白之后，你可能要花 5 ~ 10 分钟的时间来跟客户进行交流，这时你要很有礼貌地询问对方现在打电话是否方便。比如："你现在说话方便吗？""我能否占用您两分钟时间？"当然这句话未必对每个人都适用，你也不必对每个人都讲。如果你觉得这个电话可能要占用客户较多的时间，同时你觉得对方可能是一个时间观念非常强的人，在这种情况下你应很有礼貌而又热情地征询对方的意见。

假如你是为了建立关系和挖掘他的需求，一定要用提问来作为打电话的结束。找到对方感兴趣的话题，客户就会乐于谈他自己的想法，开场白过后就会非常容易顺利地进行下去。同时还应注意，打电话给客户之前，如果你对客户各方面的资讯了如指掌，这样成功的把握会更大。

开门见山，直入主题

在电话销售中，有些场合需要直截了当地切入正题。比如客户已经知道你这次电话拜访的来意，或者是你在初次电话拜访中已经约定了这次谈话的内容，那就不必要说很多题外话，而应该直奔主题，这样可以让客户在短时间内集中精神来与你交谈。

题外话会让客户产生反感

如果电话销售人员不急于将交谈转入正题，而是说一些无关的题外话，然后再将客户引入正题，会让客户以为你在拖延时间，甚至对你产生反感。

小李是某公司电话销售人员，每次在给客户打电话时，喜欢在交谈前说一大堆题外话，然后说："好了，言归正传，我今天打电话不是为了别的什么，而为了……”这样转入正题之后，接下来的谈话总不太顺利。

有不少电话销售人员认为，小李的这种切入主题的方法似乎表明了他谈话的直率与轻松，其实这样切入主题会使自己刚才说过的话完全失去效果，因为你最后这句话说出来后，已使客户在脑子里把你的谈话内容一分为二。这样不仅无助于你这次沟通的成功，反而会使对方产生“原来如此”的感觉，从而在潜意识里产生抗拒的念头，这与突然切入正题的谈话没有什么两样。所以，题外的客套话太多，会直接影响交谈的顺利进行。

切入主题的注意要点

在销售中，要想将谈话从题外转入正题是一件较难的事情，因此，在交谈进入正题前是需要进行一些准备工作的，特别是当你需要通过你的交谈对象达到一定目的，且需要你去说服对方时，如果突然地将交谈切入正题，很可能会遭到对方一口回绝。

在交谈中要切入正题，除了有赖于经验的积累，还应该注意以下几点：

1. 明确主题

每次接近客户有不同的主题，例如主题是想和未曾碰过面的潜在客户约时间见面，或想约客户参观演示。

2. 谈话中应有专业的知识

当电话销售人员与客户谈到某件事时，必须对此事确实有所认识，否则说起来就会缺乏吸引力，无法让客户产生兴趣。

3. 明确表达自己的愿望

在谈话中，不要使客户捉摸不定，有些电话销售人员以为态度模棱两可是一种技巧，其实是相当拙劣的，真正懂交谈艺术的人，都会将自己的立场迅速公开。

4. 保持中立、客观的态度

按照经验，一个态度中立的人，常常可以争取更多朋友。即使是你的“死党”，你也不必口口声声对他表明你的支持。

5. 让客户多说话

在交谈中，电话销售人员不要说得太多，要想办法让客户多说，当你的态度表明以后，应该让客户也表明他的观点。这样不仅可以让你的谈话能够“对症下药”，更可以让对方获得被尊重感，拉近你们之间的心理距离。

6. 展现良好的风度

这是获得客户对你良好第一印象的基本要素。在与客户初次见面时，客户会对电话销售人员的一言一行留下深刻的印象。试想一下，一个衣着无可挑剔的

人，开口却出言不逊，显得粗鲁无礼，怎么还能指望别人对他有良好的第一印象呢？如下所示：

电话销售人员 A：“喂，我想找一位姓李的先生，他在吗？”

电话销售人员 B：“您好，请问您是李先生吗？”

显然，电话销售人员 A 属于被拒之门外的一列，而 B 则能给客户留下良好的第一印象。

以第三方杠杆撬动对方

电话销售中好的开场白可以包含一个推荐人，也就是第三者。首先要确保你可以使用第三者的名字，并保证潜在客户认识这位第三者，而且这位第三者的地位要与潜在客户地位相当，甚至要高出一些才会更有说服力。

开场白中为什么要引入第三方

以第三方来撬动客户其实是一种迂回战术，因为每个人都有“不看僧面看佛面”的心理，所以，大多数人对亲友介绍来的销售员都很客气。例如：

电话销售人员：“您好，是王经理吗？”

客户：“是的。”

电话销售人员：“我是 ×× 的朋友，我叫 ××，是他介绍我认识您的。前几天我们刚通了一个电话，在电话中他说您是一个非常和蔼可亲的人，他一直非常敬佩您的才能。在我打电话给您之前，他叮嘱我务必要向您问好。”

客户：“客气了。”

电话销售人员：“实际上我和 ×× 既是朋友关系又是客户关系，一年前他开始使用我们的产品之后，公司业绩提高了 20%，在验证效果之后他第一个想到的就是您，所以他让我今天务必给您打个电话。”

电话销售中，由于双方都认识的第三者这个“杠杆”，无形中解除了客户的不安全感和警惕性，从而更易拉近你与客户的心理距离。客户有时就是这个样子，往往你正面好话说了一大箩筐，但对方还是对你不屑一顾，如果你从侧面出击，提一提彼此认识的或者有影响力的第三方，就很容易将客户拿下。所以大路走不通时你不妨走小路，打“外围影响战”。

运用第三者的注意事项

对于电话销售人员来说，有效运用第三者的力量可以更好地激发客户的购买欲望，但这种方法如果使用不当，将很容易造成不良后果。以下便是一个失败的案例：

电话销售人员："您好，是刘经理吗？"

客户："是的，什么事情？"

电话销售人员："您好，刘经理，我是丹丹，××公司的，是您的朋友王新介绍我打电话给您的，我们是一家专业的培训公司，所以他让我打电话给您，问您是否有这方面的需求？"

客户："对不起，我们暂时还没有这方面的计划。"（挂断）

以上对话中的错误在于急于推销产品。很多电话销售人员在平时的工作当中经常犯这种错误，不仅失去了客户，而且也丢掉了人情。所以在使用"第三者介绍法"打开话题时，务必要注意以下几点：

（1）首先说明与介绍人的关系。

（2）传达介绍人的赞美和问候。

（3）说明公司的产品得到了介绍人的肯定。

（4）巧妙引导客户到与产品有关的事上来。

（5）切忌在客户还没有了解自己与介绍人的关系之前就介绍产品。

对待大人物的开场白

每一位大人物都是一座宝藏，如何开启宝藏之门呢？

向大人物推销你敢吗

你希望认识大人物吗？你希望自己一出场三言两语就能打开那些大人物的心扉吗？先问你自己，当你跟他们坐下来的时候，你能够自然而然地跟他们平起平坐吗？当你走进一位高级主管装潢富丽的办公室中，能够神态自若吗？或者当你置身于一群训练有素面容姣好的秘书当中，能够举止恰当吗？假如答案都是肯定的，你就适合在这个圈子中生存。看看这位电话销售员是如何向大人

物推销的：

电话销售人员章捷接到总部的一个推销任务：向当地一家特大型白酒企业销售防爆灯。不过据说这家酒厂的总经理是国内著名的企业家，当地的企业巨子，整天忙碌不堪，所以要见一面难如登天。而且总经理并不打算使用防爆灯，章捷每次去预约，总是被人家婉言拒绝："我们厂已同别的厂家签订供货合同了。"对章捷的介绍根本不听，也不看一眼他带来的相关资料，没有半点沟通的余地。但章捷没气馁，一直耐心等待机会，他决定改变策略，在全面了解工厂的经营管理特点和总经理的工作风格与脾气后，他拨通了这位总经理的电话："您好，我是章捷。我今天不是来向贵厂推销防爆灯的，而是有几个问题想向您请教。您是成功的企业家，有名的企业巨子，但我根据了解到的贵厂的信息，对您管理企业的有些做法不太理解，特来向您请教。"

总经理有些愣了，说："有什么问题，问吧！"

"贵厂的环境管理确实搞得相当不错，真是名副其实的'花园式'酒厂。我走南闯北去过不少酒厂，白酒生产是高能耗、高污染行业，像你们这样花巨资把占地数平方公里的厂区环境管理得这么好的企业绝无仅有。听说贵厂还是绿化先进单位，是全省首家获得 ISO4001 国际环境管理体系认证的酒厂。但企业以获得最佳利润为目的，对贵厂来说是不是有点主次颠倒？你们每年花在环保方面的投入已成为企业的最大投入，有些酒厂环境比较差，但人家的酒仍然很好卖，您抓环保能把企业抓大吗？"

听着章捷认真的语气，总经理也来了兴趣，他说："你这个问题问得有意思，当初我的助手和来厂里参观的客人也提过类似的问题，并对我的做法不赞同，但经过几年来的实践，他们服了。入世后，作为传统名优白酒要想在国际竞争中体现优势，必须打好'生态'这张牌……"

章捷见这位成功人士已经被自己的开场白抓住了心，便按计划逐步把他引向设置的"陷阱"。他像一个学生似的认真听总经理的高论，不时插入一些对方很感兴趣的话题，话题不知不觉中被章捷引导到总经理的成功之路上。这哪里是推销，倒成了新闻记者进行名人采访了，不过这时总经理尚未意识到自己中了圈套，依然谈兴正浓。

"那么，作为酒厂的总经理，您在企业的消防安全上采取了哪些措施呢？"章捷见火候已到，巧妙地把话题转向消防安全上来，使对方逐步靠近自己的目标。

在章捷的诱导下，总经理又兴致勃勃地讲述起厂里的安全工作情况。在谈到消防安全设施时，章捷趁机介绍他销售的几种防爆灯质量如何之好，厂家实力如何之雄厚。谈兴正浓的总经理居然没有表现出反感。章捷瞅准时机，问道："听说贵厂在投资扩建酒库和灌装车间，如需购买一批防爆灯，就选用我们的产品吧，您看咋样？”

总经理突然觉得自己中了章捷的圈套，不过在经过了一番“长谈”后，这位成功人士一时倒说不出冷冰冰的话语了，他思索一会儿说：“对于这方面的物资我们必须到生产厂家考察后，才能购买，所以现在无法答应你。这样，等我们开个会研究一下，派安全科科长到你们厂里了解一下，如果符合要求，我们一定购买你们的产品。”

半月后，章捷与这家酒厂签订了防爆灯的供货合同。这是几年来他拉到的最大一笔业务。

当与大人物交谈时，切记，把你谈话时间的99.9%都用在询问大人物的事情上。这就是打开大人物心门的金钥匙。千万不要谈你自己的事情，除非你非常肯定，谈比不谈更好。所以，有经验的销售员总是避免讨论一些容易产生分歧的问题，而先从对方的兴趣开始，强调彼此共同利益，当业务洽谈即将结束时才把有分歧的问题拿出来讨论，这样双方就比较容易取得一致意见。

向大人物推销的开场白

下面我们就介绍一下如何向大人物、成功人士推销你的产品，如何准备好对大人物的开场白。为了节省你的时间，我们把已经被无数成功事实证明是行之有效的10个“开放式提问”的开场白，一一介绍出来：

1.“您是如何创立您的事业的”

没有人不喜欢讲自己的故事，每一个人都喜欢自己在他人心里成为主角。那么，就让大人物们与你一起分享他们的故事吧。你要做的就是——主动地倾听。

2.“您和您公司与竞争对手的明显区别是什么”

市场竞争是永远的话题。大人物之间也会竞争，无论他们私下里如何果断坚决，出手狠辣，当外人问起自己的态度时，他们依然会保持自己的“好形象”。你用这个问题开场的目的就是当你拿出自己的产品时，让大人物“圈死在自己的形象里”。

3.“您最喜欢您事业中的哪一点”

你很快会发现，这个问题将激发出大人物良好的正面感觉，并使你获得你正在寻找的正确性回应。它必然远远胜过这个负面性问题：“您能告诉我，您最讨厌您事业中的哪一点……”

4.“您对您行业的变化趋势有什么看法”

这个问题给了对方一个成为博学多才者和行家的机会。任何认为自己从业经验丰富、博学多才或觉得自己已经取得了一定成就的人，都很乐意分享他们的知

识给别人，因为这种感觉特别好。

5. “您觉得自己是个有激情的人吗”

没有人不希望自己永远激情澎湃，尤其是那些成功的大人物。如果对方确是一个有激情的人，那么他会以你发现了这个优点而欣慰；如果对方已经激情不再，他也会尽力掩饰自己。总之，这个问题能打开他们的话匣子。

6. “您认为哪些方法最能有效地使人成功”

任何一位大人物对于自己的成功历程都会有一套自己的心得，并且是被他自己的经验所证明过的。但是，平日谁会向他们请教呢？通常，任何一位真正的成功者，都喜欢教别人一些东西。你的问题问到他很乐意的话题上了。

7. “对一位刚进入您所在行业的人，您会给予什么样的建议呢”

好为人师是人的共性，尤其是那些从成功中走过来的经验丰富的人，他们都渴望向别人展示自己的成功之道。这个问题正好给了对方一个体会做老师滋味的机会。这个问题给了他尊重。

8. “能聊一下您在发展事业过程中遇到过的最难忘的事吗”

事实上，每个人都喜欢向别人讲述自己的奋斗故事。这个问题给了别人这样的机会。当你成功了，或者在别人眼中是成功人物了，你所经历的事情都是传奇，你难道不希望说出来吗？很多大人物都希望说出自己的艰苦岁月，而一般人都不会给他们机会。你现在主动要求做听众，大人物们虽然表面很平静，但内心必定欣喜。

9. “您认为自己最大的优点和最大的缺点是什么”

每个人都有自己的优点和缺点，这一点毋庸置疑。当你向大人物提出这个问题时，等于给了他们一个认识自我、评价自我的机会。即便是在毫不相干的小人物面前，他们也不想损坏自己成功人士的形象。

10. “您希望别人用一句什么样的话来描述您和您取得的成就呢”

大人物听到这个问题后，一般会真正地停下来，认真地思考一下。这其实是在给他们一个很大的恭维。这个问题，可能连他身边最亲的人也没有向他提过呢。

到此，有人会有疑问：第一次见面我就这么冒昧地问对方这些问题，会不会让对方觉得我太爱打听别人的事情了。答案是：不会。因为在最初交谈时，你只需要问上述问题中的有限几个。而且上述问题都是任何人，尤其是大人物喜欢回答的问题，这是最关键的。

切记，在与大人物打交道时，你必须也表现出一种“老板的习性”，因为这些大老板们每天指挥上上下下几百、几千，甚至几万名员工，他们希望你也能表现得像一个老板，如此你们才能平起平坐。假若你没有能力应付这一类人物的话，那么你最好还是放弃从他们那儿发财的想法。

找准兴趣激发点，深入挖掘

衡量一套开场白是否有效的标准就是看其组合起来之后，能否激起客户的兴趣，让客户在繁杂的事务中抽出一部分时间给电话销售人员，同时又可以避开客户的条件反射（拒绝）心理。

为什么要激发客户的兴趣

电话销售人员如果能在和客户沟通的最初30秒内，通过极具吸引力的开场白，迅速抓住客户的心，马上激发客户的兴趣，就可以成功地将对话进行下去。客户一旦有了兴趣，就暂时不会想其他要处理的事，会把自己宝贵的时间与注意力分配给一位从来没有见过、甚至从来没有听说过的电话销售人员。

电话销售人员：“早上好，王经理，现在接电话方便吗？”

客户：“方便，请问哪位？”

电话销售人员：“我是中国联通的范××。是这样的，王经理，现在有一种方法可以立刻帮助您公司节省30%左右的长途电话费，而且还不需要您任何的额外投资，我可以用一到两分钟的时间向您做一个简单的说明吗？”

客户：“是吗？什么方法可以帮我节省30%的长途电话费？”（这么好的事情，当然要了解了解）

这是一种十分经典的激起客户兴趣的开场白，电话销售人员通过陈述产品的最终价值——不需要任何的额外投资就可以立刻节省30%的长途电话费用，成功地吸引了客户的注意力。

其实任何客户都是如此，一旦他认为你能够对他的企业或机构有帮助的话，都会愿意与你交往的。

如何找准客户的兴趣点

抓住客户的兴趣点并不是一件容易的事情，你不仅要对你所销售的产品或服务的普遍价值有研究，还要研究对这个客户而言，他的兴趣点在哪里，因为同一产品和服务对不同的人，价值体现是不同的。那么如何突出客户的可得价值，吸引客户的注意力呢？有几种常用的方法：

1. **提及客户现在最关心的问题**

“听您的朋友提起，您现在最头疼的是产品的废品率很高，即使调整了生产流水线，这个问题仍然没有从根本上得到改善。”

2. **几乎所有的人都对钱感兴趣**

省钱和赚钱的方法很容易引起客户的兴趣。比如：“张经理，我是来告诉你贵公司节省一半电费的方法的。” “王厂长，我们的机器比你目前的机器速度快、耗电少、更精确，能降低你的生产成本。” “陈厂长，你愿意每年在毛巾生产上节约 5 万元吗？”

3. **谈到客户熟悉的第三方**

“您的朋友王 ×× 介绍我与您联系的，说您近期想增置几台电脑……”

4. **引起他对某件事情的共鸣**

“很多人认为面对面拜访客户是一种最有效的销售方式，不知道你是怎么看的？”（原则上客户也认同这一观点）

5. **提起他的竞争对手**

谈及刚服务过的同行业公司，如“最近我们刚刚为 ×× 公司提供过销售培训服务，他们对服务很满意，所以，我觉得可能对您也有帮助”、“我们刚刚和 ×× 公司有过合作，他们认为……”

6. **用数据来引起客户的兴趣和注意力**

“通过增加这个设备，可以使您提升 50% 的生产效率……” “我知道贵企业现在的产品废品率比较高，如果有一种方法能使您的废品率降低一半的话，您是否有兴趣了解？”

7. **谈谈优惠活动**

对于针对最终用户的电话销售行为，如电信行业、金融行业等，我们发现一开始谈到各种优惠是吸引客户注意力的常用方法，例如：“最近有一个优惠活动……”、“我觉得这个活动能给您节省很多话费，所以应该让您知道……” “免费获得……”等。

上面这几种方法，可结合交叉使用，重要的是要根据当时的实际情况。当然我们在与客户交谈的时候，一定要用积极开朗的语气，少用对话，节奏快一点儿，在重要的地方，一定要自然过渡到议题上去。电话销售人员与客户通话，通常只有一二十分钟，开场白占到三四分钟就要结束，然后顺势导入通话主题。

用赞美拉近心灵的距离

美国心理学家威廉·詹姆斯说过："人类深刻的本性之一是期望被赞美、钦佩和尊重。"真诚的赞美，于人于己都有重要意义。渴望被赞美是每一个人内心的一种基本愿望。在电话销售工作中，销售人员的真诚赞美是拉近自己与客户心里距离的有效方法之一。

以赞美开场

开场白的好与坏，差不多就决定了一次销售的成功与否。有道是："话不投机半句多。"推销更是这样。开头语，尤其是第一句话说得是否得体，将直接影响着你与客户以后的往来。因此，赞美就成为接近客户的好方法。赞美客户必须要找出别人可能忽略的特点，而让客户知道你的话是真诚的。

电话销售人员："刘先生，您的声音听起来真威严，相信平时生活中您也是一个一丝不苟的认真的人。"

又如：

电话销售人员："宋女士，听您说话就感觉到您有一副热心肠，平时对身边的人应该很照顾。我以前也有这样一位好大姐，我们相处特别融洽，我从她那儿学到了不少东西，希望现在也能够向您学习，要不吝赐教哦！"

真诚的赞美不是目的，赞美主要是为了缓和气氛，拉近彼此心中的距离，解除对方的警戒心理，为接下来的推销打下良好基础。

不过要注意，演戏之前，都要先敲一阵锣鼓。一段精彩的开场白，通常也都是以寒暄作为铺垫。寒暄的内容可结合现场环境、客户本人的特点，或他和企业的某个事件来进行。通常来说，凡是能引起对方兴致的话题都可以作为寒暄的内容。

赞美的技巧

赞美是沟通当中的润滑剂：从人性的角度来讲，基本上人人都希望自己被

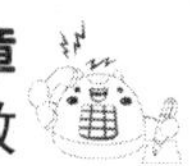

肯定、被认同。电话销售人员如果能够不失时机、巧妙地赞美客户，会极大地愉悦对方的心情，从而协调融洽与客户的关系，以达到良好的销售效果。真诚的赞美，是拉近与客户距离的最好方式。在电话交流中，声音是可以赞美对方的第一点。在与客户的交流中，只要电话销售人员细心聆听，实际上可以通过声音掌握客户很多方面的信息，例如：年龄、教育程度、做事情的态度等。而销售人员利用这些获取到的信息，适当地赞美对方，可以很好地营造谈话氛围并能很快改变客户的态度。赞美的技巧有以下几个方面：

1. 以学习的名义

这种方法通常是非常有效的，用得好可以拉近和客户的距离。赞美客户的时候应该采用哪种方法关键是看对象，比如说打电话给一个 IT 经理，那打电话时可以这样说：

电话销售人员：“您好！王经理，我知道您在 IT 方面特别的专业，我作为 ×× 电脑公司营销部的职员特别渴望请教您一个问题……”

你打电话给他不是卖东西给他，而是向他学习的，这是可以使用的技巧。

2. 借用第三方口吻

这种方法大家用得比较多，就是客户转介绍，谈到第三方。要借第三方的嘴夸一夸我们正在通电话的客户。如果自己夸就显得巴结了。比如：

电话销售人员：“您好！王经理，是这样，前两天跟 ×× 公司林总聊天的时候，他提到您，说您在 ×× 方面很有经验……”

这也是一种技巧，谈客户熟悉的第三方或者是客户的转介绍。

3. 间接地赞美

如果有渠道，要主动了解客户和客户公司的详细信息，比如打电话给一家做网站的公司，就可以这么说：

电话销售人员：“您好！王先生，你们的网站做得非常漂亮，听说是您负责的……”

通过真诚赞美，提到跟客户相关的内容，非常有利于电话销售的进行。

赞美的注意事项

赞美是一种比较普遍而行之有效的接近客户的方法。电话销售人员要想恰当地运用赞美策略打动客户，需要注意以下事项：

1. 赞美要真心实意

只有发自内心的微笑才是最吸引人的，而赞美也必须出自内心才会感动人。真诚的赞美是实事求是的、有根有据的，是真诚的、出自内心的，是为天下人所喜欢的。天底下好的赞美就是选择对方最心爱的东西，最引以为自豪的东西加以赞美。如果你能以诚挚的敬意和真心实意的赞美满足一个人的自我，那么任何一个人都可能会变得更令人愉快、更通情达理、更乐于协作。因此，电话销售人员应该努力去发现你能对客户加以赞美的小事，寻找他们的优点，形成一种赞美的习惯。

2. 赞美要因人而异

赞美虽然是一种比较行之有效的方法，但也不能不注意，因此在赞美时应该做到：看准赞美目标，避免冒犯客户。例如说，男人喜欢别人说他有气概、强壮、精力充沛等，而女人则喜欢别人赞美她的发型、容貌、服饰、皮肤，对老年人应该更多地赞美他辉煌的过去、健康的身体、幸福的家庭或有出息的儿女等，对年轻母亲赞美她的小孩往往比直接赞美她本人更有效……

3. 赞美要具体热忱

以具体化的语言赞美客户才能让客户觉得你的赞美真实诚恳，效果也会比一般的赞美好很多。例如："你那篇文章写得真好，特别是最后一个问题很有新意。""你这件衣服很好看，与你的发型很相配。"赞美是人际关系的润滑剂，是拉近心灵距离的桥梁。在与客户交往中，学会热忱地赞美客户，你的收获将会更大。

此外，赞美不一定都要表现在言语上，通过目光、手势或者微笑都可以表达对客户的赞美之情。只要我们经常说，让它形成一种习惯就可以了。赞美其实并不难，只要稍微动一点脑筋，开口说几句或动笔写几行就可以了，投资虽然很小，回报却是惊人的：良言一句三冬暖。我们更应牢记马克·吐温的一句话："一句赞美的话，可以使我受用两个月。"

用开场白赢得客户的好奇心

现代心理学表明，好奇是人类行为的基本动机之一。美国杰克逊州立大学刘安彦教授说过："探索与好奇，似乎是一般人的天性，那些神秘奥妙的事物，往往是大家所关注的对象。"

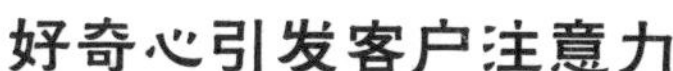

好奇心引发客户注意力

好奇心是人们普遍存在着的一种行为动机，乔·吉拉德认为，人们都喜欢自己来尝试、接触、操作新奇的东西，人们都有好奇心。可见，不论你推销的是什么，都要想方设法向客户展示那些不熟悉、不了解、不知道或与众不同的东西，才会引起客户的注意。如果你能吸引他们的感官，那么你就能在最短的时间内接近客户。

有一次，杨经理在办公室接到一位电话销售人员打来的电话："您好！杨先生，我是联通公司的王明，我知道您的长途话费比较高，如果我们能将您的长途话费降低一半的话，不知您有没有兴趣了解下？"

杨经理当时就说："有啊，你有什么办法？"

这位电话销售员一下子就吸引了客户的注意力，她说："我们公司 IP 电话卡在促销，您买 500 元的 IP 电话卡，我们送您 400 元，基本上节省了一半。您看，如果您觉得对您有帮助，我什么时候安排人给您送过去？"（表现出很强的促成意识）

这位电话销售员做成了生意，这单生意的成功，至少有一半功劳来自于她成功的开场白，她的开场白就以"如果我们能将您的长途话费降低一半"为诱饵制造悬念，引起对方的好奇心，然后，在解答疑问时，又很技巧地把产品介绍给了顾客。

由此可见，要想将开场白说好，最重要的便是俘虏顾客的好奇心。

如何唤起客户的好奇心

好奇心是所有人类行为动机中最有力的一种，唤起好奇心的具体办法则可以灵活多样，电话销售人员应该尽量做到得心应手，运用自如，不留痕迹。

1. 抓住客户爱省钱的心理

一位电话销售人员对客户说："每天只花 0.16 元就可以使您的卧室铺上地毯。"客户对此感到惊奇，电话销售员接着讲道："您卧室 12 平方米，我厂地毯价格每平方米为 24.8 元，这样需 297.6 元。我厂地毯可铺用 5 年，每年 365 天，这样平均每天的花费只有 0.16 元。"

2. 抓住客户的虚荣心理

诱发好奇心的方法是在见面之初直接向可能买主说明情况或提出问题，故意讲一些能够激发他们好奇心的话，将他们的思想引到你可能为他提供的好处上。

如一个电话销售人员对一个多次拒绝见他的客户说：“请您给我十分钟好吗？我想为一个生意上的问题征求您的意见。”这就可能诱发采购经理的好奇心——他要向我请教什么问题呢？同时也满足了他的虚荣心——他向我请教！这样，结果很明显，电话销售人员成功打开了客户的心扉。

3. 抓住客户的实际需要

一位人寿保险销售员一接通客户电话便问：“五公斤软木，您打算出多少钱？”“我不需要什么软木！”客户回答说。“如果此时您坐在一艘正在下沉的小船上，您愿意花多少钱呢？”由此令人好奇的对话，可以引发客户对于保险的重视和购买欲望。

人寿保险销售员阐明了这样一个思想，即人们必须在实际需要出现之前就投保。

4. 抓住客户的求知心理

一位电话销售人员对客户说：“您知道世界上最懒的东西是什么吗？”客户感到迷惑，但也很好奇。这位电话销售人员继续说：“就是您藏起来不用的钱。它们本来可以购买我们的空调，让您度过一个凉爽的夏天。”但当诱发好奇心的提问方法变得近乎要花招时，用这种方法往往很少获益，而且一旦客户发现自己上了当，你的计划就会全部落空。

制造一些悬念，引起对方好奇，然后再顺水推舟地介绍产品。客户往往会被你的那一番饶有兴趣的话语吸引，进而你才有机会向客户介绍产品，客户购买是从了解开始的。

第7章

释疑解惑，客户的异议要及时处理

认真对待客户提出的每个疑问

在电话销售中，经常会遇到客户提问题。对于客户提出的每一个问题，你都要认真对待。因为越是那些有很多问题需要询问的客户，他的购买欲越强，你成功的机会就越大。

走出解决疑问的误区

有不少电话销售人员在解答客户的疑问时，没有自己进行思考，走进了销售的误区。他们认为，只要掌握了产品的专业知识就能赢得顾客。如果在回答问题时，不善于运用技巧，把谈话专注于问题本身，那样听起来会显得非常机械，没有人情味，电话另一头的客户的购买欲望也会随之下降。因此，在回答专业性问题时，应注意使用一些技巧：

（1）根据客户提出的问题，找出问题的关键词，确定正确的答案。

（2）在回答客户的问题时，应注意先后顺序，最好是回答的顺序与客户提问的顺序保持一致，这样才能给客户有条理的感觉。

（3）在回答问题时，应多采用数据进行解释，这样会使客户感觉更真实、更可信，这一点是每一个电话销售人员都应做到的。

（4）对于那些由于客户本身的疏忽所导致的问题，电话销售人员不要进行不必要的纠缠，当然，如果客户没有听懂的话，还是要进行耐心的解释。

回答客户疑问的技巧

除了业务的正常交流之外，客户可能会提出各种各样的反对问题，还有因为不满而引发的牢骚甚至是刁难。电话销售人员在面对这些问题时应具备一定的技巧：

1. 对客户表达同理心

站在客户的立场上考虑客户所产生的疑问，对客户表达同理心，是有效减少客户投诉的方法。下面有这样一段对话：

客户："昨天我家里发生了火灾。"

保险销售人员："哎呀，真的很遗憾，听到这样的消息。您家里的人怎么样呀？有没有受伤？"

客户："谢谢关心，我没受伤。我想了解一下我的赔偿问题。"

保险销售人员："喔，那还好。您可否告诉我您的保单号，我帮您查一下，看一看能否帮您解决。"

上面这段话中电话销售人员表达出了一种同理心，有人情味，让客户觉得你确实是理解他的。一旦由于各种原因你没有办法提供赔偿给客户，客户接受的可能性也会大很多。

2. 尽量避免用一些否定的字眼去应付客户的疑问

例如，有一些电话销售人员在接到客户咨询电话的时候，会用"不知道"、"不明白"、"这个人走开了"等字眼来搪塞，这些话不但会让客户失去购买产品的欲望，还会损害公司的形象。

3. 少用"然而"、"但是"这些迂回的转折词

这些迂回的转折词会让客户感觉电话销售人员在找借口，会平白无故地得罪自己的客户，因此，应尽量少用这些词。其实电话销售人员只要心想"客户的不满其实是在帮助自己更好地进行销售"就可以做到这一点。

4. 回避那些不能被解答的问题

作为一名电话销售人员，不要以为自己可以解决客户所有的问题。有时候客户提出的问题是事实，而且由于某些原因的确无法解决，也有的时候客户是故意刁难，问题根本不重要。在这些情况下，电话销售人员就要懂得巧妙回避，勉强的回答只会让对方感觉极不诚恳。

5. 把难题还给客户

遇到那些难以回答或者是客户故意找茬的问题时，电话销售人员可以把问题还给客户，只要掌握了说话的力度和方向，完全可以轻松化解这些问题。

把问题还给客户的目的是让客户进行换位思考，让客户站在电话销售人员的角度来思考问题。当然，这个过程中，电话销售人员要注意自己的措辞。如果客户明白后，应该更加热情周到地为客户服务。

6. **把问题转化为产品的卖点**

要想把问题巧妙转化为产品的卖点，必须设置一些逻辑关联，巧妙地转移客户的注意力。

简单来说，可以运用某些逻辑关系，比如“非此即彼”。只要能巧妙地引领客户绕过这些不必要的症结，展现出产品的优势，就能说服客户。

总而言之，对于客户提出的每一个问题，都必须认真对待，不管你采取什么样的技巧与方法，务必确保我们是在认真对待客户。

彻底解决客户提出的异议

电话销售的过程就是不断产生异议，不断解决客户异议，与客户建立信任关系，最后引导客户达成交易的过程。

一般来说，客户在接受推销的过程中，不提任何反对意见就着手购买的情况是不多见的。客户在购买某一推销品时，首先要考虑的是推销品的使用价值，即推销品能否满足他某方面的需要。否则，客户不会对推销品发生兴趣。此外，客户在权衡推销品时还会受到经济条件、心理因素、环境条件等多方面因素的影响，因而对价格、质量、售后服务等提出一系列反对意见。不提丝毫反对意见的客户往往是没有购买欲望的客户。因此，客户异议是推销过程中的一种正常现象，是难以避免的。推销人员必须做好应对和消除客户异议的准备。

客户异议的类型

常见的客户异议可以分为以下八种类型：

异议类型	具体阐述
需求异议	客户认为产品不符合自己的需要而提出的反对意见，例如：“我们暂时还没有这方面的需求”
商品质量异议	客户针对推销品的质量、性能、规格、品种、花色、包装等方面提出的反对意见，也称为产品异议
价格异议	客户认为价格过高或价格与价值不符而提出的反对意见
服务异议	客户针对购买前后一系列服务的具体方式、内容等方面提出的反对意见
购买时间异议	客户认为现在不是最佳的购买时间或对推销人员提出的交货时间表示的反对意见
进货渠道异议	客户对推销品的来源提出的反对意见
推销人员异议	客户对推销人员的行为提出的反对意见，例如：“你们公司的人员经常给我们打电话”
支付能力异议	客户由于无钱购买而提出的反对意见

消除客户异议的方法

电话销售人员要想有效地消除客户异议，就应遵循一定的程序。下面介绍一些相关方法和步骤：

1. 认真听取客户的异议

回答客户异议的前提是要弄清客户究竟提出了什么异议。营销人员要认真听客户讲完，不要打断客户谈话。千万不要打断客户的话，匆匆为自己辩解，竭力证明客户的看法是错误的。

2. 寻找恰当的时机回答

2005年一项针对中国10大城市数千名销售人员的调查显示，好的电话销售人员所遇到的客户严重反对的机会只是差的销售员的1/10。这是因为，优秀的电话销售人员对客户提出的异议不仅能给予一个比较圆满的答复，而且能选择恰当的时机答复。

3. 复述客户提出的问题

为了向客户表明你明白了他的话，可以用你的话把客户提出的问题再复述一遍。

4. 回答客户

对客户提出的异议，电话销售人员要回答清楚，这样才能促使销售进入下一步。切记，在后面的商品介绍中，电话销售人员不要提及客户前面提到的，因为这样会在客户脑子里留下不必要的顾虑。

5. “对，但是”处理法

对客户的不同意见，如果直接反驳，会引起客户不快。电话销售人员可以先承认客户的意见有道理，然后再提出与客户不同的意见。这种方法是间接否定客户意见，比起正面反击要委婉得多。

6. 同意和补偿处理法

如果客户提出的异议有道理，电话销售人员采取否认策略是不明智的。这时，电话销售人员应首先承认客户的意见是正确的，肯定产品的缺点，然后利用产品的其他优点来补偿和抵消这些缺点。

如电话销售人员可以对客户说“价高质量更高”，即通过质量更高的优点来抵消和弥补价格高的缺点。

7. 迂回的方法

这种方法是把客户的异议转化为购买商品的原因，当客户异存在错误时，这种方法非常有效。

8. 强调感觉的方法

当潜在客户的异议建立在感觉之上时，电话销售人员应该告诉他们，其他潜在客户开始也有同样的感觉。但使用了商品和服务之后，就不再那么想了。

使用这种方法时，要特别注意谈话中提到的客户的名字最好是对方知道的，因为这可以证明你没有编故事。

9. 抢先法

抢先法一般在这种情况下应用：一是推迟你对一个异议做出回答，二是提前提出有关问题。如果异议出现了，而在这一时刻你又没有能力加以回答，这时推迟则是有效的。

抢先法通常是在潜在客户意识到了商品的不如意之处，并将提出之前，你先于他提出问题并给予回答。

下面是某电话销售人员处理价格异议的一个成功范例：

客户："我觉得你们的手续费太高了！"

电话销售人员："我能理解您此时的想法，因此您会想，我到别家营业部开户，一样也可以，手续费却便宜不少，是吗？"（转述客户的异议成疑问句）

客户："是。"

电话销售人员："先生，我们的手续费之所以比其他的要贵，是因为我们有一对一的客户经理服务，可以让您放心投资，节省您许多宝贵的时间。而且我们的研究团队是业界最有实力的。同时，我们会有新股提示、大盘点评等短信服务，还会为您定做理财报告。这些都是免费的。我们的从业人员几乎每月接受投资分析培训。因此，从整体来看，我们的价格反而比别家便宜。您觉得呢？"

客户："你们的手续费比××证券的要高。"

电话销售人员："我能理解您的想法。如果排除价格因素，您会考虑选择我们营业部吗？"（从客户的异议中独立出来）

客户："那当然。"

电话销售人员："先生，您说得没错，从表面上来看，我们的确比××证券的手续费要高一点，但是我们可提供一些别家没有的好处：第一，我们提供比别家多的大客户培训，因此您可以省下不少培训成本；第二，我们负责量身定做投资建议及风险控管，这样您就省下了投顾费及财务规划费。所以您从总成本的角度来看，我们的手续费比××证券反而要便宜不少。您觉得呢？"

客户："嗯，也有道理。那我就在你们这儿开户吧。"

上面的案例，如果客户的异议得不到满意的答复，成交的可能性是很小的。

巧妙回应客户的拒绝

在电话营销的过程中，遭到客户的拒绝是很正常的。电话销售人员不应心灰意冷，要抱有“拒绝不等于结束”的心态，设法将对方的回绝变成对自己有利的因素。在回应客户的拒绝时，一定要摸清客户的心理，否则还会遇到其他障碍。

回应客户的拒绝是有很多技巧的，我们先看下面这个例子：

电话销售人员：“您好，我打电话给您是想同您商量有关您昨天来陈列室看过的那张矫形床的事。您认为这种床如何呢？”

客户：“噢，是的。我没同您打招呼就走了，因为我觉得这种床太硬。”

电话销售人员：“您觉得床太硬吗？”

客户：“是的，我并不要求它是张弹簧垫，但它实在太硬了。”

电话销售人员：“我还没弄明白。您不是跟我讲您的背部目前需要有东西支撑吗？”

客户：“对，不过我担心床如果太硬，对我病情所造成的危害将不亚于软床。”

电话销售人员：“这的确是个重要问题。那么您仅仅是担心这一点吗？”

客户：“是的。”

电话销售人员：“我们所有的床都是按照矫形顾问医生提供的治疗要求生产的。假如给您定制一张床，而且保证这张床的硬度完全符合您的要求，您是否要呢？”

客户：“那好啊。”

在上面的例子中，客户对产品提出了异议，但是电话销售人员从容应对，最后赢得了客户的订单。这其中运用了两个技巧：

1. 重复客户回绝的话

这样做可以起到两方面的作用：一是可以有时间进行考虑；二是可以让客户自己听到他回绝你的话，而且是在完全脱离客户自己的态度及所讲的话的上下文的情况下听到的。

2. 排除其他回绝理由

排除客户其他回绝理由可以采用干脆的提问方式或者是较为含蓄的方式，如下例所示：

客户：“我觉得这款产品的性价比太低了。”

电话销售人员：“您只有这一个顾虑吗？”（或者是：“恐怕我还没有完全明白您的话，您能再详细解释一下吗？”）

从上面的例子中，我们可以看到，电话销售人员的前一种提问方式是直接的，后一种是比较含蓄的。

针对客户拒绝理由的说服

针对客户所提出的回绝理由进行说服的方法有多种，具体如下：

1. 回敬法

这种方法的运用要点就是将客户回绝的真正理由作为对你产品宣传的着眼点，以此为基础提出你的新观点。如下例所示：

客户：“我不太喜欢这种比较艳丽的款式。”

电话销售人员：“根据全国的统计数据来看，这种款式是今年最为畅销的。”

从上面的例子可以看出，该电话销售人员不仅反驳了客户的理由，还给客户吃了一颗定心丸。

2. 比较法

这种方法主要是指同有竞争能力的产品进行比较，也就是将自己所营销的产品的优点与其他有竞争力的产品进行比较，用实力说明自己的产品优于其他同类产品，如下例所示：

客户：“在你们报纸上刊登广告的费用太高了！”

电话销售人员：“我们报纸的销量在同类报纸中排名第一，如果您考虑到这一点的话，其广告费还是很低的。您愿意和我们合作吗？”

上例中，通过与竞争产品的比较，让客户明白了投资的价值所在。

3. 赞同法

赞同法是指说明客户的观点错误之前，先赞同客户的观点，以缓和气氛。可以采用“不错，不过……”等词过渡。如下例所示：

客户：“我听说在网络繁忙的时候，这种设备会出现较大的差错。”

电话销售人员：“我对您的顾虑是非常理解的。不过我们已经对产品的使用效果进行了测试，我们可以保证这种设备的设计是没有问题的。”

4. 直接推进法

直接推进法就是直接说明客户回绝的理由是不成立的，以换来对方肯定的回答。如下例所示：

客户："这种鼠标的颜色似乎不太好，我喜欢蓝色的。"

电话销售人员："这个您放心，我肯定可以给您提供蓝色的鼠标。假如我能够做到的话，您是否会购买呢？"

客户："这种我不太喜欢，我喜欢有卡通图案的。"

电话销售人员："如果我也能满足您的这个要求，您是否会购买呢？"

客户："那好吧，我就买一个吧。"

这种方法的效果是很明显的。如果将所有回绝的理由都摸清排除的话，最后一个问题的解决就使对方失去了退路。如果这种方法仍然行不通，只能说明电话销售人员还没有能够完全把握对方的心理，没能弄清对方的真正用意。

让客户说出购买的条件

在你进行电话销售时，客户难免会提出一大堆拒绝购买的原因，但是这并不意味着你的产品达不到对方的理想要求，你也不能因此而挂断电话，应暂时不去考虑客户提出的一大堆拒绝理由，要想办法让客户说出他们期望中的产品应该包含哪些特征。

让客户说出购买条件能助你走向成功

当客户说出了自己愿意购买的产品条件时，就意味着你已经突破了客户的第一道心理防线，成交的希望大增。

小王是某品牌电子设备的销售员，下面是他成功推销的一个例子：

客户："不好意思，我们一直以来都与IBM保持着良好的合作，而且我们还将继续合作下去。因为除了IBM，我们不相信任何公司的产品，请您再找其他人吧。"

小王："先生，我想知道，您觉得IBM公司的产品确实值得您信赖，是吗？"

客户："那当然了，这还用说吗？"

小王：“我知道您对IBM公司的产品非常信赖，那您是否能告诉我IBM公司的产品最令您感到满意的特点有哪些？”

这时客户很有兴趣地回答道：“IBM的产品质量一直都是世界一流的，这一点不容置疑。而且它的研究技术在全球也没有几家公司可比。最为重要的是，IBM有着多年的良好信誉，它几乎就是权威的标志。这些特点都是我们与IBM公司长期合作的原因。”

小王：“那么，如果IBM能够做得更好，您希望他们在哪些方面有所改进呢？”

客户想了想回答说：“我希望能够在两个方面上有所改进。一是能够完善某些技术上的细节，因为我们公司的员工有时会埋怨某些操作不够简便；二是希望能再降低一下产品的价格，因为我们公司的需求量很大，每年花在这上面的费用很大。”

这时，小王胸有成竹地跟客户说：“先生，我想告诉您的是，我们公司能够满足您的这两个愿望。我们公司的技术人才同样是世界一流的，因此对于产品的技术和质量水平您都不用担心。同时，正因为我们公司的这项业务刚刚起步，所以操作起来就更加灵活，我们的技术部门完全可以按照您的要求对贵公司订购的产品进行量身定做。而我们的价格更低，因为我们的目的就是先以低价策略打开市场，赢得一些像您这样的大客户的支持。”

客户：“果真如此吗？那我们先购进一小批产品试用一下。”

客户说出购买条件后的促成技巧

1. 强化产品的优势

当客户说出愿意购买的产品条件时，推销人员首先要在内心里将客户的理想产品要求和本公司的产品特征进行对比，明确哪些产品特征符合客户期望，哪些客户要求难以实现。在进行了一番客观合理的对比之后，销售人员就要用能够实现的产品优势对客户进行劝说。例如：

“您提出的产品质量和售后服务要求，我们公司都可以满足。您可以亲自感受一下产品的质地和制作工艺……我们公司为客户提供的服务项目包括很多种，如……”

在强化能够实现的产品优势时，销售人员必须注意以下两点：

（1）销售人员应表现出沉稳、自信的态度，而且必须保证自己的产品介绍实事求是。

（2）介绍产品优势时必须围绕客户的实际需求展开，要从潜意识里影响客户，让客户感到这些产品优势对自己十分重要。例如：

“拥有一件这么有品位的产品肯定会让周围的朋友羡慕您的。到时候，您一定要推荐他们到我这里来购买哟！”

或者：

“现在签下订单的话，明天早上您就可以邀请朋友一起联网了。我们不仅免费送货，而且还可以免费为您开通……这么有个性的键盘是为这种型号的电脑专门配置的，这是目前市场上最新款的个性键盘。”

2. 淡化难以实现的客户要求

无论推销人员多么努力地向客户表明产品具有的各项优势，可是聪明的客户很快就会发现，你推销的产品必定会在某些方面达不到客户理想的产品要求。此时，要主动出击，以免客户步步相逼而使自己处于被动地位。

当产品价格达不到客户要求的水平时，你可以采用以下三种方法来弱化客户的异议：

（1）化整为零法。这是专门针对价格异议的一招。化整为零法是指在客户认为价格太高、一次付款太困难的情况下，电话销售人员可以与客户一起计算，把较高的价格按照产品的使用寿命或按份额进行分摊，这样客户就比较容易接受分摊后的价格了。在德国柏林某个街头的广告柱上写着这样一段话：“这个地段租金每天为0.56欧元。”这块广告牌可以给许多推销人员以提示。

客户：“我觉得你们的产品价格太贵了。”

电话销售人员：“我们的产品是比其他厂家的贵一点，可它是高浓缩的，一瓶可用一年多呢，折下来您每月只需花不到三元钱。而且，最关键的是，我们的产品通过了国家质量认证，不含任何有毒有害物质，您用起来更放心。”

客户：“嗯！是这么回事，那好吧，就买你们的啦！”

（2）只提差价法。这种方式适用于很多推销场合。例如：

“只要多付500元，您就可以享受地道的爱尔兰风情。”

或者：

“您提出的价格只能获得比这个小三号的沙发，可是那样的话您的客厅就显得不够气派了，只要多付1500元，您就可以让您的整个房间提高一个档次，何乐而不为呢？”

（3）转换角度进行比较。此方法要求销售人员对自己的产品有着相当程度的

理解，而且这种理解必须符合大多数人的生活习惯。例如：

“这种款式的车虽然耗油量大，可是从它与同类型车的比较中不难发现，如果把其他车高出的价格用到这款车的耗油上，您就已经节省了两年的油钱！”

或者：

“您只要每天少抽一支烟，这个产品的钱就出来了……”

适时提出有价值的建议

当你锁定目标客户的时候，一定要记住，你不是向他推销什么东西的，而是为客户解决问题的。因此，在你与客户进行电话沟通的时候，要了解客户比较关注的问题，然后适时提出有价值的建议，这样就可以让对方打开话匣子，谈话也不会变得被动。

下面是某金牌销售员在卖场中与某客户的一段对话，在电话销售中值得借鉴：

客户：“我要送给男朋友一条领带，但是又不太懂，听说有很多讲究，您可以帮我挑选一下吗？”

销售人员：“很高兴为您服务！请问，您男朋友平时喜欢穿什么颜色的衬衫和西装？另外，他的肤色是怎样的？”

客户：“他平时喜欢穿……”

销售人员：“那您看看这几款怎么样？这几款领带都是……”

客户：“我看这些都不太好看，还有其他的吗？”

销售人员：“当然有了，您看这边……”

客户：“这边的不错，但是我不知道哪一种更合适，您看呢？”

销售人员：“我觉得这三种图案的领带都不错，主要看您最喜欢哪一种，相信您看中的，男朋友也不会有多大意见的。况且，如果感觉与衣服搭配不合适的话，您还可以带他本人来换……”

这位客户觉得说得很有理，就选择了一条自己比较喜欢的领带，没过几天，这位客户又带着她男朋友来到了这家店，购买了西装和领带。

从上面的例子中可以看出，在与客户沟通时，不要硬往客户手中推产品，应根据客户的真正需要提出一些有价值的建议，这样才能与客户长期合作。

提建议要针对不同类型的客户

不同类型的客户，需求信息是不同的，对不同类型的客户给出恰当的建议可以达到事半功倍的效果。

1. 对自己的需求比较模糊的客户

这类客户认为自己需要的某些产品或服务并不一定适合他们，而有时他们先前不看好的产品或服务可能才真正可以满足其需要。对于这类客户，销售人员应该根据客户实际需求在沟通中认真加以分析，然后提出最符合客户需求的建议。例如，下面是一位客户与电话销售人员沟通之后来到现场挑选家具的情景：

客户："我觉得那套黄色木质家具看起来比较大方，而且我一直比较喜欢木质的东西……"

销售人员："请问您家的客厅有多少平方米？如果房间太小的话，您不妨考虑旁边那套比较小巧的家具……"

客户："我家客厅有30平方米左右，应该能放得下……"

销售人员："您看一下这套家具的宽度，是不是放在30平方米左右的客厅里空间太狭窄了？其实主要是因为这个厅比较大，所以很多人一进来就相中了这套家具，实际上这套小巧玲珑的家具更适合年轻人的特点，而且价格也比刚才那套低得多……"

客户："也是。那好吧，我就拿这套了。"

上面的销售人员就是真正站在客户的立场上，完全为客户着想，最后达成了交易。

2. 对所需产品或服务完全不明确的客户

绝大多数客户并不像销售员那样拥有一定的专业知识，特别是那些对产品不是很了解的人，当他们表现出不明确的产品或服务需求时，销售人员要告诉他们哪种产品最适合他，哪种购买方案能省钱。如果你提供给客户的建议合情合理，客户当然会感激你，他会想这是一家真正为客户着想的公司。当然，销售人员在给客户提供建议时，即使你认为自己的意见比较专业，也要在自信的同时保持谦虚，把最终的决定权留给客户，让客户自己去选择是否采纳。

销售人员："您好，这里是盛唐销售公司，请问您需要什么服务？"

客户："你好。我想购买你们公司近期推出的那台E30激光打印机。"

销售人员："看来您对我们的产品很熟悉啊，请问您购买这种打印机主要做哪方面的用途呢？"

客户："嗯，准备做文稿的打印。我们是出版社，平时有很多稿件要打印，

买台激光打印机会方便很多。”

销售人员：“哦，那对于图片打印有没有什么特殊的要求呢？”

客户：“没有，我们有另外打印图片的机器。买这部打印机就是为了打印文稿。之前使用的几台，效果都不太理想，主要是速度慢，而且比较费墨，不能满足我们大量打印的要求。”

销售人员：“是这样啊。我有几点建议想跟您探讨一下。”

客户：“请说。”

销售人员：“E30激光打印机其实主要是针对图片的大量打印而设计的。鉴于贵社的情况，只是用来打印文稿，而且希望打印速度较快，我推荐您购买我们公司的E20产品。它是专门为您这样需求的用户设计的。能够迅速打印大量的文稿，在文字打印的质量上也比E30有非常大的优势。而且价格上相对于E30而言，要便宜近500元。这样说来，您选择E20会更加合适一点。”

客户：“对。你说得很有道理。我之前是不太了解情况，看到电视广告上推销E30比较好，而且E20做的广告不是很多，所以才会打电话来指定要E30。”

销售人员：“没有关系。您能采纳我的建议我感到非常荣幸。我的工作就是根据客户的需求来推荐产品，能让您满意我感到很高兴。”

客户：“好的。那我就要E20了。你给我填下订单吧。我马上就要。”

3. 由于警惕不愿意直接邀请销售人员帮助的客户

对于这类客户，销售人员应认真分析，通过巧妙的建议让客户放松警惕，接受自己的帮助。例如：

销售人员：“您觉得哪种款式更好一些？”

客户：“我还要再想一想……”

销售人员：“您一定看过很多家产品了吧？坐在这里边休息边看如何？”

客户：“好吧……”

销售人员：“您是要放在家里还是办公室里？喜欢哪种颜色……”

客户：“我自己家里用的，我比较喜欢……”

销售人员：“根据您的描述，看来××型和××型的都比较适合您，您可以过去试用一下，这两种款式的产品放在您家里一定很温馨，以后您就再也不用担心……”

总之，不管是对哪种类型的客户，销售人员都要注意以下几点：

（1）在对客户提建议的时候，千万不要强迫客户服从你的建议，应记住最后的决定权在客户手中。

（2）为客户构建一个梦想，增加一些感性描述，继而激发客户的购买欲望。

（3）多用积极性语言，尽量避免负面的、消极的表达方式。

（4）告诉客户一旦使用不合适时的解决方法，解除客户的后顾之忧。

提建议的禁忌

给予顾客真诚、合理的建议有助于成交，但一些不合情理、别有用心的建议不但对成交没有帮助，还有可能导致前功尽弃。需要避免的建议方式有以下几种：

（1）为了追求一时的销售额，不考虑客户的实际需求，怂恿客户购买大大超出他们需求的产品或数量。

客户：“那我就订一件 ××。”

电话销售员：“一件怎么够用呢？我这里还没有一件一件地卖过呢。别人都是一箱一箱地要，如果您要不了一箱的话，那就来一打吧……”

（2）只求最贵，不管是否符合客户特点，花言巧语地劝说客户购买价格最高的产品。

客户：“这两个价格不同的产品在质量上有什么区别吗？”

电话销售员：“当然是这种价格高的质量好了，实话说，其他那些低档产品都是配合这种产品销售的……”

（3）瞄准客户需求谎报产品价格，客户看中哪件产品就把哪件产品的价格往高提。

客户：“我之前看过的那款 S-008 挺不错。”

电话销售人员：“您的品位真高，您看中的那款是最新款……是这批新款服装中成本最高的……”

客户：“你刚才不是说我刚问的另一款进价最高吗？”

（4）恶意攻击竞争对手，甚至还攻击购买竞争对手产品或服务的客户。

客户：“听说 ×× 品牌的产品质量更好……”

电话销售人员：“那全是因为他们的广告宣传做得好，知道他们为什么在广告宣传上投入那么多的钱吗？正是因为他们的产品质量出现了问题，现在仓库里堆满了残次品……”

客户：“可是为什么有那么多人购买他们的产品呢？”

电话销售人员：“现在就有一些人什么也不懂，只知道相信广告，这种人活该上当……”

上述的那些不真诚的建议会使客户造成严重损失，当然，这些销售人员终究会遭到客户的抛弃，只有那些真心诚意为客户着想、全心全意考虑客户实际需求，适时提出有价值的建议的销售人员才能得到客户的信赖。

请有影响力的人帮忙

让有影响力的人提供帮助几乎是所有销售策略中被广泛认同的、成效最高的一种策略，所以，如果电话销售人员的销售存在困难，那么最好的方法便是找到对客户有影响力的人提供帮助。

请有影响力的人帮忙的必要性

每一个客户都有“怀疑精神”，他们不会轻易相信一个电话销售人员的话，他们或许会固执地认为销售人员只不过是为了自己能够赚点钱，根本不会接受电话销售人员的建议。而如果电话销售人员能够找到相关有影响力的人，请他们帮忙推荐的话，效果就会大大改变，你的成功交易率将上升很多。事实上，电话销售人员也可以适时表明是客户比较熟悉的人提供的信息，或者是他们介绍的。在这样的情况下，客户就会根据情况慎重考虑，即使他们要拒绝电话销售人员，对于这些有影响力的人物的建议也会适当考虑一下的。

小陈是某证券公司的电话销售员，他手中的客户资源是最多的。因为小陈每接触一位客户的时候，都会问客户是否对自己的服务满意，是否有朋友或亲人也想炒股，对小陈服务满意的客户一般都会给他推荐一个朋友，这样小陈就不用担心自己的客户来源了，并且到小陈这开户的人也越来越多。小陈也不必像其他销售员那样每天毫无目的地去拨打电话。

谁是比较有影响力的人

哪些人物才是比较有影响力的呢？大概可以分为以下两类：

1. 现有的客户

电话销售人员手上现有的客户也许是第一类有影响力的客户。这类客户在同行中都有较广的联系。而很显然，假如一个人能够成为你的客户，那么这个人的同行至少也应该是符合你的客户标准的。那是一块很大的市场，只要你紧紧抓住某个人，使他乐意推荐你，那么你成功的概率将很高。例如：

电话销售人员：“王先生，我是××证券公司的李小明，您的好友王新觉得我们公司的服务很好。希望您有机会了解一下，也许您会对我们的服务有兴趣。您有时间吗？”

客户：“有时间。有些什么服务啊？”

从上面的对话中，可以看出客户没有抵触情绪，很乐意与电话销售人员交谈，自然，成功交易的概率就很大了。

现有客户还可以通过其他很多的方式帮助你，比如，跟你交流行业信息，直接带你见客户等。毕竟在一个行业里，相互交流是非常正常的。

在进行推销时，如果电话销售人员与客户双方合作愉快，可以有意识地请现在的客户为自己推荐可能购买同种产品或服务的准客户，以建立一条无限扩展的链条。当然，电话销售人员首先要判断自己的产品是否适应此法。如果电话销售人员推销的是一些无形的产品，例如旅游、保险、教育培训等，那么这种方法是最适合不过的了，只要获得了第一个推荐人的信任，同时考虑到推荐人的声望和影响力，那么这种帮助是非常大的。

2. 完全核心人物

完全核心人物是那些在各自的领域有很大影响力，拥有资深背景而且受人尊敬的人，如果电话销售人员在某一特定的推销范围内发掘出一些完全核心人物，那就再好不过了。

要是可以与这些核心人物保持紧密联系，那么就可以在其协助下把该范围内的个人或者组织都变为电话销售的客户了。请看下面这样一段对话：

电话销售人员：“您好，是李厂长吗？我是××管理咨询公司的电话销售员，我叫李杰。”

客户：“你好。找我有什么事吗？”

电话销售人员：“是这样的，您的朋友——××公司陈总经理，前段时间在我们这儿做了库存管理培训计划，我们对他公司的具体情况进行了分析，并为他设计出减少库存量的方案，他觉得很好。在我们对他进行回访的时候，他提供了您的电话给我，说您也有这方面的需要。我打电话给您，就是想了解一下您的具体情况。”

客户：“是这样啊。我们工厂确实在库存方面存在一些问题，现在也正着手解决。但是我们已经跟一家管理公司接触了。不过既然陈总经理都说你们的培训和计划不错，我可以考虑一下。”

电话销售人员：“谢谢您对我们的信任。我想知道您究竟需要一些什么样的需求。对贵厂的具体情况了解之后，我才好给您设计培训课程和计划。”

客户：“我们厂的库存问题跟××公司的差不多，你对他们那边有了解吧？”

电话销售人员：“那就太好了，我们对他们公司了解得非常详细，我大概可以给您一个计划的轮廓了。那您明天上午有时间吗？我们谈一下具体的细节。”

客户：“好的，到时我会叫车间主任与你详谈。”

电话销售人员：“好的，谢谢。”

从上面的对话中可以看到，通过说出有影响力的人的名字，电话销售人员可以迅速取得对方的信任，消除客户一些可能的疑虑。这样也可以迅速打开局面，不做无谓而没有力度的说明。

其实，与电话销售人员通电话的客户本身也是一个有影响力的人物，有他把电话销售人员介绍给下属，成交的可能性就大大地增加了，也会避免在合作中可能产生的一些麻烦。

第8章

多管齐下，说服客户的沟通技巧

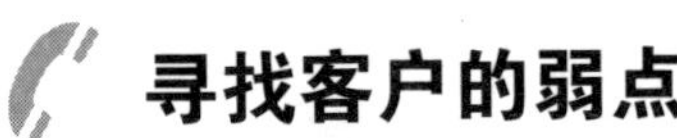

寻找客户的弱点

当电话销售人员遇到一个态度十分强硬的客户时，应该怎么办？是知难而退还是死缠烂打？其实，遇到这种情况时，应该静下心来认真地思索事情的突破口，寻找客户的心理防守弱点。那么，什么是客户的弱点呢？

抓住客户“不想错过”的心理弱点

当电话销售人员形象地展现出自己产品的优势时，会让客户暴露出“不想错过”的心理弱点，引起购买的欲望。

小陈是某公司的电话销售人员，他推销的产品是汽油，通过收集资料，他发现了一位潜在客户，该客户在市郊一个小镇上拥有一家小型加油站。有一天，小陈去拜访了这位客户，下面是他们的一段对话：

小陈：“先生，您好，我不得不告诉您，如果您不想听我的意见的话，您的厄运即将来临，而如果您采纳我的意见的话，您可能获大利。”

客户：“您有什么事吗？我不明白您说什么？”

小陈：“是这样的，先生，我为您准备了两货车汽油。”

客户：“对不起，我现在不需要任何汽油，我也没有地方储存这么多汽油。”

小陈：“先生，我建议您不要错过这样一次好机会。您大概还不知道，市场的油价马上就要上涨，这个消息不是很多人都知道的，您早点储存汽油，获利更多啊。另外，您现在买的话，我们还有优惠呢，我想没有人会错过这样一次机会吧？”

客户：“你又是怎么知道的呢？你自己怎么不赚呢？”

小陈：“我是做这一行的，当然对行情的走势比较清楚。我之所以告诉您，是因为我们公司想做更大的生意，大公司薄利多销，但是您的加油站就不同了……也许您这一次获利就可以顶您半年的利润啊，您怎么能错过这样一次机会呢？”

客户：“让我再想想吧，我确实不知道把汽油存放在哪里。”

小陈：“您可以租地方啊，这样的机会不能眼睁睁地看着它溜走啊！”

客户：“你让我再考虑考虑吧。”

过了一天，客户就给小陈打电话了，告诉他已经租好了一个地方存放汽油，就这样，小陈顺利地把汽油推销出去了。

每个商人都有求财的心理，想扩大自己的产业，但是又害怕风险，事例中的小陈就是分析了客户这种患得患失的弱点之后，主动进攻，最后获得了胜利。

利用客户内心的担忧

任何人心中都有担忧，有些人习惯掩饰自己的担忧，想要成为一名成功的电话销售人员，就应该深入了解客户的担忧，这样才能利用客户的担忧，成功推销产品。如下例所示：

电话销售人员：“您好，我是××保险公司的业务员，我想向您介绍一下人身保险和教育保险。”

客户：“笑话，我们做警察的还要买人身保险？要是大家都有你们保险公司保障了人身安全，还要我们警察做什么？”

电话销售人员：“我知道警察是保护人民安全的人，我也很佩服你们，不过人身保险是关于人的身体本身、人的健康、人的生命的保险。”

客户：“哦，这样啊。”

电话销售人员：“您有没有想过，‘天有不测风云，人有旦夕祸福’，万一有那么一天呢？您的孩子要读书，靠您的妻子一个人怎么办呢？”

客户：“也不是我没想过，只是我觉得自己不会那么倒霉。再说，保险费要交不少，要是没病没灾的，不就等于白交了吗？”

电话销售人员：“可是，没有人能够保证自己没病没灾啊。我们的保险费都是分月交的，一个月就一两百元，这样您的压力就小了。前几年你们单位的一位老同志因病去世，幸亏他十年前就开始买保险，后来获得了30万元的保险金，这样孩子读书也不用愁了，一家人生活也不太艰难。”

客户：“那你能不能给我介绍一下你们的产品呢？”

电话销售人员："我这里有保险计划书，我等会儿给您送过去，好吧？"

客户："那好，麻烦你了。"

上例中，在电话销售人员的步步逼近中，客户的担忧最终使自己软了下来，说出了自己内心的真实想法，电话销售人员也因此真正帮助客户想出了解决的办法。

引发客户的情感共鸣

有些电话销售人员为了说服客户促成交易，与客户交谈时好像闹钟上紧了发条一样，根本不顾客户的感受，夸夸其谈，甚至打断客户的话，没完没了地发表自己的"高见"，而这只能让客户感到很无趣。销售人员说服客户一定是在沟通中完成的，只有展开互动，把话说到客户心坎上，引发客户的情感共鸣，才会让客户不由自主地将推销员视为"自己人"，才会使客户"爱屋及乌"，对你所推销的商品充满好感。

与客户产生共鸣的好处

与客户产生共鸣不仅是一种方法，也是一种态度，它能使电话销售人员在高贵的人面前不显得低俗，在低俗的人面前不显得高高在上，它既能消除客户的戒备之心，又能从内心拉近客户与电话销售人员的距离，产生对电话销售人员的信任。

小云是某电动针织机厂的电话销售人员，这是她拜访一位客户时的对话：

小云："您好，我是××电动针织机厂的小云，上次我给您打过电话，今天来是想问问您是否需要看看我们的机器？"

客户："哦，是你啊。你大概还不知道我们家的境况，我们是这个小区里的困难户。"

小云："我知道您不容易，您和您的先生下岗之后不要厂里一分钱，自谋职业养活自己，还要供孩子读书，实在是不容易啊，我真心佩服你们。也许您觉得我只是一个只想赚钱的销售员，不在乎我的看法。"

客户："我没这个意思。我怎么会不相信你呢？"

小云："其实，我们这个机器就是为您这样有困难的下岗女工量身定做的。您如果用这样的针织机制作毛衣，操作很简单，效率可提高不少。这样，孩子的

学费就有了着落，先生在外面就不要那么辛苦了，不是吗？”

客户：“你说得没错，我也希望为丈夫分担压力啊。可是现在确实没有这么多钱买这个机器。”

小云：“您放心，在价格方面我们一定会给您优惠的，到时成本也会很快赚回来。您说呢？”

客户：“那你留下联系方式和地址，明天我给你回复。”

小云：“行，没问题。希望以后能再见面。”

第二天，客户给小云打电话，准备先凑钱，再购买针织机。

客户的购物过程，从某种程度上来说并不是买产品的过程，而是寻求认同的过程，没有一个客户会喜欢自己被销售员否定、反驳、批评。不管自己的观点是怎样的，他们希望自己被接受、被肯定，然后才会心平气和地去考虑接受销售员，最后才是这个销售员所推荐的产品。

在上面的事例中，小云成功的原因在于她能把客户当成自己的亲密朋友，真诚地给予客户最起码的肯定，并想客户之所想，虑客户之所虑，引起了客户的情感共鸣，从而实现了成交。

所以，要引发客户的情感共鸣，就要给予客户最起码的肯定，让客户知道你是和他站在同一条战线上的，你和他有相同或相似的观点、想法、情感。哪怕是客户的观点与你的相去甚远，不利于成交，你也可以笑着说：“是啊，以前有位客户也这样认为。”如果你想扭转客户的观点，就可以紧跟着接上一句：“他还专门尝试过，结果发现用另一种方式更有效。”

与客户产生共鸣的关键

与客户产生共鸣的关键是以客户的想法为出发点，客观地对客户的内心感受及内心世界表示理解。如下例所示：

电话销售人员：“您好，我是××涂料厂的销售员，我想向您介绍一下我们的产品。”

客户：“不好意思，我们暂时不需要采购原料，现在也没有什么时间和精力来管这个事情。”

电话销售人员：“请原谅打扰您了。我能够理解经理您的处境，像您这样带领几百人，实在是难啊，人与人的协调，各个部门的协调，都要顾及。”

客户：“是啊，每天要处理方方面面的事情，心累。”

电话销售人员：“其实，我一直想见到您，讨教一下您成功的经验，可您总是太忙。”

客户："哪有什么经验啊，无非是多经历过一些人生的艰难罢了。白天在工地上劳动，太阳照得人睁不开眼睛，背上火辣辣地生疼，晚上一个人挤在很多人中间，睡不着想家的时候也不能哭，不能吵醒别人……这就是我的经验，没有比建筑工人更辛苦的了。所以只要工人有什么要求，我是会尽量满足他们的。"

电话销售人员："经理您真是个性情中人。难怪您公司上下能够那么团结一心，您的功劳很大啊。"

（客户沉默了十几秒）

客户："你有没有上好的仿瓷涂料？我们下个月有个项目就要开工了。"

电话销售人员："有啊，要不我等会儿把产品介绍书给您送去。"

客户："行。"

过了半个月，经理的助理打电话过来说，已经接受了他们的产品。

上面电话销售人员的每一句话都激发了客户，让他说出自己的内心感受，电话销售人员的语言也富有人情味，自然就引起了客户的共鸣，让客户相信了他的真诚。

卸载客户的压力

电话销售过程中，电话销售人员的压力毋庸置疑，但是，应该明白，客户也是存在压力的，甚至是比电话销售人员更大的压力。

客户压力的来源

客户的压力在哪里呢？主要包括以下几种情形：

"电话骚扰"带来的烦恼、犹豫的压力；

接听电话后，由于各种原因不能满足销售人员的期望，会产生愧疚的心理压力；

销售人员"间谍、审判官"似的搜刮信息，会形成透露公司秘密的压力；

……

这些压力无时无刻不在考验经办人或相关人员的心理素质，质问他们的良心。为什么有些人与其沟通非常愉快、顺畅，有些人与其沟通却停步不前，不欢而散？这说明电话销售人员没有适当减轻客户的心理压力。

化解客户压力的关键

化解客户压力的关键就是要了解你的客户，了解你客户的处境，站在客户的角度来考虑问题，在与客户沟通的时候，设法卸载客户的心理压力。如下是电话销售人员卸载客户压力的成功范例：

小李是某公司的电话销售人员，下面是他与一位湖北客户沟通时的一段对话：

小李："您好！张总。"

客户："您好。您是哪位？"

小李："我是李明。您出差回来了啊？"（在与张总进行电话沟通前，小李已经了解到张总出差了，大概是在此时回武汉）

客户："是的。"（客户对小李如此准确地掌握了他的行程感到有点诧异）

小李："您最近都在忙些什么啊？"

客户："哎！近期在忙着带个班，是关于客户经理的。"

小李："我们做培训的都很累，忙着里里外外、上上下下的，只要一个地方不顺畅，工作就很难做。"

客户："你说的是，确实很累。你是在哪里做培训啊？"

小李："我的老板是××咨询管理公司的杨清。"

客户："哦。"

小李："你们讲师讲得好吗？谁讲的？"

客户："讲得非常好，我们是请××人寿的销售冠军讲的，原来她是××保险的销售冠军，很出名的，你应该知道吧！"

小李："我听说过此人，但还没有与她打过交道，很想认识下她。"

客户："你是应该认识她。你找我有什么事情？"

小李："我给您打电话的目的是想和您建立起伙伴关系，即使现在没有合作也没有事，最主要的是我能为您在工作上带来方便，能够在相关业务方面提供支持。我们都是做培训的，应该互通有无，共同提高……"

客户："啊！你这句话说得我太舒服了。有很多咨询公司打电话过来，问这问那的，没有需求也要逼着我弄个需求来，弄得我压力非常大。"

小李："是吗？谢谢您这么说。希望有机会能跟您合作。那您明天有时间吗？我们见面谈谈啊？"

客户："有时间，那到时见啊。"

事例中的小李通过为客户减压赢得了客户的心。其实，为客户减压的同时也为自己留了后路，一味地去盘问和索取，结果只能让客户厌烦。所以，要与客户进行心灵的沟通，这样客户才会乐意与你合作。

向客户提问的技巧

电话销售人员要想了解客户的需求，获得更多的信息，只有通过提问才能达到这一目的。因此，在电话销售中，怎样提问非常重要。下面介绍几种提问的技巧和方法。

开门见山法

所谓开门见山法，就是电话销售人员如果遇到不明白的事情或想了解某一问题时，直接向客户提出疑问，打他个措手不及，然后“乘虚而入”，对其进行说服。该法是电话销售人员经常采用的一种提问方法。

这种方法的优点是省去了很多不必要的环节，可以明确了解到对方的情况。但是，使用开门见山法也要注意场合，对于一些敏感或避讳的话题，不适宜采用这种提问方法。

下面是一个开门见山法的成功范例：

电话销售人员：“请问您家里有高级的果汁搅拌机吗？”

客户：“我们家有一个果汁搅拌机，但不知道是不是高级的。”

电话销售人员：“我们这有一款高级的，您可以了解一下。”

客户：“什么是高级的啊？”

试想一下，如果电话销售人员改变一下说话的方式，一开口就说：“我是××公司的电话销售人员，想问一下您是否愿意购买一台新型的果汁搅拌机？”这样说话的推销效果会是怎样的呢？

连续肯定法

所谓连续肯定法，是指电话销售人员以预先设定的问题引导客户做出肯定的回答，使其连续回答“是”，等到最后签单时，便会造成有利的情况，好让客户再做一次肯定的回复。

连续肯定法是把客户的注意力约束在你的问题中，通过提问，得到客户的认同。其句型是：陈述一件事情之后，加上一个反问句。如下例所示：

电话销售人员："提高贵公司的营业额对您一定很重要，是不是？"（很少有人会说"无所谓"）

电话销售人员："正因为如此，我想向您介绍我们的新产品××，这将有助于达成您的目标，让您的日子过得更加舒适。您很想达成自己的目标，对不对？"

就这样运用连续肯定法，让客户连续说"是"，最后达成交易。此外，这种方法的实施要求电话销售人员必须具有敏捷的思维能力和准确的判断力。每个问题的提出都要经过仔细思考，特别要注意双方对话的结构，使客户沿着电话销售人员的意图做出肯定的回答。

反馈式提问法

反馈式提问法，是指如果电话销售人员想进一步证实客户所做的答复是否是真实意思的表示，确认对方的态度是否明确，可以针对对方的话语进行反馈式提问。

采用反馈式提问法，首先要肯定对方的见解，然后在此基础上，用提问的方式说出自己要说的话。如下例所示：

客户："目前我们公司确实需要这种设备。"

电话销售人员："是啊，如果您感到使用我们这种设备能节省贵公司的时间和金钱，那么还要等多久才能成交呢？"

电话销售人员及时地接过话头，使客户自然地签下了单。

刺猬式提问法

所谓刺猬式提问法，是指电话销售人员用一个问题来回答客户提出的问题，用自己的问题来控制与客户的洽谈，把谈话引向销售程序的下一步。值得注意的是，电话销售人员提出的问题必须使客户能答得上来。刺猬式提问法是一种很有效的提问技巧。如下例所示：

客户："这项保险中有没有现金价值？"

电话销售人员："您很看重保险单是否具有现金价值吗？"

客户："那倒不是，我只是不想为现金价值支付额外的金额。"

对于这位客户，如果你一味地向他推销现金价值，就会把自己推到河里去一沉到底。这个人不想为现金价值付钱，因为他不想把现金价值当成一桩利益。这时你该向他解释现金价值这个名词的含义，澄清他在这方面的认识。

限制选择提问法

所谓限制选择提问法，是指电话销售人员在提问的时候，通过给出两个选择范围，从而缩小对方选择的一种方法。例如：

电话销售人员："那么，我们是明天上午见，还是明天下午见呢？"

或者：

电话销售人员："您是要一台还是两台啊？"

在使用此法时，最好能让自己提的问题更明确、更具体，这样效果会更好。但是在运用此法时也须谨慎，一般应在已经充分掌握主动权的情况下使用，否则将达不到预期的目的，弄不好还会使电话销售谈判陷入僵局。

商讨式提问法

所谓商讨式提问法，是指电话销售人员用协商的语气向对方发出提问，征求意见。例如：

电话销售人员："您看我们就这样定下了，好不好？"

使用此法会使客户感到你对他的友好和帮助，即使对方不同意你的建议，也会使你和客户之间建立起融洽的关系，以利于下一步沟通的顺利开展。

陈述产品后的应对策略

电话销售人员的一项重要职责就是在产品陈述和达成交易前确认潜在客户的购买动机。很多电话销售人员能够做到这一点，但是，也有不少人在试图成交的时候遇到来自客户方的阻力，如果遇到这种情况，很有可能失去这笔交易。那么

怎样应对来自客户方的阻力呢？下面介绍四种应对技巧：

减缩性反应

如果电话销售人员的潜在客户对你所推销的产品或服务已经有了一定的认识，但是由于对产品价格和数量的担忧，他会十分警惕你的成交协议，那么这时候，电话销售人员就可以考虑使用减缩性反应的策略。比如可通过类比等方法，让客户意识到自己的购买行为并不是孤立的，放松对电话销售人员的警惕和敌意，缩减对电话销售人员的疑虑和不信任感，减缓销售过程中的紧张心理，缩减对产品价格或数量的不合理预期，最终促成交易。如下例所示：

客户："我还是觉得你这个产品的价格太高了！"

电话销售人员："先生，对于你的犹豫，我十分理解。毕竟1000元也不是一个小数目。但是你要了解，你目前的反应跟我们很多客户最初的反应是一样的，他们在了解了产品的良好性能和公道的价格前也是这样。"

将来性反应

如果电话销售人员已经让潜在客户对自己所陈述的每一个细节都深信无疑，但是你与客户的交易还是难以达成，那么你就可以使用将来性反应的技巧。这种方法对你完成交易是很有帮助的。但是该技巧的使用是有前提的，电话销售人员只有在确认潜在客户真的想要与你合作的情况下才能使用该种技巧，如果电话销售人员在其他场合试图使用这种方法，就会给客户留下强人所难的印象，如果是这样的话，自然交易会失败。以下是一个成功的例子：

客户："你说的有道理，我再考虑一下。"

电话销售人员："先生，我们使用这种包装的一个原因就是这样可以固定成交的价格，因为，记账员似乎每过一个月就要提高我们的价格，我知道你们不愿看到这种事情发生。现在，我可以向你们保证价格不变，你们觉得是不是可以成交了？"

激励性反应

在激烈的竞争中，如果电话销售人员想找到一位大客户，或者是想在第一次推销中就成交一笔大交易，那么就可以尝试一下激励性反应。如下例所示：

电话销售人员：“先生，正如你所了解的那样，我深信我们的产品将会提高你们的工作效率，带来更多的利润。所以，我现在努力要达成协议的目的就是要向你证明这一点。如果你决定使用我们的产品，我们会考虑给你们第一年免费服务的优惠，你觉得怎么样呢？”

客户：“是吗？我可以考虑一下。”

赞同式反应

电话销售人员在陈述产品之后，强调所推销的产品已经得到了别的客户的赞同，能让眼前的潜在客户放心并成交。如下例所示：

电话销售人员：“先生，正如我们先前提到的，××公司对我们的产品也相当满意，我们可以安排一次电话会谈，这样你就有机会亲自听听他们对该产品的看法。你觉得呢？”

客户：“好。”

电话销售人员在运用上面这些策略时，一定要记住，你的目标不是要打败你的潜在客户，而是在前期努力的基础之上与对方建立合作伙伴关系。因此，电话销售人员在说话时一定要保持专业性和亲切感。

另外，在推销过程中，应该采用一种严格的、不懈的、专业的方法。永远不要忽略潜在客户的购买动机。应尽量使用能够反映客户购买动机的言辞来陈述你的产品和服务的优良特性。

用利益拴牢客户

销售员一定要明白，自己卖的不是产品，而是产品带给客户的利益——产品能够满足客户什么样的需要，为客户带来什么好处。

找准客户的利益点

趋利避害是人的本性。当你明明白白地让客户感受到，你的产品将给他带来哪些实实在在的好处时，客户也就会心甘情愿地接受你的产品了。为此，乔·吉拉德曾提醒专业的推销员：最主要的工作就是找出客户购买此种产品的主要诱因

是什么，以及客户不购买这种产品最主要的抗拒点是什么。

一位高压锅推销员向一位老太太推销高压锅，推销员告诉老太太使用高压锅怎么怎么方便，可是这位老太太还是摇头。最后老太太才告诉这位推销员不买高压锅的原因，老太太一直认为高压锅很费电，他们家里的电费很贵。听了老太太的话，推销员和这位老太太算了一笔账。

六口之家用高压锅，每天可节省一块半煤，相当于1毛钱，这样每年就可节省36元。高压锅按国家规定的标准可用8年，这就是说，使用高压锅，不仅省时、省事，节省的煤钱就达300元，而我们的高压锅才卖70元。

当然，最后的结果是，老太太听了推销员的介绍后，感受到了实实在在的好处，从而决定购买这位推销员的高压锅。

在销售过程中，我们推销员所销售的每种产品以及所遇到的每一个客户，都有自己的利益点。而我们最重要的工作，就是在最短的时间内，找出那个利益点在哪儿，然后将客户的注意力完全集中在这个利益点上。那么客户的抗拒自然就化解了。

客户最关心的利益点

面对品牌知名度、性能、价格、质量等都差不多的众多竞争对手，推销员该怎么做才能让客户感觉到你的产品更“动人”呢？简而言之，怎么用利益打动客户呢？推销员向客户提供的利益包括几个方面：

1. 安全、安心是客户使用产品最关心的利益点

满足个人安全、安心而设计的有形、无形的产品不可胜数。无形的产品如各种保险，有形的产品如防火建材。安全、安心也是客户选购产品时经常会考虑的因素之一。一位销售小孩玩具的推销员提到，每次有家长带小朋友购买玩具时，由于玩具种类很多，很难取舍。但是只要在关键时机，巧妙地告诉家长，某个玩具在设计上是如何考虑到玩具的安全性时，家长几乎都立刻决定购买。

2. 产品也能给客户带去利益

产品利益既包括产品性能、质量带来的实惠，也包括品牌声誉带来的心理满足等。产品利益要能满足客户的需求。需求的满足有两种表现形式，一种是客户自己确定的需求被满足，一种是通过引导，使客户产生的另一种重要的需求被满足，前者是销售能不能入围的前提，后者则是销售成功的法宝。

3. 产品的象征意义也可成为利益点

“劳力士手表”、“奔驰汽车”虽然是不同的产品，但它们都满足客户象征地位的利益。整体形象的诉求，最能满足个性、生活方式、地位显赫人士的特殊需求。针对这些人，在销售时，不妨从产品的象征意义处着手试探潜在客户最关心的利益点是否在此。

4. **产品的适应性存在价值点**

随着电子技术的革新，现在许多企业都不遗余力地进行着工厂自动化、办公室自动化（OA）的发展。这些企业购买电脑、打印机、复印机、传真机等所谓OA产品的时候，普遍都以能否构成网络为条件而选择，这即是因系统化的理由而购买的例子。其他如音响、保安等系统化也都是能引起客户关注的利益点。

5. **借助品牌广告作秀**

通常人们认为好产品是广告上能看到、商场里能买到的产品，因此，用公司打出的市场宣传广告为自己的推销佐证，不失为推销员的一个策略。一个好的品牌给人一个好的第一印象，唤起好的联想。好的形象主题陈述以简洁的一句话告诉受众产品是用来做什么的，企业是做什么的，它可提供什么益处，以及它与竞争者的区别，为什么它比竞争者更好。客户都愿意和品牌形象好的企业打交道。

6. **公司的品牌形象价值千金**

如何以公司的品牌作秀？推销员可以在拜访客户时，向客户介绍公司的规模、实力、在行业中所处的地位、信誉、发展历程、企业文化等内容。此外，还要做到：给客户寄送内部刊物，让客户感受企业的荣誉和进步，加深客户对企业的了解；在内部刊物上宣传报道客户的优秀事迹；刊登客户的工作照、家庭照；在客户中进行有奖征文活动等；开展联谊活动，如组织球队进行比赛，或共同举办演出活动等；邀请客户到企业参观，到企业所在地旅游或参加会议。

7. **产品的性价比动人心**

产品的性价比就是产品的性能值与价格值之比，是反映物品的可买程度的一种量化的计量方式。很多客户都把性价比看成是选购产品的重要指标，若是你的客户对价格非常重视，你就可向他推荐在价格上能满足他要求的产品，否则只有找出更多的特殊利益以提升产品的价值，使他认为值得购买。

8. **产品的独特利益吸引人**

向客户提供竞争对手所没有的利益，用独特的利益吸引客户。比如：您每天都要和国外各分公司联络，因此使用传真机的速度快，能节省大量的国际电话费；牙膏有苹果的香味，闻起来很香，让您家的小朋友每天都喜欢刷牙，可避免牙齿被蛀；这双鞋是设计在正式场合穿的，但鞋底非常柔软富有弹性，很适合步行上下班的您来穿……推销员要从产品、服务、客户交往等方面用与众不同的方法，为客户带来更大的利益。

需要强调的是，客户的独特利益是需要推销员去发掘的。而能找出产品的特性及优点，满足客户的特殊需求，或解决客户的特殊问题，这个特点就有无穷的价值，这也是推销员存在的价值，否则根本不需要有推销员。而推销员对客户最

大的贡献，就是能够让客户明白购买产品的最大价值并得到这些价值。推销员要做的是从探讨客户购买产品的理由、找出客户购买的动机、发现客户最关心的利益点出发，为鱼儿制出不同的香饵，从而钓得大鱼。

利益说服的技巧

用利益说服客户的技巧主要有以下三种：

1. 利益数字化

这是一个非常重要的方法，因为将产品利益数字化，或者特别强调数字，会使营销人员对产品的说明更清楚、明确且更具吸引力。

案例 1：

电话销售人员："李先生，您可以算一下，我们第一、第二年的贷款利率足足低了 3%，以您现在还有 320 万元的余额计算，第一年就可以帮您省 96000 元，第二年又省了 96000 元，两年就已经帮您省了 192000 元……"

案例 2：

电话销售人员："我们净水器的价格是很经济合理的，您试想一下，一般的品牌，每半年就要换两支滤芯，每次收费 3000 元，五年就要 3 万元；我们五年才需要 12500 元。所以，我们机器的价格虽然贵了 6000 元，但是，这样算一算还是省了 11500 元，不是吗？"

2. 利益比拟描绘

利益比拟描绘就是利用比拟方式将产品转化为客户的利益，激发客户想要去完成梦想的心愿，或者帮客户创造梦想等。

案例 1：

电话销售人员："李先生，6 年缴费完毕之后你可以领取 50 万元满期金，正好可以买一部汽车，完成你购车的心愿。"

案例 2：

电话销售人员："我了解李先生的意思，您认为现在加入我们这个计划，每一年只节省 6000 元，好像没有多少吸引力。只是我想提醒李先生的是，20 年下来，也有 12 万元的差距。更何况，如果您用这笔省下来的钱购买意外险的话，等于未来 20 年您额外增加了 500 万元的意外险保障……"

案例3：

电话销售人员："李先生，平时100元对您来说应该不会起到什么作用；每天100元，存了一个月便成3000元、一年36000元，相比之下对您来说还是没什么大用处，对不对？但是，您有没有想过，当您存了10年变成36万元的时候，这36万元可以帮您完成多少梦想或计划——到澳洲游学两个月，买部小汽车，贴补孩子出国留学的基金，或是全家到欧洲旅游……"

3. 对比法

如果说运用"利益数字化"、"利益比拟描绘"之后引发了客户的兴趣，接下来客户一定会分析他的付出与收获是否值得他投入。如果你提供的咨询无法让他很快且清楚地分析，或让他感受不到自己的付出是值得的，客户可能还是会选择拒绝你；就算没有拒绝你，他也会说"我再考虑考虑"。这时你应果断使用对比法。例如：

电话销售人员："我了解您的想法，虽然我们每个月要收100元会费，但是只要您每个礼拜来两次的话，一个月就可以省下3600元的入场费了。"

巧对"头疼客户"

电话销售人员经常会遇到一些"头疼客户"，不知道怎么去应对。下面将列出几种典型的"头疼客户"，并介绍应对这些"头疼客户"的技巧。

让人困惑型

这类"头疼客户"所说的话你根本就不明白，或者是他们使用一些你并不理解的语言和表达方式，抑或是要求电话销售人员回答问题，但怎么也说不明白的人。

对于这类客户，虽然他们所说的你一无所知，但是你还是要回答，不能回绝对方。

对这类客户可以采用以下技巧：

（1）回答问题采用模棱两可的方法，比如电话销售人员可以这样说：

"您能解释得再清楚一点吗？我不太明白您这个词表达的意思。"

“我不完全清楚您刚才指出的那个细节，我可以再查一查，等会儿我就给您回电话好吗？”

“我仔细考虑一下您提出的问题再给您打电话。”

（2）让对方认为你已经明白他所说的事情，然后放下电话立即打电话向能解释的人询问。

喋喋不休型

这类客户翻来覆去就那几句话，任凭销售人员再三讲解、保证，他还是唠叨个没完。每个人都喜欢有人听自己讲话，这类“头疼客户”无道理地占用你的时间，是“说个没完没了的人”，这类人往往意识不到自己给他人带来的不便。作为电话销售人员，不能由着他们瞎侃一番。对付这类客户的具体方法如下：

1. 提出问题

向这类客户问一些让他们集中思路的问题，以及可以引导谈话及早结束的问题，比如说：

“××先生，难道您不认为……吗？”

“……难道不是这样吗？”

“我们以……的方式开始工作，怎么样？”

2. 运用 PRC 技巧

PRC 技巧包括复述、思考和结束这三个简单的步骤，具体内容如下所示：

（1）复述，是指打电话的人开始反反复复时，电话销售人员要打断他说：“我需要确定一下我是否明白您说的话的意思。”

（2）思考，是指对谈话进行概括之后，电话销售人员要给客户说话或者思考的机会。

（3）结束，是指一旦对话者对你的概述表示满意时，你一定要结束谈话。

3. 安排倾听客户的时间

电话销售人员可以投入一定的时间倾听客户，安排 3 ~ 5 分钟或者用自己可以抽出的时间听客户说，不过一定要有个限度，而且不要向打电话者暴露这个限度。时间快到时给客户反馈信息，说明你明白了他的意思。

4. 对客户耐心一点

控制喋喋不休型电话，其中最重要的一点就是要有耐心。

暴跳如雷型

这类客户通常一接通电话就大吼大叫，想发泄一通，因为打电话给他们提供了一个机会，可以把一天积攒起来的怒火统统发泄出来。这种类型的客户发火可能不是针对你个人，也不是针对你的公司，而是因为某种外因引发了他的怒火。因此，电话销售人员需要学习一些平息这类客户愤怒的方法。

1. 任他发泄

平息打电话者的愤怒情绪，最快的方法是让他把气“撒出来”。不要打断他，让他讲，让他把胸中的怒气发泄出来。

除了或许可以说的“我明白”以外，你什么也不要说，直到对方在电话的另一头默不作声了，再试一试这些建议：向他表明你听明白了，替对方想一想，称对方的名字，听听弦外之音。

2. 职业性应答

记住，关键是不要以个人情感对待客户的怒气，而要从职业的角度处理这种问题。电话销售人员可以这样说：

“小姐，我们对我们的疏忽大意表示道歉。”（当你或公司有错时才道歉）

“很遗憾，恶劣的天气迫使我们取消了约定。”（即使是你或公司控制不了某种局面，对此也要表示遗憾）

“我们会尽我们所能为您排忧解难。”（这并不是强迫你按对方要求去做）

“谢谢您让我们注意到了这个问题。我们之所以能够改进服务，正是靠了您这样的客户的指正帮助。”

有句话说：眼不见，心不烦。电话具有奇妙的特性。你挂上电话，就与愤怒的打电话者没有任何联系了（不过千万别在时机成熟之前挂断电话），怒气与敌意成了历史，从你的生活中消失了。对方说“再见”时，就已经和你没关系了。你可以继续接待下一个打电话者，希望交谈会比较愉快。遇上怒气十足的打电话者时，要尽你所能帮助他。做完这件事，就继续迎接下一个挑战。

巧妙营造“欲购从速”的危机感

要想让客户现在就购买你的产品，就必须善于营造“欲购从速”的危机氛围，利用客户怕买不到的心理来促成交易。其实，不少商场和超市都在运用这种技巧出售商品。推销员也应该懂得借鉴这种方式，比如，你可以说某某报价在某一段时间有效，客户如果错过的话，就会失去获得交易的机会。当然这种产品的销售提议应相当富有吸引力，方可打动客户的“芳心”。

得不到的往往是好的

得不到的往往是好的，到手的人们反而会觉得很平常，如果本来到手的东西突然失去了，他们就会转而很看重这个东西。现实生活中，当某种东西数量很多的时候，客户往往不会急着去买，而如果这种东西突然只剩下几件，客户就会果断地做出购买决定，争着抢着去购买。

小陈是某房产公司的销售员，正在推销甲乙两座房子，而此时他想卖出甲房子，因此他在跟客户交谈时这样说："你看这两座房子怎么样？甲房子前两天带人看了，客户要我替他留着，因此你还是看看乙房子吧，其实它也不错。"

客户看了甲乙两所房子，并且对销售员的话印象深刻，产生了一种"甲房子已经被人订购了，肯定不错"的心理，因此觉得甲房子更好。最后，他带着几分遗憾走了。

过了几天，小陈高兴地打电话给该客户说："先生，你好，你现在可以买甲房子了。你真是幸运，正巧以前订购甲房子的客户资金一时周转不过来，我劝他不如暂缓购房，我那天看你对甲房子有意，便特地给你留下来了。"

听到这儿，客户心想：真幸运，有机会买甲房子了，现在自己想要的东西送上门来了，眼下不买，更待何时呢。于是客户赶紧说："好啊，谢谢你，小陈，改天我请你吃饭啊。"

在上面的这个例子中，电话销售人员小陈掌握了客户的心理，巧妙地把客户的注意力吸引到甲房子上，即先给他一个遗憾，说甲房子已被订购，刺激起了他对甲房子更强的占有欲，最后很轻松地就让客户高高兴兴地买下了甲房子。这就是灵活地运用了客户"怕买不到"的心理。

制造危机感的关键

利用"怕买不到"心理的关键就是恰当地给客户造成一点压力，让客户有点紧迫感，产生一种现在是最佳购买时机的感觉，促使他与你成交。电话销售人员可以积极主动地去刺激客户，调动客户的购买欲望。例如：

"这种商品的原材料已经准备提价了，所以这种商品也会因此价格上涨。"

"我公司从下个季度开始可能会因人手不够而减少这种商品的供应量。"

对于正在犹豫价格是否合理，无法下决心购买的客户，可以这样说：

"这种产品只剩最后一个了，短期内不再进货，你不买就没有了。"

"今天是优惠价的截止日，请把握良机，明天你就享受不到这种折扣价了。”

“错过今天，明天就要涨价了。”

另外，刺激客户并不仅仅局限于时间，还可以运用数字来限定客户，例如电话销售人员可以这样说：“我们只送给前30名的购买者。”或者“购买现货的客户才能享受售后服务。”利用这些方法，都可以促使客户由犹豫转变为果断。

总之，只要让客户产生“只有一次”或“最后一次”的意识，就会有比别人占了更多便宜的感觉。

制造危机感的注意事项

没有人喜欢被施压，客户也一样，电话营销人员在向客户施压的时候一定要注意方式，既要施压，又要与正面说服相结合，否则，容易引起客户的不安，进而使其产生抗拒心理。因此在与客户进行沟通的过程中，电话营销人员必须保证自己的暗示是客观的、实际的，而不是欺骗性的，要尊重和关心客户，而不能投机取巧，还要弄清楚客户最关注产品哪方面的优势，然后对症下药、准确定位，才能够真正挠到客户的痒处，使施压起到应有的作用，迅速促成交易。

一个印度人开了一家画廊。一位美国画商看中了店里的三幅画，很想买回家去。

在这位印度人出售的几十幅作品中，每幅售价都在10~100美元之间，唯独美国画商看中的三幅画他要价每幅250美元。

谈判在进行之时，美国画商对印度人的这种做法十分不满，他认为是在敲他的竹杠。所以，在谈判中，美国画商颇多微词，双方迟迟无法成交。突然，印度人做出一个惊人之举，他怒气冲冲地把其中最好的一幅画点火烧了。美国人眼睁睁地看着自己喜爱的画付之一炬，非常惋惜。然而他却不为所动地问印度人余下的两幅画最低价格是多少，印度人仍然坚持250美元，美国人还是不愿买下。这时，印度人发疯似的誓言宁可烧掉也不愿卖了，并点火烧了第二幅画。眼看着自己喜欢的三幅画变成了一幅，美国画商再也沉不住气了，他唯恐对方一把火把最后一幅画也烧掉，赶紧乞求印度人不要继续烧画了，还问：“这幅画还卖250美元吗？”印度人说：“不，这幅画卖800美元。”美国画商愣了一下，他害怕对方再烧了这幅画，马上掏钱付了账。其实，印度人知道，这三幅画加在一起也不值800美元。

这位印度人最后之所以能够成功，就是因为他的做法一方面让对方体会到这个价格的合理性，同时也让美国画商感受到了危机，觉得如果自己再讲价，最后

这幅画也会失去了，那样自己就一无所获，于是，美国画商最后按照印度人的开价买了最后那一幅画。

可见，推销的时候要巧妙地使用“施压”的招数，做到在无形之中给客户造成一定的压力，促使客户接受他原本觉得犹豫的产品或者服务。换而言之，要想成功推销产品或服务，就要学会向客户施压，制造“欲购从速”的危机感。

解除客户的戒备心理

营销人员经常这样抱怨：客户似乎总是对我们保持警惕，即使我们磨破了嘴皮，他们仍旧对我们的产品表示怀疑……其实，只要我们站在客户的立场上思考问题，找到客户疑虑的症结，然后“对症下药”，抱怨自然就不会产生了。

戒备心理的表现

一般来讲，从销售人员自报家门的那一刻起，客户就对其产生了戒备心理，如下例所示：

销售人员：“×× 先生您好，我是 ×× 保险公司派来的销售代表……”

客户：“你是保险推销员？对不起，我们不需要买保险……”

对销售人员充满戒备的客户常常会在听到销售人员的自我介绍后态度骤然冷淡，就像下面的故事一样：

两个人正在那里聊天，其中一个人问道：“如果比尔·盖茨现在突然要约见你，那么你准备穿什么衣服前去赴约？”

另一个人回答：“穿什么都可以，只要不穿着西装、打着领带，再手提一个公文包。”

对方问道：“为什么？”

那人回答：“很简单，如果你穿成那样去的话，大老远一看见你，比尔·盖茨就会认为你是来向他推销保险的，还没等你走到跟前，他的秘书就会把你赶走……”

经过大量的观察和分析，可以得出，客户对销售人员的身份怀有戒备心理，并且主要通过以下几种方式表现出来：

1. **通过排斥性语言说明**

这类客户表现得比较直接，他们可能会直接告诉销售人员，或者采用特殊的语气表示质疑，比如说：“我们这里不欢迎任何推销活动。”或者：“你是推销打印机的？哼，又来了一个搞推销的，今天是怎么回事？”

2. **通过动作表现**

这类客户碍于面子，不会直接说明，而是用一些身体动作告诉销售人员：“我可不愿意相信你……”这些表示戒备心理的动作有很多，比如：双手一直不停地摆弄一件东西；将衣扣一会儿解开，一会儿又扣上；跷起二郎腿吸烟，还时不时地欠欠身；身体挺直，双手紧紧抱在胸前；故意找一些其他事情做，像找几张报纸看或擦擦皮鞋和桌子等。

3. **通过表情和神态表现**

当客户的眼睛从上到下一直不太友好地打量你或不停地东张西望时，通常表示他们对你充满警惕。此时他们还可能双唇紧闭、身体朝后倾，这表明他们不愿意听你继续说下去，也不想向你透露任何信息。

如何解除客户的戒备心理

为了解除客户对自己的戒备心理，销售人员最好不要在沟通一开始就直截了当地说明自己的销售意图。成功的销售人员通常会在拜访客户以前掌握充分的信息，然后找一个客户比较感兴趣的话题，直到时机成熟时才引导客户参与到推销活动当中。如下例所示：

电话销售人员：“您好，阿姨，今天天气可真好啊，听上去您今天特别开心，是不是有什么值得高兴的事呀？”

客户：“小伙子，你可说对了，我刚刚收到了我儿子考上名牌大学的录取通知书，实在让我太高兴了。”

电话销售人员：“那真应该好好庆贺庆贺，您的孩子可真不简单，您也为他付出了不少心血吧？”

客户：“是啊，从小这个孩子就……”

通过上面这段对话，客户自然会减少对销售人员的戒备心理。

在实际沟通过程中，销售人员发现客户很容易对自己产生戒备心理，有时候，销售人员越解释，客户的戒备心理越强。由此，不少营销人员把客户产生戒备的原因归结于自身产品的问题，认为自己再怎么努力也于事无补；还有些销售人员认为，是客户本身的心理问题，自己在推销产品的各方面都表现得很优秀

了，不用理睬这些客户。

如果销售人员抱有上面这些观点的话，与客户的沟通也只能归于无效。可是销售工作还要继续下去，这种问题如果不想办法解决，那就永远没有销售成功的可能。为了有效化解客户对自己和所推销产品的误解，销售人员必须保持巨大的耐心，同时要积极看待客户的戒备心理。

多用肯定性语言

肯定句与否定句意义恰好相反，不能随便乱用，但如果运用得巧妙，肯定句可以代替否定句，而且效果更好。电话销售人员在与客户交谈时，要尽量多使用肯定性的语言，这样会为客户营造一种积极的氛围，同时还会对客户的反应有一种潜移默化的影响。

使用肯定性语言的必要性

首先，使用肯定性语言时，客户比较容易理解你。

请看下面这三句话：

电话销售人员 A：“需不需要我帮您介绍一下？”

电话销售人员 B：“能不能耽误您 5 分钟？”

电话销售人员 C：“让我来帮您介绍一下。”

在这三句话中，销售员 A 和 B 的说法都是错误的，只有销售员 C 所说的是正确的。因为“需不需要我帮您介绍”的问话，如果对方回答“不需要”，则会带来尴尬的局面；“能不能耽误您 5 分钟”的问话属于自找麻烦，如果得到的答案是“不行”，同样会出现尴尬的局面；“让我帮您介绍一下”，则顺理成章地进入了话题。

在销售过程中，“可能”、“或许”、“应该”等字眼会引发客户的怀疑，动摇客户的信心。当客户产生怀疑后，销售人员就会很难切入。

肯定性的语言无形中会给客户一种积极的情绪影响，同时还容易让客户做出肯定的答复，以利于交谈的顺利进行。销售人员应该尽力避免直接的拒绝、攻击与批评的语言，被拒绝的感觉积累在潜意识中，会使得客户做出本能的排斥行为。请看下面这两个案例：

案例1：

客户："你给我介绍的那款衣服有小码的吗？"

电话销售人员A："不好意思，没有。"

案例2：

客户："你给我介绍的那款衣服有小码的吗？"

电话销售人员B："不好意思，我们这里只有大码和中码的，如果您需要小码的，我们可以马上给您调货。"

显然，电话销售人员A的回答是错误的，销售员B的回答更恰当。"没有"的回答属于强烈的拒绝，会让客户失望，这种被拒绝的不好印象会积累在大脑的潜意识里面，使得客户产生本能的排斥。采取委婉的方式告诉客户，并告诉他们我们可以提供其他型号或类型的商品，这样客户就会减轻失望带来的不快。

其次，更有力的理由是，肯定性语言有助于塑造电话销售人员"能干"的形象。如果你想让人认为你是一个知道准确答案、知道何去何从、分量很重的人，应该尽量选用肯定句。

交谈中不宜使用的句型

要避免使用下列说法：

1. "我不能"式否定句

比如，"我今天不能给你送货。"的确，你今天不能送货，一定要等到星期三方能找到送货的汽车。你可以这样说："我可以安排在星期三送货。"虽然表达的是同一个意思，但是后一种说法能让客户觉得你是热心帮忙，而前者好像是故意推托。

2. "我必须……"

这话听起来别扭。"我必须和老张核对一下。"这是一种无奈的口气，会让客户觉得你是一个无足轻重的角色。如果说"我会尽快和老张核对一下"会更好。

3. "我老实跟你说……"

这话听起来好像你之前一直不是在老实说话，一向都逢人只说三分话，只有这一次破例似的。如果改说"实情是……"会更顺耳，而且一样可以表达你的坦白。

4. "我不大能确定……"

这样说不妥，而事实上你已经确定你不知道，所以，你应该说："我现在还

不能回答你。不过我会尽快落实，下午三点再给你回电。”

5. **“这件事我必须问别人”**

如果改说“我负责销售工作，而你的问题跟财务部门有关，不过我会帮你与财务科联系，再把答案告诉你”会更好，会让客户觉得你负责任。

6. **“稍等一分钟，我找张纸来记下”**

这句话是不应该在电话销售中出现的，在你接打电话前必须准备好纸和笔，如果你这样说的话，那这句话真正的意思是：“我一点都没有准备要接（打）这个电话，我的办公桌上凌乱不堪，所以连找张白纸都有问题，只好让你浪费宝贵的时间，等我从一团乱七八糟中找出一张可用的纸。”

7. **“他们才不会那么做呢”**

在销售中，千万不要指责别人，随便对别人下论断不是好习惯，应该学会就事论事，如果改说 “他们还没把报告交上来”会更好，你还可以进一步负起责任：“我还没得到业务员的合作。”

8. **“我只是一个小小的……”**

这样说只是在贬低自己的职位，不如改说：“我是总机，我帮你接业务部，他们一定会帮你解决问题。”像“我只是”或“我不过是”这种句式并不能显示出你谦逊的美德，只能自我贬低，所以不用为好。

否定性语言的运用

虽然在销售活动中要尽量说肯定性语言，但并不是不能说否定性的语言。当客户对产品提出重大疑问，并将影响到客户的购买决策时，一定要果断地说“不”，因为不消除客户的疑问，客户是不会购买商品的。请看以下案例：

案例 1:

客户：“你说的那种天然的面料容易掉色吗？”
电话销售人员 A：“您正常使用应该是不会这么容易掉色的。”

案例 2:

客户：“你说的那种天然的面料容易掉色吗？”
电话销售人员 B：“拜托，我们的质量您还怀疑，那您已经没有地方买了。”

案例 3:

客户：“你说的那种天然的面料容易掉色吗？”

电话销售人员C：“当然不会。”

在上面的这个例子中，如果你回答“您正常使用应该不会这么容易掉色”，肯定会让客户对产品的质量产生怀疑，用“当然不会”果断地否定客户的这种疑虑，才能让客户对产品更放心。

巧用省略性语言

使用省略性语言的必要性

每一名电话销售人员都可以做这样一个假设：如果你有一天接到一个电话，对方跟你说了十多分钟后，你发现，只有最后一句才是你想听的，你当时会怎么想呢？是主动告诉他你可以只说最后一句，还是生气地挂上电话呢？大多数人会选择后者，因为他已经浪费了你这么多的时间。

所以，电话销售人员在打电话时，一定要注意效率，要做到简明扼要。

在跟接线人绕障碍的时候，一定要有一个时间观念，要给他你的时间也是很紧的印象。所以你要讲效率。

一般来讲，不要绕太多的弯子，最好单刀直入，就是要突出重点。那么怎么掌握突出重点呢？

作为一名职业的电话销售人员，应该知道哪些部分需要详讲，哪些部分需要省略。因为有些东西接线人不在乎，也不感兴趣。所以，要讲究效率，就要懂得省略的技巧：

首先要对接线人的身份有所确定，针对不同的接线人设计不同的应答。

把你的电话缘由概括成简简单单的一句话。变化不同的角度，多概括几句，然后有收有放地应对不同的接线人。

使用省略性语言的原则

在使用省略性语言时，应遵循一些原则，才能引起客户的注意。这些原则包括以下三条：一要简略，二要有吸引力，三要恰如其分。请看下面这段话：

电话销售人员：“陈总，您好，我是××广告公司的电话业务员，由于广告投资大，一般中型企业承受不起这么一个市场情况，在充分考虑到上海市广告市场的特点后，为了给用户创造一个良好、有效的发展机会，我们公司结合自身优

势，决定从下周一开始率先发起一个新举措，就是 DM 广告。”

显然，上面这段话有些程序化的腔调，而且太啰唆，应做一些删除，以符合简略的要求。删除后如下：

电话销售人员：“陈总，您好，我是 ×× 公司的电话业务员，我们最近发起了一个新举措，就是 DM 广告。”

在说“×× 公司”的时候，为什么把里面的“广告”两字省掉？因为有电话业务程式化句式的感觉，决策人一听就想当然地开始产生反感，后边的话也许什么也听不进去了。把“广告”两字省去，即删除所有影响注意力的细节，可以使整句话听起来既简短又吸引人。再如：

电话销售人员：“您好，陈总，我是 ×× 公司的电话业务员，我们新近推出了一个宣传产品的新策略，很受用户欢迎，也算我们独家首创。它的好处是能把广告投入为您降低到 30%，但回报仍然是 100%。所以，我想占用您几分钟时间，跟您聊聊。”

显然，上面的话还是有点长，修改后如下所示：

电话销售人员：“陈总，您好。我是 ×× 公司的电话业务员，我们首家推出了一个宣传产品的新举措，同样 100% 的广告回报，采用我们的举措，可以为您节省 70% 的广告投入。所以想跟您聊聊。”

上面修改后的语言基本符合了简短和有吸引力这两个原则，但是还有一些不足，就是不符合第三条恰如其分的原则。检查一遍发现，句中“100% 的广告回报”说得有些大而且含糊，所以应该删掉。如下所示：

电话销售人员：“陈总，您好，我是 ×× 公司的电话业务员。最近我们推出了一个产品宣传的新举措，可以为您节省 70% 的广告投入，依然收到同样的广告回报。就这个问题想跟您聊聊。”

运用好省略性语言能带来一个良好的语言环境，有助于整体工作的进展，使我们的业务能力有足够的施展空间。

不掩饰你的错误

沃尔玛首席执行官在《商业周刊》中说：“我们应该处罚的是那些重复犯同

样错误的人。”世界知名的戴尔公司开展业务的“行为守则”内容之一就是：勇于承担后果，承认错误并及时纠正。

宽宏大量与勇于承认错误只会令人性格完美，人格更添魅力。承认错误但不改正则是件非常糟糕的事情。失败并不可怕，可怕的是不断重复某些错误。

千万不要为了证明自己正确就和客户争辩，该承认错误的时候一定要承认自己的错误，哪怕有时候自己不一定真的错了，因为就算你赢得了争辩的胜利，也可能输掉交易。

真诚道歉的重要性

在电话销售的过程中，要让客户相信我们所说的每一个细节。让我们看看下面电话销售员李利的经历吧。

我曾给一个客户打电话长达3个月，在最近一次打电话时，他很粗暴地对我说：“你以后不要再打电话给我了。”挂断电话之后，我觉得很郁闷，我只是想通过电话告诉他一个消息，让他更好地规划自己，并且让他活得更轻松。当我这样想的时候，禁不住又拿起了电话，我说：“您挂了我的电话，我只是为了告诉您一个消息，我不知道到底做错了什么，让您这样生气。如果打扰了您，我向您表示歉意。”他一听，很不好意思地向我道歉，并对我说其实他是觉得我们的产品在某些方面有缺陷，在使用过程中给他造成了一些不好的影响，当时他很生气，所以才挂断电话。后来我和公司技术部主管人员沟通后，改进了这一问题，并给该客户更换了新产品。从那次以后，他成了我的长期客户。

因此，当电话销售人员明白问题所在，并能够承认自己的错误，一般客户不会因为真诚而拒绝，除非他还没有完全了解销售人员的好心。

此外，假如你在电话中曾经和客户约好某个时间打电话，可是因为某些原因没有按时打过去，就意味着你不尊重对方的时间，不应该找任何借口或理由，你应该找合适的时机再次给客户打电话道歉，说明原因，以得到对方的谅解，再继续未完成的推销工作。

道歉没有你想象的那么难

电话销售中，有时会遇到客户烦恼、失望、泄气、发怒等各种情况。电话销售人员不应当把这些表现当成是对你个人的不满。特别是当客户发怒时，你可能心里会想：“凭什么对我发火？我的态度这么好。”要知道愤怒的情感通常都会在潜意识中通过一个载体来发泄。比如你一脚踩在石头上会对石头发火——当

然，这不是石头的错——飞起一脚把石头踢远了。有时你找不到发泄的对象，只好骂自己。因此对于愤怒情绪，客户仅是把你当成了倾诉对象。客户的情绪是完全有理由的，是理应得到极大的重视和最迅速、合理的解决的。所以要让客户知道你非常理解他的心情，关心他的问题。遇到这种情况时，你可以这么说：

电话销售人员："王先生，对不起，让您感到不愉快了，我非常理解您现在的感受。"

或者：

电话销售人员："张女士，对于这个问题，我感到非常抱歉，我会给您合理的解释。请您不要生气。"

无论客户是否是对的，至少在客户的世界里，他的情绪与要求是真实的，销售人员只有与客户的世界同步，才有可能真正了解他的问题，找到最合适的方式与他交流，从而为成功的电话销售奠定基础。

可能有时候电话销售人员感觉在说道歉时很不舒服，因为这似乎是在承认自己有错。可是，事实上说声"对不起"、"很抱歉"并不一定表明你或公司犯了错误，这主要表明你对客户不愉快经历的遗憾与同情。不用担心客户会因得到你的认可而越发强硬，表示认同的话会将客户的思绪引向关注问题的解决。所以接下来，销售人员应表示愿意提供帮助。可以这么说：

"王先生，让我看一下从哪些方面着手，该如何帮助您。"

或者：

"张女士，我很愿意为您解决问题。"

电话销售人员不掩饰自己的错误，真诚表示歉意，自然会让客户感到安全、有保障，从而进一步消除对立情绪，取而代之的是依赖感。问题澄清了，客户的对立情绪降低了，才有利于电话销售的顺利进行。

运用专业知识

俗话说："行家一出手，就知有没有。"一名电话销售人员是否对自己公司的产品熟悉，在通电话时，语言表达是否专业、处理问题是否专业等都将给客户留下深刻的印象。

用专业知识打动客户

下面是某电话销售员的一个成功案例：

小李是某软件公司A杀毒软件的电话销售员，下面是她与客户的一段对话：

小李："您好，我是××公司A杀毒软件的业务员。"

客户："对不起，小姐，我们前不久都装了B杀毒软件，不需要再麻烦了。"

小李："您知道B产品的性能吗？"

客户："当然，我是学计算机的。这种软件是第6代引擎，采用的是一体化监控系统，为我们提供全方位的防护。不仅有系统漏洞扫描工具，能第一时间发现系统漏洞，并提供解决方案，另外还有内嵌信息中心，能够及时提示最新的安全信息和病毒预警。而且它的主动式智能升级技术可使我们无须再为软件升级操心。"

小李："可是您知道吗？近日国内安全产品权威评测机构——离子翼信息安全实验室公布了其最新杀病毒软件测试的最终结果。"

客户："这个我不太清楚。"

小李："这次评测是离子翼信息安全实验室于今年上半年举办的一次大规模的针对个人办公杀毒软件的评测，评测的产品包括A、B、C、D、E、F、G七大厂商所提供的主流产品。我们A杀毒软件杀毒率排名第一，测评结果高达96%，远远领先于其他6家厂商的杀毒软件。"

客户："是吗？"

小李："您可以去调查。我们的A杀毒软件针对现今病毒的主要传播途径，能够全面保护用户浏览因特网和电子通信的安全，还能够发现并清除所有常见网页和电子邮件系统中可能包含的恶意代码，并且能针对因特网服务的端口以及其他可能的病毒入口进行监控，确实做到病毒入侵系统之前就将其消灭。"

客户："是吗？那这个A病毒软件的价格是怎样的呢？"

小李："我想您最关心的肯定不会是价格。您放心，我们的价格会让您觉得合理的。"

上例中，小李就是紧紧抓住自己产品的性能和技术数据，用专业知识打动了客户。客户是懂行的，他也自然会在心底衡量两种产品的优劣，试想，如果小李无法讲清产品性能方面的专业知识，而是一味地劝客户买自己的产品，那必然会遭到客户的果断拒绝，小李最后也只能空手而归。可见，掌握必要的专业知识是非常重要的。

专业知识能弥补销售员的不足

对产品性能、数据等专业知识的清楚了解对一个电话销售员顺利开展工作是非常有帮助的，有时候甚至能弥补销售员在语言表达上的不足。

来自湖南的小陈是某电脑城的一名电话销售人员，只有初中水平的他知道自己的学识不如别人，同时，他性格内向，是一个比较老实憨厚的人，这些似乎都说明他不适合当一名销售员，但是他很能吃苦，他把自己所推销的电脑配件的品牌、性能、效用等都牢记于心，清楚知道主板、内存条、风扇、光驱等不同部件的功能。面对那些组装电脑的客户，他能将产品的这些知识倒背如流，很多客户都以为他是学计算机的，当他坦诚地跟客户说自己只是一个初中毕业生时，客户都对他刮目相看。

上例中的小陈虽然没有其他人的巧舌如簧，但是他能从专业上解决客户的疑难，同样把工作做得很出色。

成交篇：不“打”不成交
——电话成交技巧

成交是销售的根本目的，如果不能达成交易，那么整个电话销售活动也就是失败的。因此说，成交凌驾于一切之上。由于电话销售的平均成交率比较低，因此，电话销售人员在推介的过程中要努力倾听，准确应对，才能够卓有成效地把握住成功机会，拍板成交。

第9章

抓住要领，约访电话这样打成功率高

电话约访的成功要素

电话约访的目的是为了约定与客户见面的时间和地点，让客户提前调整工作安排，在他认为比较合适的时间会面，这样有利于建立融洽关系，也会给客户留下良好的印象。同时，电话销售人员也可以提高工作效率，节省时间，最大限度地促成交易，免除了无谓奔波的劳苦及花费。

那么，怎样才能成功地让客户接受约访呢？

明确预约客户的目的

明确预约客户的目的是成功交易的前提条件。作为电话销售人员，一定要适当抑制在电话中向客户推销产品的企图，如果不这样做的话，无疑会使这次销售无疾而终。打电话时，如果你的目的只是去安排一个约会，并不是要在当时销售产品或服务，那你就根本不需要在电话中讨论细节。除非你打算在电话里直接拿到订单，就像买股票那样不需要见到客户本人就可以完成交易。

尽力预约总裁

能够和总裁通话是成功销售的捷径，虽然总裁也许不会直接参与购买你的商品，但是一场“引起兴趣”的简短对话之后，他的介绍确实是你能否做出业绩的关键所在。

在预约总裁时，一般要把握下面三个步骤：

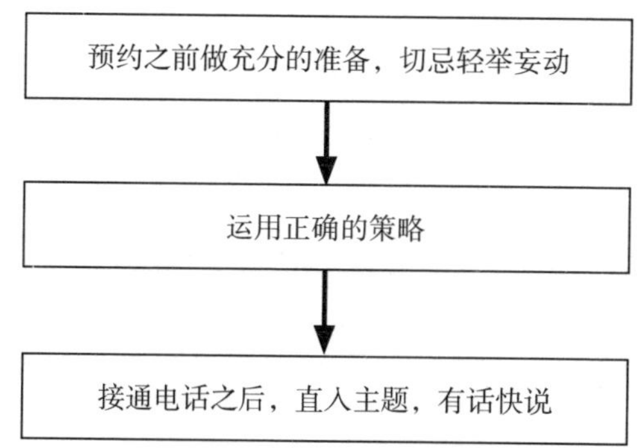

如果总裁对你的话感兴趣，他就可能会把你介绍给实际上能与你完成这笔交易的公司成员或属下，那你离成功就不远了。同时，你应该能明确这一点，如果你不是从最高处开始，那就有危险了。不管某人说他有多么棒，或者看起来有多么棒，他通常还是要去征询别人的意见，当然，总裁除外。如果总裁喜欢你的话，他们通常会去征询秘书或助理的意见。

另外，要知道总裁级人物通常是很难联络上的，因此，电话销售人员被回绝后，不能气馁，要锲而不舍地多次尝试，以获得最后的成功。

打电话越多，成功的概率就越大

电话约访成功与否，关键是数量。数量越多，成功的概率就越大，成本就越低。你可以粗略地算一笔账：举例来说，你打了 30 个电话，每个电话 3 分钟，费用 0.40 元，你的成本就是 12 元，加其他费用 200 元（交通费、资料费、饮料费等），总共费用为 212 元。而直接拜访，你可能要拜访同一位准客户几次甚至十几次，还可能请他吃饭，送他礼物。可成交的概率又是多少呢？假设经过 8 次拜访（费用 100 元），请他吃 2 次饭（300 元），给他的孩子送礼物（100 元），其他费用 100 元，总共花费 600 元。显然，电话约访所花费的成本要比直接拜访所花费的成本少很多。

注意电话礼仪

礼貌本来就是通话的基本要求，如果打给陌生客户，那么就更需要格外注意电话礼仪，因为从电话接通到挂断，对方可能会不记得你是谁，却会记得你所在公司的名字。

为了维护公司的形象，电话销售人员就要注意电话礼仪，语气平和，彬彬有礼。电话接通后要先自报家门，通话时要多使用礼貌用语，如“请”、“谢谢”等。

打电话时不要抽烟、饮食或嚼口香糖，相信谁都不喜欢听到对方在电话那一头发出“滋滋”的咀嚼声吧！若有口香糖在嘴里也会让口齿更不清。记得要比对方慢挂电话。做事要有始有终，电话约访也一样，即使电话即将告一段落，不管有没有约访成功，业务人员都要维持应有的礼貌态度，通常用“谢谢，再见”来结束这次电话。最忌讳业务人员比客户先挂断电话，这么一来，对方会感到很突兀，当然更别妄想他会向你买任何东西，而且还可能砸了公司的形象招牌。

语言要简短有力

电话约访是为了给客户一个心理准备，约访目的是约定与客户面谈的时间、地点。所以，只需简短有力地讲述你的约访目的，不要超过3分钟，仅是确认自己的拜访时间与客户没有冲突，而不要过多提及产品、自己、公司。

记住，你打电话约访的唯一目的是争取面谈机会，并无其他用意，切记不要在电话里展开销售；不要谈与产品有关的任何细节问题，这样会拉长谈话时间，客户不会有耐心和兴趣听你长篇大论，反而影响约访目的的达成。不过，简单介绍产品的功能倒是吸引客户与你见面的桥梁，但要记住点到为止，别讲太多。

要善用“清清楚楚”、“明明白白”、“请你不要误会”等句子。为了让你的开场白富有吸引力，你可以提及获利率、相关行业等话题，引起对方好奇和兴趣，以幽默博对方一笑。

选择适当的约访时机

下面几种情况，是电话约见客户的最佳时机：

（1）客户开门大吉的时候。

（2）对方遇到喜事吉庆的时候，如晋升提拔、获得某种奖励等。

（3）客户刚领到工资，或遇涨工资，情绪高涨的时候。

（4）节日、假日之际，或者碰上对方厂庆纪念、大楼奠基、工程竣工等重大庆典活动之际。

（5）客户对原来使用的产品与服务产生不满的时候。

（6）逢雨雪天气。在这样的环境下前往推销访问，往往会感动客户。

你拜访的对象可能是厂长经理、采购人员、部门主管或是其他办事员，忙闲时间可能会有差别，应当根据情况，灵活选择约见时间，以便获得客户的配合。

选择最适宜的约访地点

选择最适宜的地点约见客户，也会收到很好的效果，能够提高成交率。在与客户商定预约会面的时间、地点时，电话销售人员既要尊重对方意见，又要积极主动，不给客户拒绝、推辞的机会。

根据约访对象的不同情况，你可以灵活选择以下约访地点：

（1）客户住所。如果推销对象是个人或家庭，拜访地点无疑以对方的居所最为适宜。有时，电话销售人员去拜会某法人单位或团体组织的有关人士，选择对方的家庭作为上门拜访的地点，也往往能收到较好的效果。

（2）客户公司办公地。如果是向某个单位、集体组织或法人团体推销产品，通常是选择办公室作为造访地点。这时，电话销售人员应设法争取客户对自己的注意和兴趣，变被动为主动，争取达成交易。

（3）气氛轻松的社交场所。如今，许多推销生意往往不是在家里或办公场所谈成的，而是在气氛轻松的社交场所，如酒吧、咖啡馆、周末沙龙、生日聚会等。

如果约见对象为老客户、企业或部门最高负责人、与电话销售人员同性别者，约见地点除办公地点外，还可考虑在饭店、茶室、舞厅等娱乐场所，在共餐、共饮、共娱乐的同时洽谈业务。约见异性客户，约见地点最好安排在办公地点或适宜的公共场所，这样可以避免使客户心理上产生不安。

保留准确完整的通话记录

电话销售人员通常都会在备忘录上记录与客户的沟通情况，不过却很少有客户不在之类的记载。“什么？连客户不在都要记？”或许你会有这样的疑问，答案是“没错”，不但要记，而且要记得清清楚楚。

有位电话销售人员曾经打给一位陌生客户三次，对方不是不在座位上，就是外出或者开会，而这些通话记录他都一一记下，当打第四次电话找到这位陌生客户时，他有这样一段开场白：

“请找吴先生。”

“我就是。”

“吴先生您好，我是中国铁通，相信您的工作量一定很大，您实在不好找，我找了您四次呢！”

短短的一句话，立刻拉近了双方的距离。所以，在找某人而很难找到时，请即刻记在工作日志上，让对方感受到你很有心，且很有耐心！

电话约访流程

作为一名专业的电话销售人员，进行电话约访也应该遵照固定的流程，以确保达到自己电话约访的目的。一般说来，电话约访有以下几个步骤：

寒暄问好，自我介绍

开场白的前10秒很重要，要引起客户的兴趣和注意力。那么热情、礼貌地问好就是最好的策略。注意三个关键点：名字、热情、自信。简单的一句话，如果表达有力，就能让人感受不同。

设想你的潜在客户站在你面前，你第一次与他打招呼时会面带微笑吧。你也许没有意识到这一点，但是你脸上的微笑会通过电话传递过去，它会使你电话中的声音听上去十分友好，这样更会使潜在客户接受你的信息。自我介绍要说明你的独特之处，也就是你跟竞争对手最具吸引力的区别是什么，要用一句很短的话概括出来。这是开始引发兴趣、建立最初信任的最有效的方法。要注意，自我介绍必须建立在真实的基础上。

征求同意

礼貌能为你赢得尊敬和别人的注意。“在这个时间谈话好吗？”或者“占用您一分钟时间可以吗？”“您现在说话方便吗？”这些话都是良好的开始。

道明来意

在征得客户同意后，你就要主动道明来意，说明你能提供给客户的一种有价值的东西，比如一个改善客户业务的构想，实际上也给了客户一个愿意约见你的理由。这是你对客户的时间所付的报酬。这一步需要强化客户的兴趣，同时强化信任关系。

每个人做出采购决定时都害怕犯错误，因此他们愿意随大流，所以你可以运用“从众原理”来强化客户的兴趣和信任，一定要针对客户的行业列举出一些比较知名的典型客户，这样才有说服力。例如“我们公司曾经为海尔集团、摩托

罗拉等数十家企业服务过”。这样的业务介绍无疑是非常具有说服力的。如果你找不到特别知名的典型示范，则可以采用数字化或者类比的方法来达成同样的效果。例如：“×× 先生，我是 ×× 机械设备公司的王小军。我们公司最近推出的一款打卡机，特点是精确、精巧、结实、稳固，尤其是价格比同类打卡机便宜，非常适合您这样的公司使用……”

二择一法提出会面要求

接下来，你要单刀直入地要求见面。电话约访的目的就是约定见面，因此不要过多纠缠，要尽快直奔目的。“您看是周三上午 10 点半还是下午 2 点比较合适？”

在电话约访过程中，你可以不断重复运用这一方法，直到敲定会面事宜为止。

电话销售人员：“我是 ×× 公司的王震。您好。”

客户：“你好。”

电话销售人员：“请问 ×× 先生在吗？”

客户：“什么事？”

电话销售人员：“您就是？”

客户：“我是。什么事？”

电话销售人员：“是这样的，×× 先生，我和朋友聊天时，碰巧他也认识您，他说您平时很忙是吧？”

客户：“是的。”

电话销售人员：“是这样的，×× 先生，我是做 ×× 产品的，您的朋友使用过 ×× 产品，他觉得您跟他的情况很相似，所以觉得您会需要，建议我在您有空的时候跟您联系一下，最近我整理了一份详尽的资料，您看我是送到您家里还是办公室？”

客：“我哪个朋友？”

电话销售人员：“哦，说实在的，你们关系虽然不错，但他也不能确保您一定需要，所以他让我暂时不要说出他的名字。如果我说出他的名字您就会买我的产品吗？”

客户：“这怎么可能！”

电话销售人员：“您看，最重要的还是我的东西适不适合您，您看我是送到您家里还是办公室？”

客户：“你那个是什么产品？干什么的？”

电话销售人员："是 ×× 产品，有 ×× 功效，我给您准备的资料里有详细介绍，您看我是送到您家还是办公室？"

客户："那你送到我办公室吧！"

电话销售人员："好的，地址是 ××××？"（核对地址）

客户："是的！"

电话销售人员："您看我是明天上午 10 点还是 11 点过来合适？"

客户："那你就 10 点过来吧！"

电话销售人员："好的，×× 先生，跟您通话我感到很愉快，我们明天上午 10 点见！"

上述案例中就成功地运用了二择一法则，电话销售人员需要用心细细体会。

确认约访时间和地点

周杰："×× 先生，你好！我是周杰。你叫我半个小时后来电话……"（营造一种熟悉的回电话的气氛，来缩短距离感）

客户："你是做什么生意的？"

周杰："我是周易公司的业务经理，专为客户设计一些财经投资计划……"

客户："教人赌博，专搞欺骗？"（两人都笑了）

周杰："当然不是！我们见见面，当然不会立刻做成生意，但总比看资料印象深些，今后你们有什么需要服务的，也会想到我啊！"

客户笑了笑，没说什么。

周杰："这两天我在贵公司附近工作。你看你明天还是后天比较方便？"

客户："那就明天吧。"

周杰："谢谢。×× 先生，上午还是下午？"

客户："下午吧！4 点。"

周杰："好！明天下午 4 点钟见！"

电话约访的要领

一般来说，利用电话做初步交涉或者是取得预约的要领，和正式拜访时在初步交涉这一阶段要注意的事项相去不远。其重点不外乎以下几点：

拨打电话前，仔细核对有关资料，避免忙中出错

特别是一次拨打几个电话时，一定要分别核对好电话号码、对方姓名、职务、习惯称呼、职业以及相关资料，千万不可张冠李戴，闹出笑话。

写好提纲，列出通话时告诉对方哪些内容及说话先后顺序，避免着急出错，有所遗漏；也可以防止东拉西扯，浪费时间。

主动打消客户的疑惑

在电话约访中，客户常常会有一些疑惑点，对此，电话销售人员要事先做好应对的准备：

1. 先表明你的身份和来意

一般人对于一个陌生的电话通常都存有戒心，他的第一个疑问必然是："你是谁？"所以你必须先表明自己的身份，否则一般人为避免不必要的干扰，可能敷衍你两句就挂上电话。可是，也有人会说："如果我告诉他，他会更容易拒绝我。"事实上确实如此，所以你可以表明"我是你的好朋友 ××× 介绍来的"。有这样一个熟悉的人做中介，对方自然就会比较放心。同样，对方心里也会问："你怎么知道我的？"我们也可以用以上方法处理。有的人又会说："其实我只是从一些资料上得到的电话，那又该怎么办呢？"这时，你可以这样讲："我是你们董事长的好朋友，是他特别推荐你，要我打电话给你的。"这时，你也许会想：如果以后人家发现我不是董事长的好朋友，那岂不让我难堪。其实，你没有必要那么紧张，打电话的目的无非是为了获得一次面谈的机会。如果你和对方见面后交谈甚欢，那对方也不会去细究你曾经说过的话了。

2. 强调"只需要几分钟"

许多客户都很忙，有自己的工作和其他安排，除非有必要，否则他是不会占用过多时间听你来他这里高谈阔论的。因此，为了让对方愿意继续这通电话，在电话约访中你就要主动告诉客户："占用您两分钟好吗？"而一般人听到"两分钟"时，通常都会出现"反正才两分钟，就听听看好了"的想法。在谈话过程中取得客户的同意后，再根据情况适当延长你的通话时间。这样，就会消除客户心中的疑惑了。

不要给客户压迫感

在电话销售这一行业，要想将商品推销出去，应注意的是你在电话里的语气要客气、语言应简洁明了，不要让对方有受压迫的感觉，这样才可取得客户的信任。如果是面对面接触的话，客户至少还能凭对销售员的印象来判断，但是在电话中根本没有一个实体可做判断的依据，只能凭声音来猜测，因此，你应注意以下几点：

1. 调整好语速

一般人在打电话时说话速度会比面对面交谈快很多，可是对方并不是你的亲朋好友，并不熟悉你的语调和用词。如果你说话速度太快，往往会使对方听不清楚你所讲的内容，也容易给对方留下强迫的感觉。

2. 语气、语调尽量与客户保持一致

在电话中，开场白通常是普通话，但是如果对方以你熟悉的其他方言回答，你可以马上转成同样的语言与对方说话，这样就会拉近彼此之间的距离。

3. 强调“完全由您来决定……”

电话约见的一般目的只是让对方同意你前去约谈，取得预约拜访的机会，而不在于电话中的推销成功，因此不要向对方强力推销，而应当再三强调“只是向您介绍一下产品的意义和功能，至于是否购买完全由您自己决定……”以低姿态达到会面的目的。

多问少说更有效

在面对面接触时，你可以从客户的表情动作看出客户是否在专心倾听，但在电话交谈中，由于没有判断的依据，你无法推测对方的内心想法。因此，要多问问题，尽量让客户发表意见，才能知道客户的真实想法。

主动敲定会面时间

原则上，拜访的日期、时间应该由客户主动提出并确定。如果他对你的产品不感兴趣，就极有可能会说“啊，真不巧，这段时间我都很忙”。如此一来，又得从头开始，不如主动建议“下礼拜二或礼拜五方便吗？”万一他都没有时间，应把日期往前提，往后拖延的话，说服力会大大减弱。

初次电话约访的技巧

电话约访客户是整个电话销售过程中关键性的一步，只有迈好了这一步，以

后的推销活动才能顺利进行。因此，在电话约见时要格外小心。那么，初次电话约见客户有哪些技巧呢？

投“石”问路，信件帮忙

打电话前先用信件铺路，有助于你成功获得约见。因为当你经过这一程序后，再与客户联系，就不再是一个完全陌生的人了。

亚洲保险王后陈明莉，在新加坡做保险业务的时候就常常采用这一约见招数。她在报纸上面发现一些新贵新富被媒体报道之后，就把他们报纸上的照片以及有关他们的媒体报道剪下来，然后做成一份漂亮的函件，把剪下的报纸复印好之后贴在那份函件上。然后写一封信：“×× 先生 / 女士，看到报纸发表的关于您的文章，我深受感触，觉得您是值得我尊敬学习的一位朋友，希望能够亲自聆听您的指导，我希望您能给我一点时间去拜访您，我的电话是 ××××××××，从事……”她不是媒体报道当天就寄给对方，而是过了一两个礼拜再寄过去。过了一两个礼拜之后，报纸的效应慢慢过去，突然收到一封信，那封信上把有关报道非常好地装裱起来，而且信写得非常亲切，你一定很高兴去约见这样一个人。然后，她再打电话：“×× 先生吗？上个礼拜我寄了一封信给您……”“喂，您就是那个……”她往往用这个方法约访成功。

邮寄一封信给对你产品感兴趣的人，目的是引起对方的兴趣，让对方愿意与你通话或见面。如果觉得可行的话，不妨在信中夹上你的照片或者其他新奇的东西。同时掌握以下三点写信技巧：要简洁、有重点；要引起客户的兴趣及好奇心；不要过于表露希望拜访客户的迫切心。

有家美国保险公司为了消除电话约访的障碍，先给客户寄去了一张优待券，并在信上写道：“请您协助我们将调查表的几栏空白填好，同时撕下优待券寄回给我们，我们将赠送两枚罗马、希腊、中国等世界各国的古代仿制硬币。这只是对您的协助表示一点感谢。”

该公司寄出了三万多封这样的信件，反响良好，竟然接到了二万多封回信。这样，营销人员与客户之间的感情也就融洽多了，随后，客户很高兴地接受了电话约访的请求。该公司就从这二万多封信中，成功地达成了 6000 多份交易。

当然，采取这一办法，你必须根据所需费用及时间来考虑是否值当。在你未熟练使用电话之前，写信是极有帮助的，但也有例外。比如要是与那些声誉好、历史悠久的公司打交道，必须遵循传统的做法：在每次洽谈业务之前要先递一份书面邀请。

突出强调产品特色，激发客户兴趣

商品特色是最能激起客户兴趣或好奇心的卖点。因此，在电话约见的交流中，为了不让客户在未见面之前便失去兴趣，你应找出适当的机会向客户做出说明。

切记千万不要说得太繁杂或使用太多专业术语，让客户失去见面的兴趣。正确的做法是：

“孟先生，我是××钟表公司的电话销售人员。今天冒昧打搅，想向您介绍我公司最近研制成功的一种考勤打卡钟。它的特点是准确、精巧，质量可靠，在广东试销时返修率不到万分之一。价格也比进口的同类产品便宜30%，很适合像你们这样的商业单位使用。您看，我明天上午10时或下午3时去贵公司拜访您，可以吗？”

上述案例中电话销售人员对产品的说明简洁有力，说理充分，问话符合“二选一”的约见原则，对方接到这类电话预约，一般是会同意与电话销售人员直接面洽的。

善用暂停与保留

在打电话的过程中，你一定要善于运用停顿。否则讲了很长时间，但却不知道客户是否在听，也不知道客户听了你说的话后究竟有什么反应。适当地停顿一下就可以更有效地吸引客户的注意力。例如，在你讲了一分钟时，应稍微停顿一下，不要一直不停地说下去，直到谈话结束。客户示意你继续说，就能反映出他是在认真地听你说话。停顿还有另一个好处，就是客户可能有问题要问你，你停顿下来，他才能向你提出问题。

保留则是销售人员在电话中不方便说明时，或者遇到难以回答的问题时所采用的方式。举例来说，当对方要求业务人员在电话中说明费率时，业务人员就可以告诉对方：“这个问题我们见面时当面计算给您听比较清楚。”如此将问题保留到下一个时间，也是约访时的技巧。如下例：

“××先生，我公司工程师对你们目前使用的系统进行了研究和测试，他发现了许多问题。”

客户一听很着急，忙问：“什么问题？”

“问题牵扯到很多方面，在电话当中可能很难说清楚。我想还是见面跟您谈

可能更好一些，请问您明天有时间还是后天有时间？”

“人情 + 压力”约访

你可以把客户的心当成银行，不断地往这个“心”的银行存入情感，当你需要客户的帮助时，就可以在这个“心”的银行把“钱”取出来。人们都是不愿意欠人情债的，尤其是感情债。这时，你再向客户推销就容易多了。例如：

“杨总，还记得我吧，我知道您特忙，不好意思，又打扰您了。”

“是这样的，我刚刚在您附近的一个客户这里签单，有件事想请您帮忙，我知道这个忙只有您能帮上。我现在签的这张保单只有16000元，离我公司今年的冠军电话销售人员的20000元就差4000元，我只要再签一张4000元的单就可以成为公司的冠军。想想这个冠军，我就无比激动。我记得上次和您吃饭时您说过买保险只是迟早的事，今天已近岁末了，看来我要成为冠军销售员就全靠您了，请您一定帮这个忙。我正好就在您公司附近，不如现在就去拜访您。”

“那你就过来吧。”

“创造相关联想”约访

你先打电话给目标客户的相关部门或是相关人员，告诉对方你打电话的目的，探问到一些有关目标客户的讯息，然后再打电话给目标客户。

“您好，梁春先生，我是 ×× 公司的杨景。我刚才跟贵厂生产科的李雪雯通过电话，她说这件事情最好找您。我知道贵厂新近引进了一条德国生产线，需要一些新的原料，我想了解一下能否就你们的需求和我所能提供的产品进行会谈。您是具体负责这事儿吧？我前几天服务的一位与您的情况相似的客户，与我合作非常成功。我想我们的产品和服务能满足您的需要。您看我是礼拜二还是礼拜三过去拜访您呢？”

“生产科的李雪雯”就是一个相关性联想。经由这种联想，创造了与工厂的关系，也就有了沟通的基础。

熟人推荐约访

如果约见的客户是由同行、亲戚、朋友介绍的，与介绍人本身关系密切，那么在电话约见时，客户会很爽快地接受约见。中国人极重个人感情，即使他还没有拿定主意买你的推销品，看在熟人的面子上，他也愿意见你一面。

再次电话约访的技巧

许多电话销售人员在第一次约访客户没有成交之后就心灰意冷，放弃了再次约访客户的打算。这样，一旦时间拖得太久，客户的购买欲望降低，想要再得到客户的认同就不容易了。

要想最终达成交易，你就要趁热打铁，主动制造“契机”再访客户。再访技巧尤其是再访借口是电话销售人员最需要了解与掌握的。以下有几种不同的再访借口，若能好好运用，一定可以创造出再次约访的契机：

以索取或递交名片为由

客户通常不想把名片给不认识的电话销售人员，尤其是不认识的推销新手。一般电话销售人员初次与客户见面，都会递上自己的名片，你也可以试试反其道而行。不给客户递交名片，下次再次电话约访时，你就能以送名片的理由登门；或者如果你准备两种不同的名片，借更换名片或升职为理由再度登门造访。

以递交宣传资料、行业资料、刊物等为由

对初次登门的电话销售人员，客户不太能够接受但又不好意思拒绝时，通常会要求电话销售人员留下资料，等他看完以后再联络。有经验的电话销售人员会了解这是客户下逐客令的借口。倘若忘了留下再访的借口，可以利用这个名目，例如资料重新修订印制完成后再送来给客户参考，或是资料已经发放完毕，等公司重印好后再给客户送来。同时，专业的电话销售人员应当准备好几份不同的宣传资料，也可用免费赠与客户公司刊物作为再访的借口。例如，某些公司会出一些月刊、周刊、日刊或市场消息，过年时送月历、日历等资料。这样你就可以借亲自送达最新资料为由再访，带给客户看看，或是请教看法。

此外，如果你发现报纸或杂志上刊登着与商品相关的消息或统计资料，并足以引起客户兴趣时，或者利用市场发布重大消息的机会，提供市场人士或是自己的看法给客户参考，使客户有倍感尊荣的感觉，从而拉近彼此之间的距离。

借口自己恰巧在附近办事

说明自己恰巧在附近找朋友或是拜访客户，甚至是刚完成一笔交易均可，但千万不可说顺道过来拜访，这点是要特别注意的，以免让客户觉得不被尊重。还要注意，不需要刻意解释来访的借口，以免越描越黑，自找麻烦。

陪同直接上司拜访

第三者的造访会给客户带来压力，尤其是你的上司陪同前往时，更能提高说服力。上司协助电话销售人员开拓业绩，会使交易达成的可能性大大提升。

借重大节日或客户的重要日子再访

比如逢年过节送上一份小礼物，是与客户沟通情感的最佳时机和最佳运作方式，礼物可轻可重，要根据不同情况预先做一个判断。如果是非常有希望成交的客户可以送较重的礼。在客户或其家人的生日那天送上一张生日贺卡或鲜花等小礼物，也不失为有效打动客户的方法。

以向客户推介新产品信息为由

借公司推出新产品或者产品特卖之机，以新的利益点引发客户购买商品的欲望。例如某些商品在特卖促销时，经常会用“买一送一”、“买 1000 送折价券”的策略；又如，信用卡公司推出消费送积分以换取赠品，都是能够引发客户购买欲望的方法。

推销的商品还可以搭配成许多不同的组合，称为“套装”。不同的组合与搭配会有不同的效用，可以借此向客户请教某些问题，询问他有何观点或建议。

举行说明会、讲座时邀请客户参加

如果可以提供最新商品的资讯说明会，加强客户对商品的了解，或是提供免费的奖品，相信会吸引很多人前来参加。电话销售人员在送给客户邀请卡时，可以稍微解说讲座的内容，并在告辞前请其务必光临指导。

以填写客户问卷调查表为由

设计几份不同的问卷调查表带去请客户填写，问卷的内容主要是了解客户对于推销商品的接受程度与观念，或是对于商品喜好的程度。

总而言之，如何找寻再访客户的借口，用一句俗话来形容，那就是“戏法人人会变，只是巧妙不同”。在推销的领域中，推销技巧可以说是变化无穷，没有固定的模式，只要稍微用心，相信任何人都可以创造出独具创意的方式。传统的推销技巧已失效，新一代的业绩创造者必须要有新的理念与新的技巧。了解与掌握各种不同的再访技巧，将有助于提高电话营销业绩。

当约访遭遇拒绝时

大多数电话销售人员都惧怕进行电话约访，其原因只有一个：电话约访容易遭到拒绝。所以，空有大量准客户名单，却难以动用。当准客户拒绝电话约访时，你可以借助以下理念和技巧加以化解：

约访遭拒应秉持的理念

1. 把电话约访作为一种筛选客户的工具

以一位电话销售人员在名片中找到了250个客户名单为例。如直接上门拜访，一天见6个人，星期六星期天不休息，每次都能顺利地见到客户，也需要一个半月才能把每个人拜访一次，而仅仅一次是不太会看到什么进展的。而如果你通过电话进行约访，第一次打电话，可能没有一位客户同意见面，第二次有两三位，三次通话后，同意见面的人数会增加到40多位，再打一两次电话，又多出10个人来。只消半个月时间，手头就拥有了50名准客户的名字。

2. 要执著和有恒心

如果你能让客户感受到你的重视和认真，每一次打电话都会比上一次有更大的进展，最终会获得约见。

3. 电话约访不是学会的，而是“打”会的

你真正需要的是坚持打半个月电话，去适应拒绝、学会筛选，而后电话约访将成为你的销售利器，你将永不再为电话约访而烦恼。

4. 把电话约访也当成接触

要在每一次电话接触中给客户留下好印象，让客户越来越想见到你。

5. 客户的第一反应真实性不大

客户的拒绝并非是不可逾越的障碍，只要你对客户的第一反应做出恰当的处理，紧接着就会出现有利于你的第二反应。

处理拒绝应遵循的模板

对电话约访拒绝的处理，应遵循下面这个模板：重复、赞美、认同、转折、要求。具体地说，对客户提出的拒绝借口，首先应该重复一遍，这样既可以确认客户的拒绝理由，也可以让自己有一个准备的时间来整理自己的回答；接着可以根据客户提出的拒绝理由，对客户做出相应的赞美；然后再对客户的拒绝理由表示某种程度上的认同；接着可以婉转地对客户的拒绝理由做出对自己有利的转折分析，为自己与客户的接触面谈创造理由，最后再向客户提出见面的要求。

下面举一个常见的例子来说明这一点。当然，在实际工作中，情况往往更为复杂，需要电话销售人员修炼自我，提高自己的综合素质，灵活应变，以真诚赢得客户的信任。

客户：“我对证券投资没什么兴趣！”

电话销售人员：“陈总，您的意思是您对证券投资不感兴趣吗？（重复）其实像您这样事业成功的企业家，怎么可能会对证券投资不感兴趣呢？您做企业不就是在做投资吗？证券投资其实也就是一种投资嘛！陈总您真会开玩笑。（赞美）您的好朋友王小华先生一开始也和您一样，（认同）但他看到我们的材料后，认为很有价值，也给他带来了很多机会。所以，他嘱咐我一定要把这些资料给您拿过去，看看会对您的事业发展有什么帮助。（转折）陈总，您看明天还是后天什么时候方便，我来拜访您？”（要求）

化解拒绝的语言技巧

对准客户拒绝电话约访的每一种措辞，你可用以下相应的技巧来处理：

1. “哦！是关于哪方面的事呢”

你可以这样说：

“××先生，这些构想有可能对您非常重要，我希望能够当面向您解说清楚，另外，我还有一些细节性的问题必须与您讨论，请问您明天有空还是后天有空，我可以去拜访您吗？”

2. “你把资料寄过来就可以了”

这一答复方式也许是最难对付的一种。显然，资料肯定寄到了，只是你的那些潜在客户对此并不关心，也不会看那些资料。其实你的资料到哪儿去了并不重要，不是吗？关键是：你寄资料并不能对你争取一个潜在客户起到丝毫作用，这样对你取得预约帮不了一点忙。这种时候你可以说：

“我很乐意这样做，××先生，但是这些构想只有在符合您个人需求时才有用，有一些细节性的问题我必须亲自和您讨论，请问您明天还是后天方便，我可以去拜访您？”

或者：

“当然可以，这些资料具有很高的商业价值，我今天下午会在您公司附近，可以把资料直接拿给您。”

3. “不，那时我要去拜访朋友”

你可以这样回答：

“很抱歉，我一定是选了一个不恰当的时间，那么约明天下午4点是否会更好？”

4. “我有个朋友也在从事这种服务”

你可以这样回答：

“如果您这位朋友就是您的服务代理人，我相信他一定给您提供了很好的服务，我并不是想重复您已拥有的东西，不过，我们公司的产品在业内是独一无二的，相信您会有兴趣。请问您明天有空还是后天有空，我可以去拜访您吗？”

5. “我对……服务没兴趣”

你可以这样回答：

“我也觉得您不会对您从来未见过的东西产生兴趣，这也是我要去拜访您的原因。我希望我所提供的资讯足够让您做出明智的决定。”

或者：

“没有见过产品谁也不会贸然做决定，您说是吧？所以我想今天下午或明天上午亲自去拜访您。我们曾经做过详细的市场调查，这个产品对像您这样的企业有很大的帮助。您看我是今天下午还是明天上午亲自把资料带给您看比较方

便呢？”

6. “我很忙”

你给某人打电话，他们会说：“我太忙了，现在没时间听电话。”一般而言，推销人员的反应是问一句：“那什么时间打电话方便呢？”对方可能会说“你 11：00 再来电话吧。”

实际上，十有八九客户不会坐在那里，告诉你 11：00 再打电话只是他摆脱你的一种方式。

如何应付那些说“我很忙”的潜在客户呢？

你可以这样问：“王先生，我给您打电话的目的是为了跟您约一个见面的时间，您看下周二下午 3：00 如何？”别忘了，你现在并不是真想跟他谈正题，你只是想跟他约定一次面谈的机会。事实是：接电话的一方现在也不想谈正题。接电话的潜在客户一般不会同意这一提议，而且他很可能还会提出其他的拒绝理由。这种时候你可以说：

“是啊，您管理这么大一个公司，忙是一定的。所以我才会先给您打电话，以便确认一下您的时间，不至于浪费您更多宝贵的时间。”

或者：

您能把企业发展成这样的规模，就证明您是一位讲效率的人。我在想：您一定不会反对一个可以帮助贵公司更好地节约成本、节省时间、提高工作效率的系统被您所认知。是吧？”

7. “我对现状感到满意”

你可以说：

“哦，您说得是！许多人在了解这一服务对他们的好处之前，也和您说过同样的话。”

要注意：此时不要用超过三个问题来扭转形势。如果客户坚持他的意见，你可以直接说：“您先忙，我以后再打电话给您。”

8. “你这是在浪费我的时间”

你可以回答：

“如果看到这个产品能给您的工作带来一些帮助，您肯定就不会这么想了。很多客户在使用了我们的产品后，在寄回的‘客户意见回执’中，对我们的产品都给予了很高的评价，我们的产品帮助他们有效节省了费用，提高了效率。”

9. “你就在电话里说吧”

你可以回答：

“我去拜访您，大概只需要 5 ~ 10 分钟，向您亲自做个演示，这样您才能更好地了解我们的产品。您说是吧？”

10. “我不需要”

这是明确拒绝，电话销售人员不要灰心，要继续争取：

“在您没有看到我们的资料之前，您的这些想法我都理解。这也是我想拜访您的原因之一。”

“我希望与您见面，仅仅是为了介绍本公司的新产品，同时就一些问题向您请教，买与不买，决定权自然在您，多了解一些关于 ××× 产品的最新发展趋势、交流一些新的信息也不错，我也很想认识您这样的……”

经过努力，你就有可能达成约见。

第10章

以退为进，应对客户各类拒绝的技巧

应对“价格太贵了”的技巧

在销售活动中，价格永远是销售人员和客户双方争论的焦点，每一场销售几乎都伴随着价格之争。很多客户为了争取到更优惠的价格，往往不是说“你们这里的价格太贵了”，就是说“××那里比你们这里要便宜许多”。其实，客户的这种推脱之辞存在两种可能，一是竞争对手那里确实虚报了低价；二是客户无非想通过这种说辞获得更多的砍价还价筹码。对于这两种可能，销售人员要酌情处理。

竞争对手虚报低价的处理

其实，在各种产品、服务的推销生意中，我们都可能遇到那种狡猾的推销员——虚报低价的骗人老手。他们往往会报出一种虚假的低价格，引诱客户前来购买，然后假装出错、请求原谅，比如说原来的报价漏掉了某些费用，从而趁机以高价兜售出同类产品。

这个时候，乔·吉拉德会平静地对客户说：“我想一定是有人搞错了，您不用告诉我那个推销员叫什么名字，我只想知道他是哪家商店的。”客户说：“ABC商店。”乔·吉拉德接着说：“先生，我想为您做一件事，那就是证明我的买卖绝对是公平合理的。而且，我还会让您节约许多购物时间。您可能不信，那好，我证明给您看。”

说着，乔·吉拉德就打电话给ABC商店，然后把听筒递给那位客户，以便他能听到回音。“下午好，这里是ABC商店。”客户听到了。

然后，乔·吉拉德拿过听筒，问客户：“就是这家商店给您的报价比我的低，对吗？”客户点头承认之后，乔·吉拉德就对着话筒说，他要和该店一名推销员讲话。

“先生，三天前，我在本市的一家商店买了一辆车。可是等我今天上午去取车时，那儿的推销员却说他漏报了450美元的价，我现在告诉你我想要什么样的车，如果你出价比那家商店低的话，我就直接上你那儿买去，不过，要是你的报价仅仅是低一丁点儿的话，我就上别处去。你认为怎么样？”

如果那位推销员想让乔·吉拉德去一趟，或者询问他的电话号码，他就说：“不，我只想要你给我一个报价。要是合适的话，我和我太太今天下午就上你那儿去。”

几乎总是这样，推销员不大愿意在电话里报价，但是相持下去，他只好给出了报价。结果，那位推销员的报价是12700美元，而乔·吉拉德的只有12200美元。他悄声地问了问身边的客户，客户说那位推销员当面给他的报价是11900美元。

“请你对我的太太重复一遍你的报价，好吗？”乔·吉拉德问道，然后把听筒递给客户。

“12700美元。”推销员说。乔·吉拉德随即挂断了电话，对客户说：“瞧，我为您做了些什么？”乔·吉拉德把笔和订单递给他说：“请签下您的大名吧。”

有时候，客户会拿出一张推销宣传单，然后指着它对乔·吉拉德说：“乔，你看看这个，我能少花100美元买到它。”

遇到这种情况，乔·吉拉德只是说他不可能按那个价买到这件产品，因为那份报价可能没有包括别的一些费用，或者可能只是一种“上钩调包诱售法”。乔·吉拉德解释说，这种推销伎俩就是在宣传品上报价很低，但当你要求购那种型号时，他们会说已经卖空了，并且劝说、鼓动你买一辆更昂贵的车。

乔·吉拉德这样说的时候，他并不恳求客户相信他的话。相反，乔·吉拉德会用前面提到的同样的手法，给那位推销员拨电话询价，但乔·吉拉德不会告诉他看到过这份宣传资料，乔·吉拉德只想知道他的全面价格。

这一招往往百试百灵。乔·吉拉德总能挖到真实的报价，然后告诉客户，并且说服他转而买自己的产品。

价格异议的处理

很多电话销售人员都有这样的尴尬：报价时已经是按照公司的价格表报了，有时也能给客户降个2% ~ 3%，但客户还是不满意，除了说质量好或者这已经是

公司最低价之类毫无实质意义的话以外，实在无能为力，其实不然，这里还是有回旋和化解的余地的。来看看下面这个实战场景：

客户：“你们的价格似乎有点高啊，28 元一件，我在其他人那里得到的信息，最便宜的只要 8 元一件呢！”

电话销售人员：“刘总，您是行家，您肯定知道我们产品在材料和性能上都是那种只要 8 元钱的同类产品不可以比的。我前几天快递过去的样品，您一定过目了，相信您只要觉得我们的价格公道且产品可靠的话，是一定会买我们的产品的！”

客户：“可是这相差也太大了，价格上这么大的劣势，我担心销售量很难做上去啊！这空调罩本来就是小成本、低利润的商品，薄利多销才是上策啊！”

电话销售人员：“哈哈，刘总您说得没错，可是我们不能不考虑成本啊！以刘总您的眼光肯定也看得出我们这种空调罩的成本吧！”

客户：“当然我也不是要你以低于成本的价格给我货，你也不肯啊！利润大家都得要嘛！可是价格的确有点高啊！”

电话销售人员：“我们也想便宜点给您，可是现在我们在全国都是统一价格，打乱价格，我们会很难做的，希望刘总您理解啊！”

客户：“我理解你，可是你不理解我啊！没有价格上的优势，开拓一个新市场我们压力很大啊！”客户的口气软了下来，电话销售员能够明显感到客户的价格太高异议并不是真心的。

电话销售人员：“刘总您何出此言，如果我们不理解您，怎么会在您没做我们代理商前就以加盟商的价格给您货呢？我们怎么会对您连铺货数量的要求都没有……刘总您讲这话我可伤心了！”

电话销售员开始展开心理攻势。这时，客户刘总只是坐在那里打哈哈，不再说什么。

其实，同样的产品该客户前不久已经拿了一次货了，虽然数量不多，但足以说明产品的市场销量不错，提出“价格太高”只不过想多得到一些利润罢了。另一方面，也正是看到客户是一位潜在的大客户，销售员才敢于以加盟商的价格让客户提货。当然，客户刘总急着第二次来提货，也说明他很看重空调罩的市场效应，虽然空调罩只不过是其收入的一小部分。

正是牢牢抓住了客户的内在需要和真实的购买需求，在客户提出“你们的价格太高了”时，电话销售员才敢于适当地对其施压。

后来双方果然按原来的价格签了一千件产品的合同，结果在意料之中。

记住：无论你给客户什么样的价格，客户永远都会说价格高。这就需要你对自己的产品很了解，对行业了解。从质量方面说明你的产品价格是合理的是最常规也最有效的办法，但必须具体。另外，以巧妙的方法让客户明白，为了他更大的市场和机不可失的商机，这点投入是绝对值得的！

价格异议处理的技巧

“哦，这么贵呀，象山的工厂给我的报价比你的低5元呀，你看这是他们郑厂长给我的传真，你要是不降低些，我们可真没法和你做。”

大家都会遇到客户讨论价格的行为，许多客户因为价高就不理人了。这个时候，你怎么办?

首先分析原因。所谓价高，并非真的价高，仅是客户一种惯用语，发来的所谓郑厂长的价格不足为信。回答策略：一分钱一分货，其实一点也不贵。

1. 同类比较法

我们和同行的质量不相同，我们的质量通过认证，有保障，同行不能够做到，所以我们的价格比同行高，如：“市场××牌子的价格是××，这个产品比××便宜多啦，质量还比它好。”“给你的已经是最低价格，给你的同行高于你的价格，我们已经尽最大可能为你服务了，如果需要证实，我可以把给另外一个客人的报价给你看。”

2. 异类比较法

与同价值的其他物品进行比较。如：“××元现在可以买a、b、c、d等几样东西，而这种产品是您目前最需要的，现在买一点儿都不贵。”

3. 诉苦法

“现在原材料的价格在上涨，我们的经营成本在增长，所以我们的价格也上涨了。”“因运输成本的增长，我们的销售成本也在增长，所以我们的价格也比较高。”

4. 拆散法

将产品的几个组成部件拆开，一部分一部分进行解说，每一部分都不贵，合起来就更加便宜了。

5. 反问法

除产品特色及售后服务优势外，你也可以问客户“你认为多少钱合适？”把球踢给对方，也可以了解客户的心理价位底线。这样就做到了心里有数，然后再采取进一步的措施。

6. 平均法

将产品价格分摊到每月、每周、每天，尤其对一些高档服装销售最有效。买一般服装只能穿多少天，而买名牌可以穿多少天，平均到每一天的比较，买贵的

名牌显然划算。如：“这个产品你可以用多少年呢？按 × 年计算，× × 月 × × 星期，实际每天的投资是多少，你每天花 × × 元，就可获得这个产品，值！”

7. 服务制胜法

“我们提供的优质服务及我公司的信誉同行不能提供给你。因为我们的服务也需要成本，所以我们的价格比同行高点。”你可以列出你产品的优势，另外还有你今后服务的优势等。对于客户而言，产品的特色及完善的售后服务体系是其关注的。

8. 赞美法

通过赞美让客户不得不为面子而掏腰包。如：“先生，一看，就知道您平时一定很注重仪表和生活品位，不会舍不得买这种产品的。

必要时适当降价，给客户一个台阶， 也给自己一个回旋的余地。总之，即使别人的产品价格比你低，也不要贬低竞争对手。

应对“我再考虑考虑”的技巧

很多推销员都害怕听到客户“我再考虑考虑”的话语，并对这样的话语束手无策。有的推销员甚至在客户这样说后做出错误的反应，说些“这么便宜您还要考虑”或是“那我留张名片，您再考虑看看，需要时打电话给我”之类的话语，平白丧失了可能成交的机会。

客户为什么会说“我再考虑考虑”

当我们面对客户的时候，经常会听到这样的说法。“好的，我再考虑一下要不要购买。”听到这句话的时候，不要灰心。其实，这个客户已经是你的了，你完全能拿下这笔单子。或许你可以大胆地问一个问题：

“× × 先生／女士，我真的很想请您帮我一个忙。”

“当然，你说吧，我能为你做点什么？”

“× × 先生／女士，您会说您要考虑一下，除非对我们的产品真的没有兴趣，对吗？”说完这句话后，你一定要记得给你的客户留下时间做出反应，因为他们做出的反应通常都会对你的下一句话起很大的辅助作用。

“不，我只是想再考虑考虑。”

“别这样。告诉我，究竟是为什么？”

“真的不为什么，我只是需要时间想想。”

“×× 先生／女士，既然您真的有兴趣，那么我可以假设您会很认真地考虑我们的产品对吗？”注意，“考虑”二字一定要慢慢地说出来，并且要以强调的语气说出。（强调对方要认真考虑，而不是敷衍，从而延长你们的交谈时间）

“是的，但我觉得，你们的价格有点偏高！”

终于说出了真正的异议！获得这条信息后，你要立刻做出答复：“我也正想着会不会是这样，我很欣赏您对我的坦率，但 ×× 先生／女士，请您明白您所买的不只是该产品的品质，您买的更是我们长期为您提供的服务。以后在使用该产品的过程中，任何有关的问题都由我负责处理。一次购买，终生服务，您说这还贵吗？”

说这句话的时候，你得表现出明白他们在想什么的样子，在他们做出反应之后，你一定要弄清楚并更有力地推他们一把。这样，一桩很可能失去的生意又变得有希望成交了。

此时如果你能处理得很好，就能把生意做成，因此你必须询问客户，除了金钱之外，是否还有其他事情不好确定。在你遇到真正异议之前，最好全面分析情况。同时，你可以提出一些客户没有想到的异议——在交谈的过程中探究出他的实际想法来。成交后，要立即以写信、电子邮件、电话、短信息或亲自拜访的形式，去感谢你的客户。

化解客户拖延购买的方法

我们在提议成交之后，一定会有客户做出拖延购买的决定，他们常常会说“我会考虑一下”、“我们要搁置一下”、“我们不会骤下决定”、“让我想一想”诸如此类的话语。面对客户的这种“拒绝”，让我们看看乔·吉拉德是怎样处理的：

有一次，一对夫妇来车行看车，乔·吉拉德问：“你们选中自己喜欢的车了吗？”他们说还需要考虑考虑，于是乔·吉拉德对他们说：“你们知道吗？我跟我太太也和你们两位一样。”

“一样？那怎么会呢？”客户奇怪地问道。

“在作决定前，我跟我太太也是常常需要商量半天。正因为这样，在做销售时，我愿意让客户考虑，是因为我不喜欢我的客户感觉受到强迫。说实话，要是那样的话，我宁可不和你们做生意。请别误会，我真的很想同你们合作，但对我来说，更重要的是，你们能够在离开时有一种好心情、好感觉。”

“先生，我们很高兴你这么想。不错，我们从不向那种企图强迫我们做什么

的销售员购买任何东西。”那对夫妇说。

“讲得对，我很高兴听你们这样讲。我请求两位花点儿时间，好好想一想。”然后，吉拉德就闭上嘴，坐到他的椅子上去。

“乔，你不会介意吧？”他们中的一位说，“我们没有想过现在就……”

“啊，真对不起。是的，是的，我懂您的意思，你们想私下商量，对吧？”

“是的，先生。”

“那好吧，你们谈吧。”吉拉德回答说，“我去隔壁办公室打个电话，要是需要的话，请叫我一声。你们二位慢慢商量，不用急。”

当然，吉拉德知道“想一想”的含义对他们来说不会仅仅是几分钟，他们原来打算的可能是好几天。10分钟后，吉拉德回来了，若无其事地对他们说：“我有一些好消息告诉两位，我刚得知我们的服务部最迟今天下午就能把你们的车预备好。”

“我们想明天再来。”

“明天？”吉拉德笑了笑，“今天能做的事最好不要拖到明天，如果你们确实拿不定主意的话，可以多考虑考虑，我们都是利索的人，很快就会下决定的，对不对？”

“对，我们买了。”

由于推脱是大多数人的普遍特征，所以销售员总会碰上这种事，要是缺乏技巧，那推销成功的机会就会大打折扣。除了上文实战中提到的化解方式外，这里还有几个技巧介绍：

1. 询问法

通常在这种情况下，客户对产品感兴趣，但可能还没有弄清楚你的介绍（如某一细节），或者有难言之隐（如没有钱、没有决策权）不敢决策，再就是推脱之词。所以要利用询问法将原因弄清楚，再对症下药，如“先生，我刚才到底是哪里没有解释清楚，所以您说您要考虑一下？”

2. 假设法

假设法是指销售员在假定客户已经接受销售建议，同意购买的基础上，通过提出一些具体的成交问题，直接要求客户购买销售品的一种方法。例如：“××先生，您一定对我们的产品很感兴趣。假如您现在购买，可以获得××礼品。我们一个月才有一次促销活动，现在有许多人都想购买这种产品，如果您不及时决定，会……”假设法目的在于给客户适当的压力，不给客户过多的考虑时间。

3. 直接法

通过判断客户的情况，直截了当地向客户提出疑问，尤其是对男士购买者存在钱的问题时，直接法可以激将他，迫使他付账。如：“××先生，说真的，会不会是钱的问题呢？”

如果不确定客户是否真的要买，那就不要急着在金钱问题上结束这次交易，即使这对客户来说是一个明智的决定。如果他们不想买，他们怎么会在乎它值多少钱呢？请你记住：客户是你的朋友。我们不能有任何使用诡计去操纵他们的想法，这是作为一名销售员最起码的职业道德。

应对“过段时间再打给我”的技巧

“过段时间再打给我”的真正意思

当客户说“过段时间再打给我”时，多半是一个比较有礼貌的拒绝借口。美国某杂志有一则漫画，一位经理正站在他书桌后面接听电话，一手拿着他的日程表说：“不行，星期二我没空，永远都没空，我们可以永远不见面吗？”很好笑，也很真实。这就是“过段时间再打给我”的真正意思。

面对这种拖延的客户，有些电话销售员会无可奈何地放下电话，然后心存侥幸地等待客户的回音；有些电话销售员可能会就此放弃，因为他们觉得客户明显对自己的产品没有任何兴趣。这两种表现都不会在一位意志坚定的优秀销售员身上出现，他一定会采取更积极的方式来解决眼前的难题。

问问自己：“购买者真的需要你的商品或服务吗？是不是你的价格太高了？客户买得起你所推销的东西吗？”

告诉客户：“你要我过段时间再打给你，是不是有什么特别的原因？”不管客户说些什么，你都要同意他的说法。定一个确定的时间见面，哪怕还要再等6个月。在约定日期之前一定要记得再打电话过去，有时甚至要亲自过去。

探明客户的底限

你愿不愿意（有没有胆量）探一探客户的下限？如果你想推翻这个反对的理由，找出哪儿有生意可做，应该做以下这些事情：

1. 限定时间

这种方式很简单，电话销售人员只需要告诉客户自己所需要的时间（注意一定要保证这个时间不会让客户感到太长，但也要保证你能够在这个时间内给客户留下好印象），并且告诉客户，如果超出这个时间，你会自动离开。这样电话销售人员就首先为自己争取到了介绍自己和产品的机会，如果你的开场白比较精

彩，还可以进一步引起客户的好奇心和购物兴趣。例如："您只要给我三分钟的时间……"

2. 告诉客户拖延的代价

问客户知不知道拖延的代价，让他知道拖延的成本比现在购买还高，让他知道现在购买的优势，远胜于等待的无形支出。

3. 直接进入重点

如果客户已经明确表示自己的时间不够充裕，那电话销售人员就不要再用一些繁冗的客套话来增加客户的反感了，原则上应该直接进入谈话重点，迅速提出最吸引客户注意的产品优势。例如："××公司（举出说服力最强的客户名称）利用这种产品大大提高了计算机的运作效率……"

4. 提出最后期限

有时客户故意拖延时间，可能是想获得一些好处。此时，电话销售人员最好高度概括此时购买产品的最大好处，让客户明白，如果现在购买，6 个月后他可以省下多少成本，或者可以赚回多少（甚至全部）成本；如果超过了这一期限，那么这些优惠措施就会失效。例如："本周是我们的优惠周，如果在优惠期限内购买，不仅享受打折优惠，而且还会得到公司免费赠送的一份精美礼品……"

无论答案何在，有一个事实却是不争的：如果客户说"6 个月后再来找我"，表示你没有找出真正的反对原因，还有待努力。

应对"我想再了解一下"的技巧

让客户今天就购买

客户需要一台笔记本，以便生意上的沟通能够更方便、更迅速。他跟你通了话，听你介绍完毕，但是他却说想再看看。这可能不是真正的推脱理由。在这种情况下，你的目标应是让客户处于一个今天就会购买的情况，或者说出他推脱的真正理由。你可以试试这个法子：

客户："我再考虑一下，我想再打给其他店了解一下情况，等考虑清楚了再买。"

电话销售人员："你知道吗，琼斯先生，很多客户在他们跟我购买笔记本之前，也想过要做跟你一模一样的事。我相信你想以手头现有的钱买到最好的笔记本以及最好的服务，对吗？"

客户："那当然。"

电话销售人员："你可不可以告诉我，你想再了解些什么呢？"

客户："了解一下……"（这时他说的第一句和第二句话，应该都是真正的推脱理由——除非他只是想把你摆脱开来）

电话销售人员："如果在你跟别家公司做完……方面（一个个说出来）的比较之后，发现我们的最好，我想你一定会回来向我们购买的，对吗，琼斯先生？"（好了，这会儿是让琼斯先生说出打算的时候了）

电话销售人员："我们有很多客户在购买以前也想四处询问，但是我们都知道这会占用你很多宝贵时间。你想买一台笔记本的首要原因，就是想给自己更充裕的时间，不是吗？为了帮你省时间，我们已准备好一份市场调查表，里面是前20名竞争对手的商品一览表、服务项目以及价目表，我现在给您邮过去，您的邮箱是多少？……好的，（一边听一边记）我稍后就会给您发过去，麻烦你接收下。好啦！琼斯先生，新笔记本你想安装什么系统，是Windows 7还是VISTA？"

注意：客户现在一定大为惊奇，你把作业做得这么好，同时他也一定吓了一跳，自己竟然得马上做决定，要不就得说明自己真正的推脱理由。

应对客户"我想再了解一下"的小技巧

如何应对客户"我想再了解一下"的借口？销售员不妨采取这些小技巧加以应对：

1. 把本公司与竞争对手的同类产品同表竞价

一张你们公司与别家公司在商品、服务、价格等方面的对照表，可以让你的客户当场购买，而不会想再到别处看看。

2. 提议由你来替他作决定

也可以提议由你来替他作比较。让对方告诉你，他想比较哪些项目。告诉他，你会把结果用书面形式寄过去给他，由比较结果来决定是否购买。客户会说："我不想让你这么麻烦。"你回答："先生，我很重视你这笔生意。我不介意做这些。它可以让我有机会证实一下，我们确实是个中的佼佼者。况且，我们从来没有输过任何一场竞赛。"然后，鼓起你最大的勇气说："你要现在先买下来呢，还是要等比较结果出来了再说？"

应对“我没钱”的技巧

在销售中，有时任凭推销员怎么强调产品的好处，客户用“我现在没钱”、“我目前没这个预算”作为拒绝理由是很常见的。许多推销员面对这样的拒绝感到无能为力，总是不自觉就打了退堂鼓。其实，面对这种拒绝理由，推销员一样可以大胆运用销售技巧使推销活动继续进行。

客户真的没有钱吗

其实客户说没钱并不表示他不需要你所推销的产品。我们都很清楚，“心口不一”是人性的特色，无论中国人还是“老外”，常常嘴巴上说一套，心里想的是另一套。因此，电话销售人员捕捉到客户的这种拒绝信息时，千万不要打退堂鼓，紧张心虚，而应该理性看待这种拒绝。

电话销售人员冯秀玲虽然做保险不到一年，却也每每遇到客户两句话没说就声称自己没钱的情形。

“我没钱买你们的产品，更何况保险有那么多人没买呢！”一位客户在电话中就说三道四，百般挑剔和批评。

对此，冯秀玲的做法是“四两拨千斤”，漫不经心地说道：“您说的我都了解，但就是因为您可以拒绝，所以才应该买保险。哪天您拒绝的机会都没有时，这些话会变得很难出口。”

客户：“你说的我不懂。”

“今天天气不错，我们还是谈保险吧！”冯秀玲举重若轻的策略常常让客户感到自己再这么总是叫嚷都没意思了，于是，“乖乖地”言归正传了。

其实，被客户明示“我没钱”的，何止保险销售一个行业？其他产品的销售员在推销过程中也都会遇到这种“拒人于千里之外”的客户：“你推销不就是想从我这里拿到钱吗？我现在没钱，你还有什么好说的？”但不论什么样的拒绝理由，到优秀的电话销售员这里总能转个方向，变成反而是应该购买的理由。

找出客户“没钱”背后的真正意思

当客户说他没钱的时候，你要确定他所谓的没钱指的是什么意思，是他的口袋里现在没带钱呢？还是他真的已经身无分文了呢？抑或你的产品不能真正吸引他，他只是把没钱当作一个推脱的借口呢？找出客户所谓“没钱”背后真正的意思，然后想办法帮客户解决这个问题。这个技巧应该如此操作：

1. 拉拢客户的心

最简单的方法就是同意他的话，因为当他说“没钱”时，气氛不免有点对立，我们当然不希望彼此存有这种负面的感觉，因此要想办法将对立气氛降到最低。

2. 让客户心情放轻松

你要先采取缓兵之计：“你没钱没关系，我们可以先做个朋友啊！”这个很重要！先让客户的心情松懈下来，再做要求。中国人对于“做个朋友”这样的提议是不会拒绝的，通常都会附和：“做朋友当然可以！”简短几句话，一开始的对立情势，已经转为朋友之间的和缓气氛了。

3. 攻破客户心理防线

认了朋友后，电话销售人员就可以“以朋友的名义”发问：“既然我们是朋友，你可以帮我做件事吗？”当然客户第一个反应是：“糟糕！他要我做事了！”一般人都会说：“要看是什么事情啊！如果你要我借钱给你的话，当然不行。”“不是这样麻烦的事。因为很多客户都不愿意买产品，所以公司要我们做个调查。可不可以请你告诉我，你不买我们产品的真正原因是什么？”

4. 针对理由，各个击破

客户在销售员步步“紧逼”的形势下，通常都会想找一个借口搪塞销售员，这时候，我们应当马上反击：“是不是解决掉这个原因，你就愿意买？”这是个过滤手法，客户很可能心生惶恐，连忙说：“不是这样，还有别的原因……”之所以惶恐，是因为他知道自己已经被你的话套住了。这样抽丝剥茧，把不相干的理由一一滤掉，就可以探知客户心里真正的想法。比如：“我刚开始就声明了，我现在没钱买你们这个产品！这是真正的原因。”

5. 粉碎客户最后一个借口

客户说自己真正的理由是“没钱”时，怎么办？这时我们应该说：“这个产品这么重要，你就是借钱都要来买……”“我了解，现在很多企业的资金都很有限。正因为如此，我们才会推荐我们的产品，它可以用最少的资金得到最大的推广效果！不如让我亲自为你讲解一下好吗？你看这周三可以吗？”

记住：很多时候，你的客户说没钱只是借口，并不意味客户身无分文。客户的真正意思是：我没钱去买不值得相信的产品。如果能让客户相信你，客户会奇迹般地掏出钱来！

以大化小解决客户的异议

用“没钱”当作拒绝理由的客户分两种，一种是真正没钱，另一种是推托之辞。若客户连续多次都以没钱为理由而令你无法进行推销时，恐怕此时你必须另觅他法，因为客户可能是真的没有能力购买你提供给他的产品或服务。

若客户是推托之辞时，你可以学一学乔·吉拉德的“以大化小法”，继续进行你的推销活动。

乔·吉拉德认为，处理客户“我没钱”或是“价格太贵了”之类的价格异议，最好的方法就是把费用分解、缩小，以每周、每人，甚至每小时计算。例如，一辆标价为 15000 美元的车，按月付款的话，可能只需 300 美元，按天计价的话，可能只付 10 美元！当你说每天只需付 10 美元时，价格听起来就便宜多了，而客户也就会感到买得起了。

另外一些类似的例子如下：

“罗杰斯先生，按照每月付款的方式，您只需每月支付 300 美元，也就是说，每天还不到 10 美元；可是，您知道出租车公司出租这种型号的车，每天收取的费用却是 39.95 美元。想一想驾驶这辆车的无穷乐趣吧。您买得值，不是吗？”

“不错，斯坦利先生，这套计算机系统确实价格不低，但是它能降低您的劳务成本，能把您的雇员从单调重复的工作中解放出来，从而更大地提高生产力。”

“这件 500 美元的大衣虽然比那件蓝色的贵一倍，但您很喜欢它，不是吗？这种大衣您能穿上 10 年，它的风格款式依然精美雅致。相反，要是那件蓝色大衣的话，您会很快厌倦它的。500 块的东西能用上 10 年，这绝对合算。”

“您每天只要省下一杯咖啡的花费，就足以支付每月分期付款的钱，从而拥有这么好的商品。”

以上的说辞，目的都是以大化小，缓解客户的拒绝心理，暂时化解客户的这一拒绝，进而将你的推销导入正常的推销程序中，如果客户能认同产品带给他的利益，“没钱”这一拒绝理由自然不再成为托辞或借口。

如果你推销的产品确实让客户感到“物超所值”，确实能解决客户的问题，客户是否有预算将不再是最重要的问题。因此，不要一下就被“没钱”、“买不起”、“没预算”的说辞击退。

应对“我需要老板同意”的技巧

究竟谁是一级大老板

“您好！我是上次给您打电话的那个电脑销售员小李，您上次很看好我们的电脑，我想问一下什么时候能给您送货？”

“知道知道，你们的产品真的很好。可是，我没有权力动用公司的资产，我需要老板同意。”

当你听到这句话，是否感觉这种拒绝就像一道无法逾越的屏障，让你面对着它一筹莫展？推销过程中，我们会经常遇到这种情况，说话人或者自己就是“一级大老板”，但是他并不想告诉你他就是最终决策者；或者他有权决定是否和你做这笔买卖，但是他上面还有股东、总部、总公司，在程序上需要履行申请与批准的程序；也有可能对方是一位优柔寡断的人，他在很多事情上犹豫不决，不敢做决定，需要拒绝你之后一个人好好想想。但是，不管是哪一种情况，你都不要沮丧，其实客户这样说，有一半以上是谎言——一个令人沮丧的托辞。这种反对理由给你的挑战是，弄清楚他真的需要老板同意还是客户担心老板怪罪而不敢做主。一个简单有效的技巧就是：主动“出牌”，让客户来应答这个异议。例如：

有一次，销售员王军做软件程序推销，一位客户跟他讨论过各方面条件后，突然话语少了，而且闪烁其词，但又不放下电话。凭经验，王军知道客户对自己的产品已经没有什么大的异议了，客户现在在想打压价格的策略，而且很多客户都会说：“你的产品不错，但是我需要总部同意，才能和你做这笔生意。”现在，王军已经学会了应对的策略，一见客户犹豫不决，他一字一顿地问：“请问，您能代表公司给我一个决定吗？”

客户本来还在犹豫是否要做最后的决定，听了王军的这个提问，条件反射一样坐正了身体，反问道：“怎么，你看我不能吗？”

“当然像。不，您本来就是老板。那我们现在就签约吧？”

“好吧！”

王军用这一招挡住了不少客户“我需要老板同意”、“这需要总公司批准”、“这需要向总部申请”的拒绝信息，成交了不少订单。

想一想，当有人问：“你可以做主吗？”你心里会有什么反应？大多数人都

会表现出自己就是有权做主的人，虽然事实并非如此。电话销售人员正可以利用客户的这个心理，成功应对客户“我需要 ×× 同意”的拒绝信息。如此一来，客户被迫不得不当场做决定，那时他就没有后路可告诉你：“这个我不能做主，恐怕还要经过上级允许才行。”比如，当你想要向售货小姐要求折扣时，如果问她是否能做主，虽然她权限没有那么大，应该跟上级请示，可是往往会为了面子，硬着头皮表现出绝对的肯定。其实，她心里已开始做最坏的打算，就算把自己的奖金贴上去，也要撑这个场面。在如此冲动下所产生的议价模式，往往就把利益拱手让给了你。

应对“需要老板同意”借口的对策

应对客户需要老板同意的理由或困难，电话销售人员还有如下对策：

1. 询问客户有关取得老板同意的程序

如果客户坚持需要老板同意才能够给你答复，你不妨暂先采取缓兵之计，问问对方关于老板的批准程序：“那得多长时间？”“是一个人决定就行了，还是要全体委员会同意？”“如果需要委员会通过，他们什么时候开会？”“我可以提出企划书吗？”“你手头有没有企划书的样本？”“我可以跟决策者联络吗？”

2. 寻找解决问题的变通方法

有些时候，客户会有一笔可自由动用的预算；有时候预算有最高金额的限制，所以如果你能开立数张发货单，把大额数目分成小额数目，可能会奏效。有很多方法可以避免这种异议的发生。

3. 催促客户马上与老板联系

“既然一定要老板同意才行，那么就趁我在您这儿的时候，跟他们联络吧，如果老板有什么情况需要了解的，我也好马上答复他们。您说对吗？”或者请求客户当场和老板通话以判断客户所言是否属实。如果对方解释无法马上和老板联络，很可能你们所谈的买卖并不需要老板批准。当看到客户闪烁其词、目光飘忽的时候，至少你能够判断对方没说实话。

4. 巧妙打探到其他决策人

我们的目的是，在做商品说明之前，弄清楚还有没有其他决策人。在询问是否还有其他决策人的时候，可以这样问：“还有没有其他人参与这类问题的决定？”而不应该问些太直率的问题，比如：“你是唯一的决策者吗？”这听起来销售意味太浓了，而且对客户有点侮辱的意味。

5. 让客户说出事实

如果你不相信客户说的是实话，找出真正的反对理由来。客户是否说实话，一试便知："告诉我，××先生，如果不需要老板的同意，你会不会购买？"如果回答"会"，那么你已经跨越了做成这笔生意的第一个障碍，不管老板同不同意。

总之，如果你真的想要这笔生意，就要尽全力去争取。不要让总公司妨碍你接到一笔大订单。到总公司去，把订单拿到手，有人就这么做并取得了成功。

应对"我得和……商量商量"的技巧

当你听到这句话："我得和……商量商量。"就该知道自己已经犯了大错。你对客户的求证工作做得并不够！举例来说，当你做完产品介绍后，这个客户可能会说："嗯，我知道你们的产品非常好，可是我觉得我应该回去和家人商量一下再决定。""我需要和我的搭档商量一下。""我需要听一听经理们的意见再做决定。"

找出客户真正的抗拒点

在这个时候，对方可能不会真正告诉你他的抗拒点，因为许多客户怕一旦知道他的抗拒点以后，你就很容易让他们招架不住而解除他们的抗拒。当这种情况发生时，你要问客户：

"请问是什么原因让您做出这样一个决定的呢？您是需要听一听其他人的意见还是想让其他人帮助您分析心中的疑虑？"

当然客户会条件反射地否认："我没什么好疑虑的。我只是需要听一听他人的意见。"

这时，你要马上追问："请问是什么原因让您现在不容易做出这个决定呢？请问是价格的问题吗？"

如果客户否认，你就再举出一个客户可能会拒绝的原因进行确认，当然客户可能会顺着你的话回答说："是啊。"接下来你所要说的是："先生/小姐，请问除了价格以外您还考虑哪些因素呢？"

每当客户回答一个抗拒的时候，你再继续追问下去说："请问除了这个考虑因素外，您还有什么考虑呢？"

一直这样不断地问下去，客户一定会说出那个最隐秘、最根本的考虑因素。这就是你解决问题的根本着手点了。

当你用这种方法找出客户背后的那个真正的抗拒点之后，接下来你所要做的

事是要问客户：

“先生 / 小姐，我了解您关心这件事情，请问我能够做什么来让您解除掉对这件事的疑虑呢？”

如果客户最后讲的是“我担心你们售后服务的质量有问题”，那么你可以问：“请问我们在服务上应该做到哪些事情或是我们应如何来提供我们的服务，才能够让您对我们的服务满意呢？”

这时候你就可以静待客户回答出他的想法，如果你能够做到客户所想的，那么你就能够成功化解客户的拒绝。

化解客户的抗拒点

如果客户提出要和其他人商量商量，如何确定这是一种拒绝策略还是对方真的需要和其他人共同做出购买决定呢？除了事先对客户的求证之外，你可以采取以下技巧：

1. 加入客户阵营

开始用“我们”这一类的措辞。让自己加入客户的阵营，在推销时，便能使客户站在自己这一边。比如“我们要做些什么？”“我们什么时候可以把他们凑在一起？”“我们怎么让他们聚在一起？”等。

2. 了解客户的“个人态度”

“琼斯先生，如果只是你一个人，不用和别人商量的话，你会不会购买？”（客户差不多都会回答：“会。”）这时继续问：“这表示你会向其他人推荐我们的商品了？”

3. 解除掉客户最后所提出的抗拒点

每个人在购买一种产品时，都有一个或两个最重要的购买诱因，同时也有一个最主要的抗拒点，当你得到这个信息以后，就应该花 80% 以上甚至是所有的心力，先解除掉他的抗拒点。

4. 重新做一次商品说明

只有在你想得到这笔生意时，才有这么做的必要，否则把它交给客户就可以了。客户通常自认为可以胜任，而且会尽一切努力让你相信这点。

5. 灵活修改你的问题

当客户还在犹豫不决的时候，你不妨追问对方一些这样的问题：“现在我想核对一次，或许是多余的，但是我想弄清楚任何可能的疑虑，所以请问你：价钱有没有问题？服务有没有问题？我有没有问题？商品有没有问题？公司有没有问题？你有什么疑惑？你觉得商品好到值得拥有的程度吗？”并且依你所推销的商品或服务来修改这些问题，让它更符合你个人的情况。

6. **安排时间与所有决策者开会**

如果客户确实需要和其他人“商量商量”，销售员应尽一切方法去安排时间与所有决策者座谈。在你的时间表上留几个空档。以这些时间为由，让客户确定一个你能够与决策小组见面的时间。

不论客户需要和谁“商量商量”，销售员要做的就是控制情况的发展。如果你犯了错，让客户变成你的推销助理（代替你去找他的伙伴），你一定稳输无疑，没有例外。

应对“我对你们的产品没兴趣”的技巧

客户常常说：“哎呀，我对你们的产品没有兴趣。”我们知道，通常一个人对一件事情没有兴趣大致有四个原因：了解一点，但有误解，所以“没兴趣”；全不了解，“兴趣”无从产生；拒绝推销的借口；真了解，理性使然。

分析客户拒绝的具体原因

电话销售人员遇到这种情况时，应该分析客户拒绝的具体原因，区别对待。下面来看看电话销售员亚伯特·安塞尔的做法：

亚伯特·安塞尔是铅管和暖气材料的电话销售员，多年以来一直想跟布鲁克林的某一位铅管承包商做生意。那位铅管承包商业务极大，信誉也出奇得好。但是安塞尔一开始就吃足了苦头。那位铅管承包商是一位自负骄傲的商人，以打击捉弄别人为能事。当亚伯特·安塞尔给他打电话的时候，总是听他咆哮着说：“你们的产品，我没兴趣！不要浪费你我的时间！”

最近，安塞尔的公司正在商谈，准备在长岛皇后新社区办一间新公司。安塞尔想到那位铅管承包商对那个地方很熟悉，并且在那做了很多生意，因此，安塞尔想试试另一种方式，避免一打电话就说“我是来推销铅管的”而被拒绝。

安塞尔再次给那位铅管承包商打电话时说：“×先生，我今天不是来推销什么东西的。我是来请你帮忙的。不知道你能不能拨出一点时间和我谈一谈？”

“嗯……好吧”，那位承包商说，“什么事？快点说。”

“我们公司想在皇后新社区开一家公司”，安塞尔说，“你对那个地方了解的程度和住在那里的人一样，因此我来请教你，这样做是好呢还是不好呢？”

情况有些不同了！多年以来，那位承包商一听是销售人员的电话就大吼着

挂机的情景不见了！因为，今天这位电话销售人员是特地打电话请教他意见的，想一想，一家公司的销售人员当然知道自己应该干什么，但现在居然跑来请教自己，说明自己在这个行业还是一个举足轻重的人物。

接着那位承包商一改惜言如金的习惯，用了一个多小时，详细地解说了皇后新社区铅管市场的特性和优点。他不但同意那个分公司的地点，而且还把他的脑筋集中在购买产业、储备材料和开展营业等全盘方案上。

再后来，当安塞尔为此登门拜谢的时候，他不仅和那位承包商成了朋友，而且他的口袋里装回了一大笔初步的装备订单。那位过去对安塞尔的产品一点也不感兴趣的骄傲的家伙，现在常常和安塞尔一起打高尔夫球呢。

化解客户“没兴趣”的语言技巧

通常，客户说他没兴趣的时候，多是一种拒绝手段。如果你碰到这样的客户，劈头盖脸地对你来这么一句，作为电话销售人员，你应该这样应对：

“了解后可能就有兴趣了。好多事都是这样，知道了用处，就有兴趣拥有它。所以，不妨让我为您介绍一下它的用处，您觉得好呢，咱们接着聊，最后要不要购买，反正全由您。”

“是，我完全理解，对一个谈不上兴趣或者手上没有什么资料的事情，你当然不可能立刻产生兴趣，有疑虑有问题是十分合理自然的，让我为你解说一下吧，星期几合适呢？”

“× 先生，我今天不是来推销什么东西的。我是来请你帮忙的。不知道你能不能拨出一点时间和我谈一谈？”

“油价上涨没人感兴趣，但汽油不买不行呀，没油车怎么开？所以，很多事不是兴趣的问题，而是需求的问题。你我好比一部车，现在可都开到人生高速路上了，我们的产品就是你我油箱里的油和车上的备用胎，不是有没有兴趣带上它的问题，而是必须带上，不然，谁不带，谁就有可能半路抛锚。你说呢？”

“我非常理解，先生，要你对不知道有什么好处的东西感兴趣实在是强人所难。正因为如此，我才想向你亲自报告或说明。星期一或者星期二过来看你，行吗？”

“像您这样的人对保险没兴趣完全可以理解，事业兴旺、生活殷实，怎么会有时间想到风险？想起来都觉得倒霉。这样吧，这种您不愿意想的事情，交给我来为您想，我的工作就是整天琢磨怎样帮助别人摆脱倒霉的事情发生。”

“就是因为你对我们的产品没兴趣，所以你更应该购买我们的产品……因为我们有很多非常好的客户，当他们在一开始跟我们接触的时候，他们都说自己没兴趣，但是当他们看了我们的产品后，往往改变了自己的主意。”

“我能占用您几分钟的时间跟您说一下吗？如果我说了之后，您不感兴趣的话，我会马上走开的。”

第11章

掌握火候，电话销售中有效成交的策略

注意客户的反应

电话销售人员肩负着推销公司产品或服务以及代表公司满足客户需求的双重职责，所以如果电话销售人员能够根据客户的反应识别客户的类型，就可以一举两得，而且还能更快满足客户的需要，为之提供解决问题的办法。掌握了这些知识，可以节省与客户打交道的时间、费用，并减少受挫的次数。下面将介绍几种典型的客户类型以及应对这些客户的技巧：

犹豫不决型

这类客户虽然觉得产品不错，对自己也有用，但最后一般不会做决定。这类客户一般具有如下特征：不能做决定，不能直截了当地处理问题；如果面对面交谈，无法保持目光接触；在电话中不会做出什么承诺；做决定时总要和别人谈。下面这位客户就属于犹豫不决型：

电话销售人员：“您好，我是××公司的业务员，我们的业务是为用户提供一套开源节流的计划。”

客户：“哦，这挺好的啊。”

电话销售人员：“我们愿意对你们公司目前的库存状况进行一个调查，并告诉你们如何运用我们的新方法来盘活你们库存资金的15%。”

客户：“哦，这样啊。”

电话销售人员：“但是在您接受这项服务之前，我们公司要收取100元的预付金，但是请您相信，我们给您带来的收益远远不止这点。”

客户：“哦，可是我现在不能定，以后再联系好吗？”

对于犹豫不决型的客户，电话销售人员可以采用以下技巧：

（1）不要给对方提供太多的选择或建议。

（2）你要控制通话的时间长短，如果要回电话，你在和对方约定时间时，也给出两个时间。

（3）当对方提出异议时，应先附和，再转到有利于产品的话题上。注意不要让对方的异议影响到你的看法。

（4）你应明确或肯定自己说话的口气与方式，这样会让对方感受到你的自信。

（5）如果他们希望与别人先谈谈，那你就要鼓励他们一番，然后建议他们打电话讨论，并主动提出如果他们遇到技术性问题，你可以帮他们解答，并确定具体时间给他们回电话。

（6）你要表现出坚定的态度，说话要直截了当，这样效果会更好。

难以满意型客户

这类客户对你的任何一项服务都不满意，他们总是有牢骚可发，抱怨产品、服务、公司或者几乎所有的事。下面这位客户就属于难以满意型：

客户："你这服务态度也太差了吧！"

电话销售人员："对不起，非常抱歉，今后我一定改进。"

客户："你竟然弄错了我订购的产品。"

电话销售人员："真是对不起。我马上给您换。"

客户："你以为我们客户就是傻瓜啊。"

电话销售人员："我绝对没有这个意思。您有这样的感觉，我很抱歉。"

客户："你们到底有没有客户服务的意识啊？"

电话销售人员："真对不起，以后我会注意的。"

应对这类客户的反应，可以采用以下技巧：

（1）立刻接受客户的指责，这样可以直接淡化他的不满情绪。

（2）肯定客户的抱怨是有价值、有根据的。这样能使他感到你非常真诚、可信，并且善解人意，抱怨声也会慢慢平息。

（3）对客户的心情表示理解。

（4）想办法与客户统一观点，扭转被指责的态势。

（5）听了客户的牢骚，不要往心里去。电话销售人员要清楚客户的牢骚不是针对你一个人，不要影响你接下来的工作。

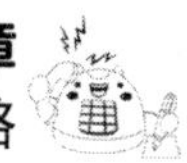

反复无常型

这些客户的典型特点是答应好的事，过不了多久就又变卦了，下面这位客户就属于反复无常型：

电话销售人员："陈总您好，我是小李，上次咱们谈了关于安装空调的事，我今天派安装人员过去，您安排一下好吧？"

客户："这个事啊，就今天吗？可是我今天比较忙，有会要开，要不就这样，你再过两天打电话过来，咱们再谈。"

电话销售人员："陈总，咱们这事已经定过三次了，您对这个中央空调也满意，现在天也要冷了，尽快安上也可以避免员工感冒，你说是吧？"

客户："对，这是肯定的。"

电话销售人员："陈总，今天您开会要到什么时候结束啊？"

客户："估计要到十二点的样子。"

电话销售人员："那您下午没有什么别的事情吧。"

客户："下午很难说。下午我跟客户有个聚会。"

电话销售人员："陈总，这样，我们的人现在就过去。咱们花半个小时时间，您安排一下接下来的工作，我们就和其他人具体交涉了，您还是可以去参加您的聚会，不会耽搁。您觉得呢？"

对于这类客户，电话营销人员可以运用以下技巧：

（1）尽力维持一种平和的、通情达理的语调。

（2）要平等对待客户，不要居高临下。

（3）用非技术语言解释有关技术问题。

（4）站在顾客的立场上来考虑问题。

（5）如果客户不信你，就向他们推荐他们可能想要的独立的消息来源。

（6）不要太早结束谈话。

（7）不要介意客户所说的不敬的言语。

捕捉客户的成交信号

成交信号就是客户决定与电话销售人员达成交易的外在表现。很多电话销售人员的沟通能力很强，可是他们的重点都集中在去了解和挖掘需求、建立关系上，很少要求客户下订单，谈来谈去，最后却没有成交。所以你一定要抓住机会，及时把握住客户的成交信号，在电话中就促成客户下订单。

机会一直在你身边，就看你怎么把握它。过早过晚都会影响成交的质量与成败。过早提出成交，因条件不成熟，客户与电话销售人员的思想尚未达成一致，容易遭到客户的拒绝；过晚提出成交，客户的购买冲动已逐渐减弱，甚至已经平息，客户可能又有了新的打算，对成交要求会显得迟疑与犹豫，增加了成交的难度。所以电话销售人员要善于抓住成交时机，果断地提出成交要求，以免功亏一篑。

在电话销售业务中，怎样准确捕捉客户的购买信号呢？成交信号在推销过程中的任何阶段都可能出现。电话销售人员要以灵敏的嗅觉抓住商机，促成交易。

语言信号

当客户有心购买时，从其语言中可以得到判定，例如，当客户说："有现货吗？"这就是真正感兴趣的迹象，它表明成交时机已到；客户询问价格时，说明他兴趣极浓，商讨价格时更说明他已经要购买。归纳起来，当客户有意成交时，有以下"语言信号"显现：

（1）言谈中给予一定程度的肯定和赞同或频繁地表示同意。

（2）若客户总在问："先生，请问这车子的时速最快可达多少公里？"此时，客户不仅已对商品发生兴趣，同时也意味着准备购买了。在这种情况下，电话销售人员可以说："我们约个时间请您试驾一下，如何？"

（3）询问价格。如具体提出产品价格问题，打听新旧产品的比价，与竞争对手的比价等。

（4）客户关心销售后的服务问题，问一些售后程序方面的问题（如付款、运输、启动日期、请教商品的使用方法等），例如：当客户说："我们最快要多长时间可以拿到产品？"这就是一种有意表现出来的真正感兴趣的迹象，或向你寻求产品/服务的建议和保证，如"如果我不满意可以退货吗"等，它们均表示成交时机已到，客户已产生了强烈的购买意图。

诸如此类的语言信号还有：

"你们什么时候能送货？"

"我能用信用卡付费吗？"

"那机子出现问题怎么办？"

（5）询问产品的细节，比如对产品质量及产品加工提出具体要求；询问产品如何维护、保养等，如果客户不想购买，他是不会浪费时间询问产品的细节的。

（6）和同伴议论产品。

（7）重复问已经问过的问题，或者客户不断反复问同一问题的时候。

（8）当你将商品的有关细节和付款方法说明之后，客户显示出认真的语气，你应及时以温和的口吻说："您要不要先试试看？"然后耐心等待回应。如果客户还有疑虑，再设法打消。

（9）当推销介绍结束后，客户轻轻地松一口气，恢复沉默，这时你可以提出成交请求。

（10）有些客户口若悬河，积极参加讨论，讲述一些参与意见。另一些客户则镇静自若，专心倾听，只偶尔询问一下付款方法。这些都表示客户对商品有浓厚的兴趣，已准备购买了。

（11）当客户再次询问样品、说明书、广告等的时候；声音开始活跃，态度更加友好，电话里不时传递微笑的时候。

语言信号的种类很多，有表示欣赏的，有表示询问的，也有表示反对的，应当注意的是，反对意见比较复杂，其中有些是成交的信号，有些则不然，必须具体情况具体分析，如果你能有意捕捉和诱发这些语言信号，就可能顺利交易。

下面通过一个案例来具体说明客户的成交信号：

小李："我为您介绍这款T-1988型，它可以自动进纸，自动出纸，同时具有来电显示和呼叫转移的功能。"

客户："它可以进行无纸接收吗？"

小李："是的，这一机型体积小，安装方便，非常适合家庭使用。"

客户："噢，那价格是多少？"

小李："1388元，我们的价格相对来说是便宜的。"

客户："你们送货上门吗？"

小李："我们为您提供很完善的售后服务，如果您买后发现有产品质量问题，在一个月之内随时包换，一年内包修，终身免费维护。全国22个大中城市都有我们的售后服务处，您尽管可以放心地购买。对了，我们还提供北京五环内免费送货上门的服务，您看是不是很方便？"

客户："货多久可以送到？"

小李："您订货后的第二天上午就可以送到。"

客户：……（沉默）

小李："我们的产品，不论从质量还是从价格上来说，目前在市场上都极有优势。"

客户："可是我认为你们产品的价格还是有些偏高。"

本例中，实际上客户先后发出了四个购买信号，可是电话销售人员未能留心加以识别，结果导致客户有机会又提出了新的异议。这四个购买信号是：

（1）询问产品的细节。客户询问该传真机能否进行无纸接受的细节，实际上他已经发送出购买的信号。如果客户不想购买，是不会浪费时间询问产品细节的。

（2）询问价格。客户询问该传真机的价格，实际上他已经再次发出了购买信号。如果客户不想购买，一般情况下，是不会浪费时间询问产品价格的。

（3）询问能否送货上门。送货上门是一个售后服务细节，此时客户已发出更加明显的成交信号。

（4）询问交货期。当客户询问交货期方面的问题时，说明他的购买欲望很浓，这时也是最有希望达成交易的时候，电话销售人员此时应该迅速提出成交，以免错失良机。

事态信号

事态信号即与业务活动有关的事态发展所表现出的成交信号。例如，客户提出转换洽谈场所和地点；向业务人员介绍有关购买决策过程的其他参与人员；提出变更业务程序，提出安排业务人员住宿、吃饭；客户愿意接受电话销售人员的约见，甚至主动约见电话销售人员；客户来电主动索取推销品的有关资料，阅后提出各种有关问题和异议；客户接受电话销售人员所在企业的邀请，出席新产品展示会、订货会等有关活动；客户来电委托办理个人私事。

及时发现、理解、利用客户表露的成交信号，主要依靠电话销售人员的细心观察与体验，这种能力要通过不断地实践与总结才能形成和提高，是一种长期努力的结果。

辨识决策者

罗伯特·马格南说过：“如果你想把产品卖出去，就得去和那些有购买决策权的人进行谈判，否则，你就会徒劳无功。”在你成功地突破了接线人这一屏障之后，面临的下一个难题就是——如何找到最后的决策者。

辨识决策者的重要性

电话销售人员如果找不到决策人，这种销售沟通就像在射击比赛中没有找到自己要射的靶心一样，即使有正确的方向，到最后也是白白浪费了时间和精力，

走向销售失败的结果。这也印证了管理学大师彼得·德鲁克的一个观点：不仅要正确地做事，还要做正确的事。找到具有决策权的客户，这就是销售人员应该做的正确的事。只有找到真正起决定作用的人，具有实际意义的销售沟通才可能得以开始。所以，学会辨识谁是最后的决策者是相当重要的一件事情。

辨识决策者的过程如下：

可能遇见的三种情况	起到的作用或效果
第一决策人可能把你介绍给他的下属，要求他们来听你的推介	在这种情况下，你会得到这些较低级决策人更好的待遇和更高的注意力
你亲自向第一决策人做推介	即使你被他拒绝了，他也可能会把你推荐给其他高层管理者
对方也许会同意进行一次面对面的交流	如果你善于沟通，这种情况很有可能发生，这对你来说更有利

那么，电话销售人员如何辨识并找准决策者呢？

找准决策者的方法

对于小型企业来说，最后的决策者往往就是企业的老板。而大中型企业，因为涉及的相关部门和领导比较多，人事关系比较复杂，找到拿主意的人可能是一个复杂的过程。你也许需要和多个人打交道，他们可能是在一个垂直的层面上，也可能是在一个水平层面上的人，甚至关系交互复杂。

通常，找到拿主意的人的最好办法就是直接简单询问，例如：“张经理，这件事是您自己就能决定，还是会有其他人参与决策？”

如果你觉得决策流程很复杂，或者若是你很难将决策流程看清楚，可以试着使用以下办法识别购买决策人：

可能对你有帮助的内容	一些中肯的建议
你公司的文档所提供的相关信息	当你的目标客户是一个从前的客户或你想让已存在的客户增加购买量，那从前的接触记录与合同会给你提供相关的信息。虽然客户公司的人可能换了，但相对应的位子可能还是决策的位子
客户的头衔或其公司的宣传册、网站介绍等	可以很好地展示对方在一家公司中的地位
尽可能在纵向的层面上从高层开始	若你被介绍到下一层面，你的跟进工作实际上已经得到对方高层的初步认可
同一行业中流程的决策者会是相同或相近的	参考同行业中其他公司的经验来指导你；和其他有类似经验的电话销售代表谈谈会对你有所帮助

如果你是销售给家庭客户，同样，你最后的策略是直接问：“李太太，这件事是您决定，还是家里还会有其他人一起决定？”当然，只有在你认为真有必要时再问这样的问题。你自然不会希望你的问题提醒了李太太“对了，我还是和我

先生商量一下再说。”无论你是销售什么产品，找到最后的决策者都是必需的，不过这一关，你会浪费很多时间。

我们来看一个辨识决策人的案例：

某传媒有限责任公司因制作部扩编，原有的办公设备已不够用，需要购买10台电脑。于是，制作部按照公司程序向经理办公室写了一份购置电脑的申请。办公室主任经过与策划部主任沟通，了解情况后，与电脑部主管商量，欲从其他部门调配几台旧电脑。如调配不成功，办公室主任就会签署同意购买意见，并同时上报经理批准，一般情况下，经理会同意办公室主任的意见。如果申请报告被批准，后勤处主管将完成电脑的询价等内容，并将结果报告给办公室主任，然后，办公室主任与策划部主任协商决定购买哪种电脑。

假如你是某知名电脑公司的电话销售人员，你觉得在策划部经理、经理办公室主任、电脑部主管、公司经理、后勤处主管这五个人中，谁才是真正的决策人？你应该把谁作为重点人物进行推销呢？

通过以上案例我们可以了解到：电脑的使用者是策划部经理，电脑的购买与管理部门的负责人是经理办公室主任，电脑部的主管是参与者，也就是影响者，公司总经理是最终决策人，后勤处主管是执行者。我们可以进行分析，在这种比较大的公司，一般情况下，公司最高决策人很少决策买电脑这种小事，职能部门决策办理的比较多。而电脑部主管和后勤处主管影响也比较小，只有经理办公室主任是电脑购买程序的关键人物，他的意见具有决定性作用。所以，你应该把经理办公室主任作为首要的推销对象，以利于推销的成功。

盯紧决策人

电话销售人员在找到真正的决策人之前往往要越过客户公司的层层障碍，如秘书、接线员等，有的甚至还要绕过多重手续，因此，找到决策人是件不容易的事情。在交易的关键阶段，则更要紧紧抓住决策人，因为只有他们的话才能决定成交与否。同时，电话销售人员不光要紧紧跟进，更要善于引导决策者，让他们做出电话销售人员所要的决定。

善于紧盯决策人

在电话促成阶段，与决策人的沟通将直接决定电话销售的成败。因此，任何

一个优秀的电话销售人员都不能忽视提高这方面的能力和技巧。下面是电话销售人员小王紧盯客户的一段对话：

小王："李总，您好，我是××广告公司的小王。上次跟您谈的事情您考虑得怎么样了？"

客户："嗯，你说的是刊登广告的那件事吧？"

小王："是啊。上次跟您谈了具体细节。我们公司不仅只收会员费，而且还有针对性地给咱们公司做广告宣传，这对企业来说，既省了钱，还能达到更好的效果。"

客户："是的。"

小王："李总您也知道现在广告的费用都相当高，除了咱们这个理事会会员的广告形式，其他哪个地方可以免费做4期每期4个版面的广告啊？其他任何一家广告公司都不可能做到。您说是吧？"

客户："这我知道。"

小王："咱们的理事会成员每年的会费是1000元。您想想，现在随便一个整版的黑白页广告最少也是两三千元。您也说了，这对企业是件好事，那我们就把它放进日程里，把这事抓紧办了行吗？"

客户："行，过几天有笔现金，现金一到我们就办。"

小王："好，那这事就这么定了，您抓紧时间把公司的资料准备一下，再准备两张您的照片。明天我去取，您看行吗？"

客户："这样吧，三天后我给你打电话。"

小王："三天后……那就是星期四，是吧？好的，那我星期三先给您一个电话，约一下具体时间是上午还是下午。您看合适吧？"

客户："那好吧，再见。"

上面的案例中，电话销售人员较多地运用了肯定性的语气提问，这样给了决策人一个非常强烈的暗示，让客户说出了肯定的答案。并且在交谈中，电话营销人员表现出为客户谋利的心态，把决策人的时间利益和经济利益放在第一位，从而使客户在内心认同电话销售人员的诚恳态度，更积极地与电话销售人员进行交易。

盯紧决策人的技巧

在跟进、引导决策人的过程中，电话销售人员可以运用以下几个技巧：

1. 要穷追不舍

当客户对你说"下次再谈"或是"明天我给你回电话"时，电话销售人员不能太相信。因为这很有可能是客户在找借口推托，也许下次根本就没有时间来应付电话销售人员。事实上，你已经做完了所有的工作，只需要获得决策人的首肯，这并不会浪费对方多少时间。

2. 顺从客户的意思

在与决策人交谈时，应注意观察他的性格和做事风格，尽量顺着决策人意思进行，这样能使他对你产生好感，慢慢地消除彼此间的隔阂，顺利达成交易。

3. 强调产品给客户带来的利益

一般来讲，决策人不会把价格因素放在第一位，他真正关心的是该产品能够给自己带来多大的切身利益。因此，电话销售人员应该明确自己说话的重点，最关键的是要让决策人觉得买你的产品确实对他有好处。要尽量强调你的产品能够给他带来多大好处，以利益驱使决策者尽快做出决策。

4. 确定决策人的需求

只有确定了决策人的需求，才能对症下药。电话销售人员在没有确定决策人需求之前千万不要盲目行事，应该灵活运用对策来确定决策人的需求。下面是电话销售员小李确定客户需求的一个成功范例：

小李：“陈总，您好。我是 ×× 公司的小李。上次跟您谈的那件事您考虑得怎么样了啊？”

客户：“哦，小李啊，我对这个培训的兴趣不大，我想再考虑考虑。因为我觉得自己在管理方面比较吃力，领导力不强。”

小李：“那您是希望在培训中获得一些管理方面的知识以提升对公司的领导力，是吗？”

客户：“是的。”

小李：“那如果我们有一套课程能够有效地提高您在公司里的领导力，又能提升公司的凝聚力，您是不是想要呢？”

客户：“是的。”

显然，上面的案例中，小李确定了客户的需求，客户也感到很满意，自然就会决定下来了。

等待客户的决策要有耐心

电话销售人员在与客户进行沟通时，经常会遇到这样的情况，客户突然沉默了。这是每个电话销售人员都会面临的问题。

不要打破客户的沉默

一般来讲，在客户沉默的时候，电话销售人员必须要有信心和耐心等待客户的决策，不能打断客户的思考。

下面有这样一个事例：

电话销售人员：“李经理，您好，我是《××日报》的小张，周一早上我到您公司拜访过，咱们说好了今天把广告的具体情况定下来。您是打算做 1/3 版还是 1/4 版？”

李经理：“不瞒您说，我觉得你们的收费太高了，所以我已经决定在其他的报纸上去做了。”

电话销售人员：“李经理，您也知道我们这个版费是标准版费，同行业中，都是参考这个标准的。最主要的是，我们报纸的发行量在同行业中是龙头老大，您要是在其他小报上做几个广告，合起来的发行量也没有我们报社多啊，而且费用也增加了，您说是吗？”

李经理：“嗯，这……”

电话销售人员：“您就不用担心、犹豫了，您就选择做哪个版本吧？”

（李经理沉默了 10 秒后）

电话销售人员：“李经理，您是知道的，现在有很多客户争着做这个头版，您要是再犹豫的话，就只能延期做这个头版了，今天是最后一天的小样定稿，您看我现在到您那里拿材料，还是我到您秘书那里去取啊？”

李经理：“还是以后再说吧，后天这版我们就不出了，咱们再联系。”

在这次电话沟通中，李经理出现了两次沉默。第一次陷入沉思，其实是在做决定。如果我们这时打断他的沉默，也算勉强允许；但客户第二次沉默时，是绝不允许被打断的。因为在那个时候，客户有可能在考虑是否当场成交。

耐心等待客户做决策

在客户沉默的时候，我们需要有足够的耐心顶住心理压力，给客户足够的时间去思考作决定。

当客户沉默时，如果电话销售人员沉不住气，不等客户认真思考就打断客户的思路，那样就不仅打断他的思路，还打断了一个明确的答复，将使你的游说节外生枝。正如有的电话销售人员所说的那样：“对方一沉默，我就像被人用枪瞄着，却总也听不见枪响。比挨一枪还难受。”这就是电话销售新人常犯的“沉默恐惧症”。

不少电话销售人员认为沉默意味着缺陷，会因客户的沉默而感到压抑，从而产生打破客户沉默的冲动念头。相反，有经验的电话销售人员在敦促到一定程度的时候，会主动沉默。这种沉默是允许的，而且也会受到客户的欢迎。因为客户会因你适时的沉默而感到放松，客户会感觉不至于因为有催促而做出草率的决定。

如果电话销售人员发现客户开始沉默，就等于听到客户在跟你说“请稍候”。而电话销售人员在敦促签单的话告一段落之后给予沉默，相当于说：“您可以通盘考虑再作决定。”

客户的沉默确实会让电话销售人员喘不过气来，但越是这个时候，越能证明一个电话销售人员的素质和耐力。就算到了快让你发疯的地步，你也要管住自己的嘴。其实，沉默的时间并非像有些耐不住的业务员感受的那样漫长。当客户沉默的时候，他比电话销售人员承受的压力要大得多。一般来讲，大多数客户的沉默不会超过半分钟，一般会在你沉默 10 秒，最多不超过 20 秒后，他就会对你开口。客户在这种情况下所说出的也会是实质性的决定。

第12章

临门一脚，销售员一定要掌握的成交方法

请求成交，果断促成购买行动

直接请求成交法是一种最简单，也是最常见的促进成交的方法。这种方法是指电话销售人员利用各种成交机会，积极提示，主动向客户提出成交要求，努力促成交易。

当机立断，直接提出成交请求

世界推销大师乔·吉拉德认为，订约签字的一刹那，是人生中最有魅力的时刻。他说："缔结的过程应该是比较轻松、顺畅的，甚至有时候应该充满幽默感。每当我们将产品说明的过程进行到缔结步骤的时候，不论是推销员还是客户，彼此都会开始觉得紧张，抗拒也开始增强了，而我们的工作就是要结束这种尴尬局面，让整个过程能够在非常自然的情况下发生。"

缔结成交的过程之所以让人紧张，主要原因就在于推销员和客户双方都有所畏惧。推销员害怕在这个时候遭受客户的拒绝；而客户则因害怕做出错误决定，购买了错误的产品而恐惧。没有人喜欢错误的决定，任何人在购买产品时，总是冒了或多或少的风险，万一他们买错了、买贵了、买了不合适的产品，他们的家人是否会责怪他，他们的老板或他们的合伙人会不会因此而批评他，这些都会造成客户在做出购买决定时犹豫不决或者退缩。所以这就要求推销员，一旦感觉到客户有购买的意愿时，就要给出合理的建议，并大胆提出成交请求。

有些专家认为，电话销售人员不应太直接要求客户购买。其实，这是错误的观念，销售人员在适当时机，以适当方式向客户争取业务，是高度专业的行为。学过心理学的人都知道，当你要求他人帮助时，其实他人也获得了受重视的感觉。因此，当电话销售人员直接要求客户购买时，并非处于弱势，反而强化了自

己的优势。事实上，许多客户就等着销售人员这句话。因为客户都有恐惧症——不愿主动承诺成交。因此电话销售人员必须帮助客户，克服这种恐惧心理，直接要求他们购买你的产品，让他们有一种被人信任和重视的感觉。直接提出签约要求的提问有：

"那么就这么说定了，您现在能签约吗？"

"您现在能够答应签署这份合同了吗？"

"这份协议能够得到您的批准了吗？"

"我们已经满足了您的条件，我们的生意算是成交了吗？"

"我们能否签订协议了呢？"

"我们是否能够开始为您的这宗采购进行庆贺了呢？"

"终于做出了购买决定，您是不是很开心呢？您能够在这份表格上签字了吗？"

许多销售高手喜欢的秘诀都是向客户直接提出成交请求。销售大师布莱尼进行销售时，就多采用直接请求成交的方法。据研究证明，擅长使用直接请求成交的销售人员的销售业绩比一般销售人员要高出25%。

直接请求成交法的优缺点

直接请求成交法既有优点，也有缺点，具体如下所示：

优缺点	内容	具体说明
优点	可以有效地促成交易	电话销售人员通过寻找客户的成交信号，主动提出成交要求，向客户施加一定的成交压力，迫使客户立即做出购买反应，达成交易
	可以充分利用各种成交机会	电话销售人员一旦发现成交信号，应主动提出成交要求，及时促成交易，以免错过有利的成交时机
	提高工作效率	直接请求成交法可以节约推销时间，提高推销工作的效率
缺点	可能破坏推销气氛	如果电话销售人员对成交时机把握得不准，盲目要求成交，会使客户产生有意或无意的自动抵制，影响推销的效果
	可能使电话销售员失去控制权	电话销售人员主动要求成交，会使客户自以为是，好像你有求于客户，客户会获得心理上的优势和成交的主动权，而你却转入被动，进而增加成交的困难，降低成交效率
	可能引起客户的反感	如果销售人员滥用直接请求成交法，可能引起客户的反感，产生成交障碍，不利于达成交易

直接请求成交法的使用时机

推销员或推销商与客户交谈过程中若出现以下三种情况时，可以直接、果断地向客户提出成交请求：

1. **商谈中客户未提出异议**

如果商谈中客户只是询问了产品的各种性能和使用方法，推销员都一一作了回答后，对方也表示满意，但却没有明确表示购买，这时推销员就可以认为客户心理上已认可了产品，应适时主动向客户提出成交。

2. **客户的顾虑被消除之后**

商谈过程中，客户对商品表现出很大的兴趣，只是还有所顾虑，当通过推销员解释已经解除了顾虑，取得了客户认同时，就可以迅速提出成交请求。

3. **客户已有意购买，只是拖延时间，不愿先开口**

此时为了增强其购买信心，可以巧妙地利用请求成交法以适当施加压力，达到直接促成交易的目的。

需注意的是，请求成交不是强求成交，更不是乞求成交，使用时要做到神态自然坦诚，语言从容，语速不快不慢，充满自信。但不能自以为是，要见机行事，达到最终目的。

使用直接请求成交法的注意事项

1. **需要销售人员的勇气和信心**

直接请求成交法往往需要电话销售人员的勇气和信心。据了解，71% 的电话销售人员没有与客户达成交易的原因就是没有向客户提出成交要求。如果销售人员没有向客户提出成交要求，就好像你瞄准了目标却没有扣动扳机。但遗憾的是太多人都因为害怕失败和被拒绝，而不愿意开口要求他们想要和需要的东西。

2. **询问过后需要保持沉默**

在询问客户之后要保持沉默，被询问总要回答，这是人类的习性。销售人员已经给客户提出了必须回答是或否的选择，需要由客户打破沉默。但这种方法有可能对客户形成较大的压力，所以营销人员在提出成交建议前，要做好被拒绝的准备，并提前计划出后续的对策和建议。一般来说，经过双方磋商后意见基本达成一致，成交时机成熟的情况下可及时采用这种方法促成交易。

3. **注意直接询问成交法的适用范围**

在大多数情况下，只要客户表现出要求成交的信号，都可以运用直接请求成交法。但是，为了求得最佳效果，在下列情况下可优先考虑使用这种方法：

（1）对一些老客户适用此法。因为电话销售人员与客户比较熟悉，双方无须多费口舌，而且由于双方具有良好的人际关系，客户大多不会拒绝购买建议。

（2）当知道客户对所推销的产品产生好感时。电话销售人员明确知道客户对推销品产生好感，已有购买意向，但一时又犹豫不决，拿不定主意时，也可以用直接请求成交法，来促使客户实施达成交易的行为。

（3）促使客户集中思考购买问题。当需要促使客户集中思考购买问题时，也常用直接请求成交法。如回答完客户的异议以后，可以直接提出："没有问题了吧，什么时候给您送货？"很明显，这种直接请求并不意味着马上成交，而仅仅是将客户的思路引导到成交上面来。

（4）客户提不出新的异议时。当客户已经提不出新的异议，想买又不便主动开口时，电话销售人员可利用直接请求法，以节约时间，结束推销过程。

假定成交，强化客户的购买意识

假定成交法，就是让客户进入一种"已经做出购买决策"的情景，从而强化客户的购买意识，只要做得恰如其分，通常能够比较顺利地促成交易。假定成交法不谈及双方敏感的是否购买这一话题，减轻了客户购买决策的心理压力，以"暗度陈仓"的方式，自然过渡到实质的成交问题。如下例所示：

电话销售人员："李先生，如果您要买的话，愿意出多少钱？"

客户："我顶多出60元钱，多一点儿我也不想买。不过我现在还没有决定买不买。"

电话销售人员："嗯，我知道，要是您需要我公司的产品，在这三个样品中，您对哪种最感兴趣？我没有强迫您买的意思，只是问问而已。"

客户："我看那种外形美观大方、功能齐全的不错，把另外两种的优点全包括了，而且，价格也适合。"

电话销售人员："我就猜您会选这种，这是我公司的最新产品，曾获得××发明大奖，在国内可是一流的啊。"

客户："是吗？"

电话销售人员："您如果想要的话，会买多少呢？您是批发单位，想必不会少于4000台吧？"

客户："我们是一个小批发单位，不会要这么多的。2000台我们会考虑一下。"

电话销售人员："那您觉得什么时候取货最合适？"

客户："我还没想这么多。好像一个月不会再进货。"

电话销售人员："没关系，我可以先跟老板联系一下。"

……

电话销售人员："老板说了，2000台绝对没有问题，三种规格任您挑选。"

结果顺利成交。

上面就是一个成功的假定成交法的事例。电话销售人员在运用假定成交法时一定要注意：在整个电话洽谈过程中的每一步，你都要假定你的客户将要购买你的产品，你一遍遍假定自己会成功，客户也会开始假定他将要购买你的产品。

如何运用假定成交法

（1）要给客户成交的信号。假定成交法需要销售人员留意客户流露的购买信号，一旦发现这些信号，就直接过渡到成交行动，把成交暗示变成明示。如下例所示：

电话销售人员：“先生，您还没决定购买这款新型手表吗？”

客户：“嗯，我还要考虑一下。”

电话销售人员：“好的。我觉得您要是拥有了这款手表，在晚上醒来的时候也可以看到时间。因为这款手表有夜光功能，它拥有5秒钟的表面整体照明功能，而且指针也是带夜光的，你就不用担心晚上看时间不方便了。”（成交暗示）

客户：“这样啊！”

电话销售人员：“而且它还有闹钟功能，闹铃声音也是特别录制的，不仅可以保证叫醒您，还不会像您以前购买的金属闹铃那样发出很烦人的声音。”

客户：“是吗？真有意思。我是特别讨厌金属闹铃的声音。”（成交信号）

（2）要给客户一幅成交的画面。假定成交法避免了与客户直接讨论成交决策的问题，因而减轻了客户的心理压力。可以先给客户一幅成交的画面，让他想象在他身上已经发生了这样的事实，而这件事会给他带来很多的好处。如下例所示：

电话销售人员：“您好，李先生，您之前参加过这样的培训吗？”

客户：“参加过一次职业规划方面的培训。”

电话销售人员：“通过我们提供的培训，您未来的发展路线将更加清晰，您的收入、健康以及人际关系曲线都可以像在计算机上一样看到它的发展趋势。如果可以通过这样一个培训掌握自己的整个人生过程和细节，并可以帮助您得到重大的成长和跨越，您有兴趣了解一下吗？”

客户：“当然想啊。”

电话销售人员：“李先生，想象一下，您参加了这样一个培训，它能帮您建立一个更好的人际关系，能让您更清晰地明白自己5年甚至10年的目标，您觉得这样怎么样？”

客户：“很不错啊！”

电话销售人员：“那您愿意花时间来尝试一下吗？”

客户：“当然愿意。”

电话销售人员：“当你在尝试的过程中，如果觉得这个培训确实有用的话，您会坚持下去吗？如果您坚持的话，会不会因为您的坚持而一天比一天好呢？因为每天进步一点点是进步最好的方法，您觉得对不对？”

客户：“没错。”

像上面这个案例一样，如果电话销售员在客户面前描绘出一幅成交的画面，告诉他成交后将会有什么好处，客户绝不会无动于衷。在多次画面的展现之下，客户多半会动心的。

连续肯定法促成交易

连续肯定法是指电话销售人员所提问题便于客户用赞同的口吻来回答，也就是说，电话销售人员让客户对其推销说明中所提出的一系列问题，连续地回答“是”，然后，等到要求签订单时，已造成有利的情况，好让客户再做一次肯定答复。如：

电话销售人员：“很乐意和您谈一次，提高贵公司的营业额对您一定很重要，是不是？”

客户：“是。”

电话销售人员：“好，我想向您介绍我们的 ×× 产品，这将有助于您达到您的目标，日子会过得更潇洒。您很想达到自己的目标，对不对？”

客户：“对。”

……

这样连续地问下去，客户也会肯定到底。

说“是”的心理反应

奥弗斯教授在他的《影响人类的行为》一书中指出：当一个人在说“不”时，他所有的人格尊严，都要求他坚持到底。要想博得别人的同意或者相同的看

法是很不容易的。有的时候你的问话让他说“是”和“不”都可以，但他往往采用后者，要是那样的话，你的交谈从开始时便结束了。当他说“不”的时候，不会考虑太多。事后即发现错了，由于自尊的原因，仍然会坚持他的说法，而不是想法，所以他口头上还得“不”下去。所以当我们在和别人交谈时在一开始就用肯定的态度，是最重要的。

一个懂得说话的电话销售人员在说服客户时，一开始，就要得到客户“是”的反应，接下去，把客户的心理导入肯定的方向。

对于这种心理反应是很明显的。当一个人说“不”时，内心也确实表示否定的话，那么这简单的一个“不”字，还会伴随好多现象。他的身体的整个组织——内分泌、肌肉、神经——完全成了一个拒绝接受的状态，你可以看到他身体产生一种收缩或准备收缩的状态。但是当一个人说“是”的时候，却不同于上述的反应，他的心理、神经、肌肉都不会有什么紧张的反应。这时他的机体是一种前进、接受和开放的状态。

运用连续肯定法的关键

运用连续肯定法的关键是要求推销人员有准确的判断能力和敏捷的思维能力。

每个问题的提出都要经过仔细思考，特别要注意双方对话的结构，使顾客沿着推销人员的意图做出肯定的回答。请看下面这个例子：

小陈是某电器公司的销售员，前几天他费了很大劲才向一家工厂销售了几台发动机，下面是三个星期后，该工厂负责人与小陈的一段对话：

客户：“小陈，我不能再从你那儿买发动机了，因为你们公司的发动机太不理想了。”

小陈：“怎么了，出什么问题了吗？”

客户：“因为你们的发动机太烫了，烫得连手都不能碰一下。”

小陈：“先生，我完全同意您的意见，如果发动机发热过高，应该退货，是吗？”

客户：“是的。”

小陈：“当然，发动机是发热的，但您当然不希望它的热度超过全国电工协会规定的标准，对吗？”

客户：“对的。”

小陈：“按照标准，发动机可以比室内温度高40℃，对吗？”

客户：“对的。但你的产品却比这高出很多。”

小陈：“你们车间的温度是多少？”

客户："大约42℃。"

小陈："车间是42℃，加上应有的40℃，共82℃。您把手放在82℃的热水龙头上，也会感到烫手啊！"

客户："是。"

小陈："好的，以后您不要用手去摸发动机了。放心，那完全是正常的。"

结果，小陈又做成了一笔生意。

从上例中，我们可以看出，小陈根据客户反映的情况，提出了一些接近事实的问题，引导客户说出"对、对"，这样顺利解决了客户的疑问。

二选其一，促使客户默认成交

二选其一法是指电话销售人员向潜在客户提供两种隐含着客户已经决定购买但在某一问题上还需客户选择的询问促成方法。这种方法的主要目的在于对客户形成成交暗示，使其默认成交，然后在这个基础上进行成交的具体选择，比如买这还是买那，买多还是买少，今天买还是明天买，无形中使客户难以拒绝成交。不论客户如何选择，结果都是成交。

二选其一秘诀的提出

二选其一秘诀最初是在1930年由销售训练师艾米尔·惠勒提出的，因此也称为惠勒秘诀。下面是这位大师的一段讲课内容：

我们应该和顾客约定见面拜访的时间。恰当的方式是使用二选一法则。所谓的二选一法则指的是：提出两个见面的时间来让顾客选择，不问顾客有没有空，而应该问他们哪个时间有空？你可以问顾客："请问您是明天上午有空还是下午有空呢？"

当你问完这个问题后，如果顾客说这些时间都没有空，你必须一直持续地问下去："那您后天上午还是下午有空？"如果他说都没有空，那你继续问他："那么大后天您上午还是下午有空？"每一次都给他两个时间去做选择，而不要只问他有没有空，你应该问他什么时间有空，一直问下去，直到他告诉你什么时候可以去拜访他为止。

在这个过程中，常常有人会碰到顾客回答："你明天再打电话与我约时间。"当顾客提出这样的要求时，我们需要注意的是：绝对不可以答应顾客到第

二天再打电话约时间，因为第二天打电话约时间就等于约不到时间了。所以每当顾客要求你明天再打电话联系时，你可以说："先生（小姐），我知道您的时间非常宝贵，而我也不希望浪费您的时间，因为刚好在我的面前有我的行程表，所以如果我们现在就把时间约好，可能会比明天再打电话麻烦您更能节省您的时间。"

依照经验，当你用这种方式回答顾客时，几乎大多数的人会马上同你约定好见面的时间。

从上面的内容中，我们可以总结：约定与客户见面拜访时间的恰当方式就是二选其一法，这样能帮助在多种选择中拿不定主意的客户。

二选其一法的实际运用

小陈是某公司的汽车销售员，下面是她运用二选其一与客户进行的一段对话：

小陈："你喜欢两个车门的还是四个车门的啊？"

客户："嗯，我比较喜欢四个车门的。"

小陈："那您是喜欢红色的还是黑色的呢？"

客户："我喜欢红色的。"

小陈："您要车底部涂防锈层的还是不涂防锈层的？"

客户："当然是涂防锈层的。"

小陈："是要染色的玻璃还是不染色的？"

客户："那倒不一定，还是染色的吧。"

小陈："汽车胎要白圈还是银圈？"

客户："银圈的吧。"

小陈："我们可以在 9 月 2 号上午 9 点到 11 点或者是下午 2 点到 5 点交货，您哪个时间比较适合？"

客户："9 月 2 号上午 9 点到 12 点最好了。"

小陈："好吧，那请您在这儿签字，现在您的车马上就可以安排生产。"

小陈运用二选其一法的妙处就在于，以咨询的方式将选择的自由委之于客户，不管规格大小也好，颜色也好，数量也好，送货日期也好，让客户任选一种。只要客户答出其中一种，都可以认定为已经接受了，按完成交易的手续办理。

二选其一法的注意事项

电话销售人员在运用二选其一法时必须注意以下问题：

（1）给客户的选择项不要太多，太多的方案会让客户思路发散，无从选择。因此最佳的选择项应该是两个，要客户择优而选。如果客户提出第三种选择那也无妨，二选其一法之所以提出两种而不是更多种选择目的就是要解决客户眼花缭乱难以选择的困扰。如果客户征求我们的意见，切记要根据客户的偏好反应、对客户的适合程度提出明确的建议，不可说：“这两种都行。”

（2）不要给客户拒绝的机会，业务员向客户提出的方案中，应该包括所有可选方案中大部分内容，最好是让客户在提供的方案中作一个选择。

（3）如果遇到客户的拒绝，业务员只应该适当暗示一下他所提供的选择方案是最优的，而不要和客户争执什么是最优方案。同时如果确实无法提供客户指明需要的产品，业务员应该尽可能向客户提供他所知道的产品信息，这样往往能够赢得客户的信任。

选择成交法的优点是相当明显的。它能够减轻客户的心理压力，制造良好的成交氛围，同时还能够把成交的主动权在表面上转交给客户，避免有强卖的嫌疑。这种成交方法是值得大力提倡的。

金额细分，让客户觉得划算

金额细分，就是将看似巨大的数目细分到较小的时间单位中，如每月、每周、每天或每一部分，这样在每个单位时间中，每一部分金额都是合理存在的且数目微小。这样做的好处就是减少巨额数目给客户造成的强烈的感官冲击，让客户切实地认识到这样的价钱是值得的。并且对数目进行分解还能让顾客明白这些钱究竟花在哪些地方，从而营造一种踏实稳定的感觉。

金额细分法的好处

几乎所有销售人员都会遇到这样的情况：无论自己推销什么产品，也无论产品的定价是多少，客户总会说“太贵了”，或者是说 “我可以以更便宜的价格在其他地方买到这种产品”、“我还是等价格下跌时再买这种产品吧”、“我还是想买便宜点的”，等等。

对于这类情况，如果你不想降低价格的话，就必须向对方证明，你的产品价格是合理的，是产品价值的正确反映，使对方觉得你的产品值这个价格，这时你可以运用到金额细分法。

运用金额细分法可以让客户更深入地了解自身的利益和利润。如下例所示：

电话销售人员："您说价钱高，确实是有道理。对您来说，让您立即拿出五千元钱，可不是一个小数目。不过不知道您想过没有，电视是属于耐用消费品，一般质量的电视还能用个十年八年的。而我们这种型号的电视，采用日本主要部件，质地优良，连续五年获国优称号，质量和使用寿命就不用提了。就算只是使用十年，一年也就投资五百元，一个月也就四五十元钱吧，算成一天呢？仅仅一元五角钱。现在一元五角钱能做什么呢？想想看，每天空闲时间花上一元五角就能快快乐乐，何乐而不为呢？"

客户："你说的也有道理。"

其实能够真正说服客户的正是客户自己，销售员只是起到激发客户购买欲望的作用而已。因此，必须像上例中的销售员一样，在你与客户谈到成交阶段的敏感话题——即需要客户支付的金额时，最明智的做法就是扳动手指给他们算笔实实在在的账，即把金额的总数分解转化成客户将得到的利益，从而淡化客户的敏感度。这样就会打动客户，让他们觉得有道理，很合算。

巧用金额细分法

对于不同类型的客户，销售人员应采用不同的说话技巧，灵活运用金额细分法。上面的事例是对待普通消费者来说的，其实，还有两类客户应引起销售人员的注意。

一类是老板，即买你的产品再赚钱的人。对于这类人，营销人员就可以给他算算他能获得的利润。如：

电话销售人员："老板，您看，我批发给您的东西可是大有赚头了，就算一天卖一台，卖上半个月您就把这批货的本钱赚回来了，剩下的都是您净赚的，您看合算不合算？"

这样的话，让客户在脑海中想象出自己获利的情景，更激起了他们购买的欲望。

第二类是获利少的客户，即所经营的产品本身利润就很低的人。

对于这类客户，销售人员可以采用如下的方式说服客户：

电话销售人员："卖这种东西虽说获利少，利润额不大，不过一次性打火机属于日用消费品，家家户户每天都用得着，可以薄利多销，积少成多，又可以为附近居民解决生活问题，树立贵店形象；而高级打火机虽获利多，但购买的人实在是少之又少，现在的行情老板不会一点都不知道吧，很多经营高级打火机的不但一分未赚着，还赔了本呢，您觉得呢？"

销售人员运用以上的说服策略，比较一下两者的收益和市场情况，客户就会对产品感兴趣，变得跃跃欲试起来。

意向引导，坚定客户的购买意图

意向引导法是指让客户跟着你的思路走，该法在买卖交易中的作用很大，它能使客户转移头脑中所考虑的对象，产生一种想象。这样，就使客户在买东西的过程中，变得特别积极，并且在客户的心中也会产生一种愿望，就是尽快成交。

意向引导是一种语言"催化剂"。我们平时所说的催化剂是化学中所提到的，能迅速加快化学反应速度。同样，在顾客交易中，卖主使用"催化剂"也能使顾客受到很大影响。

如果顾客有心买，只是认为商品的价格超出了自己预定的水平，这时，销售人员只要向他们进行意向引导，一般都能使洽谈顺利地进行下去。

开场时的意向引导法

销售人员在对客户进行产品推销时，一开始就要做好充分的准备，向客户做有意识的肯定的暗示，使他们从一开始就走进你的"圈套"。例如：

电话销售人员："我们公司目前正在进行一项新的投资计划，我想对您说的是，如果您现在进行一笔小小的投资，过几年之后，您的那笔资金足够供您的孩子上大学。到那时，您再也不必为您孩子的学杂费发愁了。现在上大学都需要那么高的费用，再过几年，更是不可想象。您说，那会怎么样呢？"

或者：

电话销售人员："现在市场不景气，经济衰退，如果您在这时候买下我们公司的产品，保证您在经济好转之后，能赚到一大笔钱！"

当然，在上面案例中，销售人员对客户暗示之后，必须给客户一定的时间去考虑，不可急于求成。营销人员的各种暗示必须渗透进客户心中，使客户在潜意识里接受你的暗示。

运用意向引导法的关键

运用意向引导法的关键之一是要求销售员擅长于把握住进攻的机会。如果销售员认为已经到了探询顾客是否购买的最佳时间，就可以立刻对他们进攻。如：

“每一位做父母的，都希望自己的孩子接受高等教育。‘望子成龙’、‘望女成凤’是人之常情。不过您是否考虑过，怎么才能避免将来沉重的经济负担？现在对我们公司进行投资，就可以完全解决你们的后顾之忧。对这种方式，您认为如何？”

“当然，每个人都有充分的权力对自己的资金自由支配，购买最好的产品。我不是强迫您买我的产品，而是想提醒您，这是一次赚钱的机会，怎么样？”

只要销售人员一开始就运用这种方式，给客户各种各样的“意向”，就会使客户对于购买你的产品产生一种积极的态度。当买卖深入到实质性阶段时，客户可能考虑你的暗示，但不会十分仔细，一旦你再对客户进行购买意愿试探时，客户会再度考虑你的暗示，坚信自己的购买意图。

客户进行讨价还价，会加长客户与销售人员之间洽谈的时间。在填订购单时，又会花一些时间，这些烦琐的小事使得客户不知不觉地认为你的种种“意向”是他自己所发现的，而不知这是你对他们运用的推销技巧。这时，销售员必须耐心地、热情地和他们进行商谈，直到买卖成交。

运用意向引导法的关键之二是牢牢把握客户所说的话，来促使洽谈成功。如下例所示：

客户：“这部车颜色搭配不怎么样，我喜欢那种黑白搭配的。”

销售人员：“我能为您找一辆黑白比例协调的，怎么样？”

客户：“我没有足够的现金，要是分期付款行吗？”

销售人员：“如果您同意我们的分期付款条件，这件事由我来办，您同意吗？”

客户：“价格是不是太贵了，我出不起那么多钱啊！”

销售人员：“您别急，我可以找会计谈一谈，看一看最低要多少首付，到您认为合适的程度再买好吗？”

在上例中，销售人员牢牢地掌握客户的话头，一环套一环，一般成功的概率是很大的。

另外，在向客户介绍产品时，还应注意客户的参与意识，让客户能尽可能地发挥自己的想象力，扮演他想象中的角色，这样，他的思路就随之开阔了，同时也就勾起了他的购买欲望，并使之越来越强烈。

诱因触发，释放客户的成交欲望

任何一位电话销售人员都有过成功的经验，但是成交之后却没有仔细分析自己是如何说服客户的。其实，每一次交易的成功，都是因为你找到了客户关心的利益点，并且把它发展成了一个合理的成交诱因，最后使自己的成交愿望得以实现，这个过程就是诱因成交法的实施过程。

诱因成交法的前提条件

运用诱因成交法的前提条件就是要寻找到一个成交的诱因，以便使客户释放自己的成交欲望。寻找合理诱因不是一件容易的事情，它是可以诱使客户下决心购买的前提条件。下面是电话销售人员小陈在与客户的交谈中，寻找合理诱因的一段对话：

小陈："先生，您有什么办法来规避或承担人生无常的风险呢？"

客户："嗯，我暂时不需要保险。"

小陈："先生，我觉得很好奇，风险随时都有可能发生，为什么您不靠保险来规避呢？"

客户："我觉得没这个必要，我也对保险不了解。"

小陈："是不是我哪里说得不够清楚啊？您可以告诉我，我会帮您解决的。"

客户："不是，真的没这个必要。"

小陈："您一直觉得没必要，那我想问您一下，要是以后您的退休金不够花，谁可以帮助您解决这个问题呢？"

客户："我还有子女，而且我现在身体很好，没有什么好顾虑的。"

小陈："可是现在不代表将来啊，谁能预料自己哪天会生病，哪天会身故吗？没有一个人能预料到这些事情，这就是我今天要跟您介绍财保双全计划的原

因……”

客户：“只要现在努力赚钱，以后就有办法了。”

小陈：“当然，先生，我不是不相信您赚钱的能力。只是我很好奇，您怎么能确定退休后，您拿到的退休金能买到您的一切需求呢？”

客户：“你说的也有那么一点道理，你这么一说，我确实应该买份保险以备不时之需。”

面对上面这样一位顽固的客户，电话销售人员表现得很出色。他多次使用疑问句挑起客户的情感，进而对所销售的产品产生正向的思考，这就是一个揭示合理诱因的过程。

寻找合理诱因的技巧

合理诱因在很大程度上是潜在的、没有暴露出来的，因此，电话销售人员要想办法让合理诱因浮出水面，或者让那些不起眼的理由成为合理诱因，并且让其在电话成交中发挥关键性的作用。寻找合理诱因的技巧有以下几个：

1. 帮客户作决定

客户往往在面临抉择时会感到害怕，尤其是在购买单价高或者陌生的产品时，更害怕自己做出错误的决定，这时，电话销售人员应帮助客户作决定，这样可以减轻客户的压力，促使客户成交。比如，电话销售人员可以说“您的选择非常正确，这不就是完全符合您的要求的产品吗？”或者说“您的意识非常前卫，在别人还不敢购买的时候，就懂得挑选这样时髦的产品了”等来帮客户作决定。

2. 综合运用理性诉求和感性诉求

在客户的消费行为中，有些是感性行为，有些是理性行为。因此，电话销售人员应该充分掌握针对这两种消费行为的销售技巧。当客户了解了你的产品内容，进入决定阶段的时候，应该综合运用理性诉求与感性诉求。如下例所示：

客户：“我是挺喜欢的，也觉得很适合我，但是价格太高了。”

电话销售人员：“我想您的考虑是非常正确的。不过您可以看到，这样的价格已经是非常低了。整个市场不会找到比这更便宜的产品了。”

3. 运用吉祥数字成交

当客户特别在意价格时，销售人员要学会让价格成为成交的诱因。一个策略是，可以在给客户推介产品和讲述利益的时候，巧妙利用一些客户认为幸运的数字，以增加销售业绩，如大部分人所喜欢的“168”、“999”等。如下例所示：

客户：“950元钱怎么样？可以的话，我就买了。”

电话销售人员："咱们也别在价格上多纠缠了。算了，我既然诚心交您这个朋友，您给999元就得了，咱们都图个吉利。"

客户："行，就这样。"

4. 抓住客户最后一个问题

在最后的促成阶段，电话销售人员应该充分判断客户的反对问题是否已经接近尾声，假如答案是肯定的，那么一定记住应用"抓住客户最后一个问题"的技巧。电话销售人员可以说"我觉得您应该可以做出决定了，只要您确定所有的条件都得到了满足"，或者说"您觉得还有什么不能让您下定决心呢？是您刚才担心的××问题吗？"

上面这些都是简单常见的成交诱因，只要电话销售人员勤于动脑，抓住客户的谈话内容和消费心理，便能够有效地成交。

小点成交，转移客户的关注点

小点成交法又叫次要问题成交法，或者叫避重就轻成交法。它是利用了客户的成交心理活动规律，避免直接提出客户比较敏感的重大的成交问题，而将客户的关注点转向比较小的次要的成交问题，由小攻大，由小求大，先小点成交，再大点成交，最后促成客户做出购买决策的一种成交技巧。

小点成交法的实质

小点成交法中所谓的"小点"问题一般是指有关诸如产品包装、运输、交货日期和保修条件等相对次要或易取得一致意见的问题；所谓成交重点问题是指购买决策的重大问题，即成交本身问题。

因此，小点成交就是先就成交活动的具体条件达成协议，再就成交活动本身达成协议，采取的是循序渐进、迂回进攻的策略促成交易。例如：

"王经理，这个价钱也算公平吧，关于设备安装和维修问题也由我们负责，您尽管放心使用，如果没有别的问题，我们就这样定了吧。"

这里，销售员没有直接提及购买决策本身的问题，而是先提价格、设备安装及维修之类的次要问题并取得经理的认同，慢慢诱导经理做出购买决定，同时主动提出成交请求。

小点成交法让人想起了下面这样一个故事：

春秋时期，有一个楚国人，专门从事珠宝买卖。有一次，他到齐国去兜售珠宝，为了生意起见，他特地用名贵的木料，制作了许多小盒子，把盒子雕刻装饰得非常精致美观，并且还会散发香味，然后把珠宝装在盒子里面。

有一个郑国人，看见装珠宝的盒子既精致又美观，问明了价钱后，就买了一个，打开盒子，把里面的宝物拿出来，退还给珠宝商，然后捧着盒子高兴地走掉了。

电话销售人员如果碰到了买椟还珠的客户，自然可以通过强调产品在某些不重要的方面如何优秀来达成交易。即使是对一般的客户，电话销售人员也可以通过强调次要方面的优点来转移客户对产品重要方面的关注。如下例所示：

电话销售人员：“您好，我是 ×× 房产公司的电话销售人员，我想给您介绍一套山清水秀的乡村别墅。这套别墅……”

……

客户：“可是我现在一时无法筹措全部资金。”

电话销售人员：“付款不是大问题，我们有两种办法帮您解决，一是我们可以帮助您办理个人购房抵押贷款，二是您也可以分期付款。怎么样？付款不是问题了吧？我们是否可以签合同了？”

最后，销售人员通过与客户在付款这一局部问题上先行达成一致，实现了房屋的整体交易。

上面的例子中，电话销售人员灵活地采用了小点成交法，采取先易后难、逐渐推进的方法，先就局部或次要问题与客户成交，然后在此基础上，再就整体交易与客户取得了一致意见，最后成交。

小点成交法的特点

小点成交法有如下几个特点：

1. 减轻客户心理压力

客户要对大量的交易或者关键的交易做出决定，是需要进行思考也是有所顾虑的，包括考虑他所承受的风险。而电话销售人员只要站在客户的立场思考就很容易理解了，因此必须想办法克服这个交易障碍。小点成交法就是一种值得采纳的方法。

2. 避免争执

如果电话销售人员一开始就提出交易，会让客户产生警觉，甚至寸土不让，即便是小的问题也可能上升为争执。这是应该避免的现象，而使用小点成交法，客户会认为达成这样的一致也无伤大雅、不碍大局，所以，就容易维持愉快的交流局面。

3. 容易获得客户的接受

从小点成交，客户的心理壁垒不高，容易接受或者达成一致的意见。

4. 有助于电话销售人员对客户进行试探

在一些次要的问题上与客户商谈时，业务员可以根据客户的意见和反应，试探客户的态度、把握客户的需求、关注成交信号。

5. 有助于发现新突破口和引导客户

对于业务员而言，在交流过程中可以重新整理自己的思路和交易方案；对于客户而言，可以在过程中听取业务员的分析、建议和引导。

6. 有助于把握主动

一系列的小点成交建议得到认同，有助于电话销售人员步步为营，向成功靠近。

小点成交法的适用情况

当然并不是对所有的客户都可以采用小点成交法，小点成交法主要适用于以下几种情况：

（1）顾客不愿直接涉及决策的重大问题，只对成交的某些具体问题产生兴趣。

（2）推销人员看准成交信号，购买决策的关键只在于某一小点，或款式、或颜色、或交货时间、或付款方式等。

（3）推销人员未发现任何成交信号，需做出能够避免冷遇或反感的成交尝试。

（4）成交气氛比较紧张，顾客的成交心理压力太大，交易无法直接促成。

（5）顾客对某些特殊品的购买决定只依托某一特定的小点问题。

小点成交法的注意事项

小点成交法在使用中要注意以下事项：

（1）不能忘记最终的交易。

（2）要避免弄巧成拙，把客户看成傻瓜是非常愚蠢的。

（3）要做良好的设计，包括回答下面的一些问题：如何围绕主题来设计成交的“小点”内容和要素？这些点的前后顺序如何安排？怎样围绕主题展开？过程

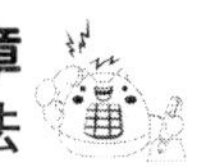

如何把握？

（4）“小点”问题或者交易要素要是客户关心的、容易接受的要素或者问题。

（5）注意过程中对客户的影响和引导。

最后我们再次强调：小点成交是一种有效的突破。

让步成交，让客户感觉到实惠

让步成交法，又叫优惠成交法，是指电话销售人员通过提供优惠条件来促使客户立即购买销售品的一种方法。这种方法主要是利用客户购买商品的求利心理动机，通过销售让利，促使客户成交。

对客户优惠的表现

优惠成交法的出发点就在于给予客户一定条件的优惠，来满足客户的经济要求或者心理要求。对客户的优惠主要表现在以下几个方面：

1. 价格上的优惠

对客户实施价格优惠是最常见的优惠方式，因为客户本身谈得最多的就是价格。一般客户都要求物超所值，实现这一目标的方法有两种：一是在同样价格水平下提高产品的价值，二是在同样的产品价值上降低产品的价格水平。

电话销售人员碰到的客户要求往往是第二种。降价的方法确实有效，但是，在降低价格时，也应注意以下三个问题：

（1）降低价格的幅度不能太大，否则会让客户购买的信心动摇。这就是典型的“胜利者的困惑”，如下例所示：

客户：“你说的500元太贵了。”
电话销售人员：“那300元怎么样？我亏本卖了。”

（2）当一个客户提出了购买产品的意向价格，电话销售人员不能一口肯定地回答。不然，客户也会觉得不高兴，因为他担心他的价格已经远远超过产品的价值。所以精明的电话销售人员往往表现出对客户提出的价格非常难以接受，但是又不得不忍痛接受。

（3）必须注意优惠条件不应该太大，否则也会出现“胜利者的困惑”。

2. **付款方式的优惠**

在付款方式上，一般分为分期付款和一次性付清两种方式。如果客户经济上确实有困难，而业务员本身也承受得起，就可以采取分期付款的方式来实现产品的销售，这种方式比较机动灵活，更为重要的是采取分期付款的方式往往给客户以购买信心。毕竟一次性付款购买一个全新的产品往往会让客户感到风险巨大。客户会想如果产品出现质量问题，到底去找谁。业务员采用分期付款方式也可以增加责任感，避免“一锤子买卖”。

3. **售后服务上的优惠**

越来越多的客户开始关注产品的售后服务问题，通过提供超值的售后服务来迎合客户的购买心理。其实对于很多强调售后服务的客户来说，他们从来就没有使用过售后服务，他们的强调只是为了求得心理上的满足。

4. **其他产品购买上的优惠**

电话销售人员在推销某一产品时，可以向客户保证他能以优惠的条件购买其他产品。这种连带购买往往能使总体销售量增加，进而使得利润增加，是典型的薄利多销的做法。

让步成交法的注意事项

运用优惠成交法，使客户感觉得到了实惠，增强了客户的购买欲望，同时融洽了买卖双方的人际关系，有利于双方长期合作。但是，采用此法时应注意以下两点：

（1）在向客户提供优惠时，电话销售人员一定要让客户感觉到“优惠只针对我一个人”，要表示自己的权力有限，需要向上面请示，但愿意尽力为他争取优惠，不要随便给予优惠，否则客户会得寸进尺。

（2）采用此法无疑会增加推销费用，降低企业的收益，运用不当还会使客户怀疑推销品的质量和定价。所以，营销人员应合理运用优惠条件，注意进行损益对比分析及销售预测，遵守国家有关政策、法规，并做好产品的宣传解释工作。

向上销售，刺激更多的消费

向上销售指根据既有客户过去的消费喜好，提供更高价值的产品或服务，刺激客户做更多的消费。如向客户销售某一特定产品或服务的升级品、附加品，或者其他用以加强其原有功能或者用途的产品或服务，向上销售也称为增量销售。

这里的特定产品或者服务必须具有延展性，追加的销售标的与原产品或者服务相关甚至相同，有补充、加强或者升级的作用。例如汽车销售公司向老客户销售新款车型，促使老客户对汽车更新换代。

向上销售可创造无限收益

相信大多数光顾过麦当劳或是肯德基的人都有这样的经历：在你点完你想要的鸡腿汉堡和饮料之后，餐厅的服务员一般都会问："需要加一份新炸的薯条吗？"其实这就是向上销售的一种典型方式。这里的"薯条"作为向上销售的诱饵，诱使消费者增加购买，从而实现扩大销售的目的。事实上，向上销售的方式不仅仅存在于快餐厅里，在其他的商品市场上也很常见。比如，在你购买化妆品的时候，本来只想购买一个口红，但是在售货员的说服下你会再购买一套眼影。

小王是某计算机公司的电话销售人员，他通过对客户需求的深度挖掘和对客户工作环境的深度理解，运用向上销售的策略，向客户推荐价值更高的产品，从而更好地满足客户的需求，并使自己的业绩也极大地提高了。下面是小王的一次电话销售情景：

客户："小王，我还想订购几台赛扬处理器的电脑。"

小王："好啊，不过建议您使用奔腾4处理器，因为您要经常上网，还要处理大量的图片信息，奔腾4处理器更适合您的工作。"

客户："是吗？那我就订奔腾4处理器的吧。"

显然奔腾4要比赛扬处理器贵不少。这样，不仅使客户的价值得到了提升，小王的销售业绩也得到了提高。

向上销售的流程

向上销售一般经过两个步骤：一是向客户解释如何增加订货，就可以省钱；二是引导客户签订一个金额更大的订单。

电话销售人员："您刚才提到的那个价值800元的真皮电脑包，如果您现在电脑的订购量超过2台的话，将免费获得这个电脑包。"

客户："是吗？"

电话销售人员："对啊，您看再给您配一台什么电脑？"

客户："好吧。"

向上销售的策略

在进行向上销售时，主要有两大策略，一是“这样更适合”的策略，二是“要不要”策略。“这样更适合”策略，是指从对客户需求的理解，从专业顾问的角度，告诉客户：“这样做对你是更适合的，因为……”“要不要”策略是指电话营销人员直接对客户说：“您要不要……”

在使用“这样更适合”策略时，电话营销人员应该引导客户认为你所推荐的产品与客户的兴趣、爱好和工作有关，要让客户在不知不觉中意识到你说的产品的价值，并且在客户购买了你所推荐的产品之后，还会心想：幸亏那名电话销售人员推荐我买了这款产品，不然的话，可就麻烦了。这就是“这样更适合”策略的魅力所在。

当客户对自己的需求很明确，很清楚自己要买什么东西时，电话营销人员就不太适合运用“这样更适合”策略了，这样只会浪费时间，此时，采用“要不要”策略更好。

另外有一点要注意：此方法并不是一味强调向客户推荐更贵的产品，而是我们做的一切都应站在客户的角度，以适合客户的需要为基础。有时候，为了满足客户的需求，我们甚至会做出向下销售。也就是说客户可能要买 1000 元的产品，电话营销人员认为 800 元的产品已经很适合这位客户了，也会向客户推荐 800 元的产品。

交叉销售，尽可能多地发展客户

交叉销售是发现现有客户的多种需求，并通过满足其需求而实现销售各种相关服务或产品的销售方式，也可以说是向拥有本公司 A 产品的客户推销本公司 B 产品。交叉销售可以极大地提升销售业绩，是所有电话营销人员都应掌握的销售技巧。

交叉销售的功能

交叉销售具有独特的魅力，其主要功能体现在以下三个方面：

1. 可以增强客户忠诚度

客户购买本公司的产品和服务越多，其流失的可能性就越小。来自银行的数

据显示：购买两种产品的客户的流失率是 55%，而拥有 4 个或更多产品或服务的客户的流失率几乎是 0。

2. 可以增加签单的成功率

电话销售人员对拥有本公司产品的客户推销其他产品之前，对客户的需求和个人特点一般都有充分的了解，因此，可以针对其需求和问题制订相应计划，这样成功签单的概率自然会增大。

小李是某保险公司的销售人员。有一次，他去约定拜访一位公司老总，这位公司老总也是他的老客户了。小李向这位老客户推荐个险分红产品，客户表示暂时不考虑个人寿险产品，并向小李询问员工团体意外保险的情况。随后针对客户的需求，小李学习了团险的相关产品知识，并向他做了详细的说明，之后这家公司的所有保险包括团体保险和汽车保险都交给小李来办理。这家公司的好几位员工还主动向小李咨询个人养老、医疗保险产品，后来小李成功地签下了好几个单。

3. 可以提高销售利润

交叉销售是对现有客户的推销。将一种产品和服务推销给一个现有客户的成本远低于吸收一个新客户的成本。来自信用卡公司的数据显示：平均说来，信用卡客户要到第三年才能开始有利润。由此可见，吸收新客户的成本是非常高的，而对现有客户进行交叉销售，也自然成为许多公司增加投资回报的捷径。

如何进行有效的交叉销售

进行有效的交叉销售一般要经过寻找合适的产品、确定销售的客户目标以及销售过程三个步骤。

1. 寻找合适的产品

在进行推销之前，必须寻找到合适的推销产品，这是成功推销的第一步。寻找合适产品的方法主要有两种：一是业务灵感，二是数据挖掘。

有些时候，业务灵感可以告诉公司哪些产品需要进行交叉销售。比如，房屋贷款自然是向抵押贷款者推销的下一个产品。再比如，一家公司最近新开发了一个具有战略意义的产品，那么该产品本身就是一个交叉销售的好选择。

业务灵感的确是一个快速确定交叉销售产品的方法。但是，仅仅依赖业务灵感可能会丧失许多商机，因为在某些情况下，一些好的交叉销售产品并不是直观可见的。因此，如果要寻找那些潜在的交叉销售商机，有一个最好用的工具——数据挖掘。

链接分析是数据挖掘中的一种方法，它可以从历史数据中找到产品之间的相关关系，从而产生出最恰当的交叉销售产品或服务。但是，链接分析的结果必须依赖业务知识来审核其准确性和价值，因此，在实际应用中，又常常将业务灵感和数据挖掘结合起来，以确定合适的交叉销售产品。

2. 选准客户

一旦确定了要推销的产品，接下来就要“选对人”，找不到准客户，只会浪费时间，并且没有收益。

小王进入某公司做销售代表已经一个星期了，可是没有找到一个客户，心灰意冷之下，他选择了辞职。下面是主管与小王的一段对话：

主管：“为什么要辞职啊？”

小王：“因为找不到客户，没有业绩，只有不干了。”

主管拉着这位电话销售人员走到窗口，指着大街问小王：“你看到什么没有？”

小王：“人啊！”

主管：“除此之外呢？”

小王：“除了人，就是大街。”

主管：“你再看一看。”

小王：“还是人啊。”

主管：“在人群中，你难道没有看到许多准客户吗？”

小王听后才恍然大悟，感谢主管的指点，开始寻找准客户。

客户来自准客户，问题是如何去找这些准客户。如果能够始终维持一定量的、有价值的准客户，等于是向自己保证长时间可能获得确实的收入。

那么，在销售人员拜访客户的时候，怎样才能识别出准客户呢？一般来讲，准客户应具备以下三个条件：

（1）有购买力。电话营销人员在找准客户时，首先要判断客户是否有购买力，也就是是否有钱。只有有足够的购买力，你才能进行交叉销售。

例如，一个月收入只有1000元的上班族在你手中购买了意外保险，如果你对他进行交叉销售，把年交8000元的财产险推销给他就不适宜了。

（2）有购买权。当客户有购买力之后，就要考虑他是否有购买权。很多电话销售人员最后未能成交的原因就是找错人，找了一个没有决定购买权的人。

小李是某广告公司的销售代表，与一家电子公司的副总裁接触了几次之后，彼此都非常认同，可是等到了最后却没有谈下订单，原来这家电子公司的总裁是这位副总的太太，决策权在他太太手上。

从上面的故事中，我们应该明白，单有购买力是不行的，还应是有权购买

的人。

（3）有需求。你推销的对象，除了具备购买能力和决定权之外还要看他有没有需求。刘先生刚买了一部空调，你再向他推销空调，尽管他具备购买能力和决策权力，但他没有需求，自然不是你要寻找的人。

具备以上三个条件的人，就是我们要找的准客户。当然在推销实践中，很多方法是千变万化的，要懂得灵活运用，不要墨守成规，教条主义。

3. 进行销售

确定了交叉销售的产品和客户对象之后，就可以对产品进行销售，其具体销售技巧在此不再一一赘述了。

售后篇：“打”出来的交情也要维护——跟进及投诉处理技巧

美国闻名遐迩的汽车推销大王乔·吉拉德说过：“我的成功在于做了一件其他营销人员都没有做的事，要知道真正的推销是在产品卖出之后，而不是在售出之前。”可以说，成交之后的有效跟进及投诉处理将会成为你下次销售的开始。售后的关系维护，会让客户产生强大的信任感，并可从中获取继续合作的利益，这是扩展业绩的秘诀；相反，卖出商品后便不闻不问，置之不理，只是拼命地寻找新客户，则会事倍功半。为了维护优良的客户，电话销售人员需要掌握有效的跟进策略及投诉处理技巧。

第13章

重视售后，真正的销售从售后开始

重视真正的销售——售后

售后服务是任何企业都非常重视的问题，也是销售人员与客户建立融洽关系的渠道。当产品销售给客户后，销售人员进行跟踪服务，会让客户觉得销售人员的可信度较高，也能够形成良好的企业形象。

售后服务的一个主要方面就是对客户投诉的处理，做好了这一点，对业绩的提高很有帮助。

处理客户投诉的阶段

在处理客户的投诉时，一般分为三个阶段：

1. 耐心倾听客户的投诉内容

仔细倾听客户的抱怨，寻找其投诉的主要原因，切忌在一开始的时候就打断客户的话，也不要随便插话。不要急于做有倾向性的解释或说明，那样也许会火上浇油。“火气”是憋出来的，让客户有一个发泄的出口，有利于解决纠纷。用理解的语气安慰他，如“我明白您的心情”、“我理解您的想法”等。

2. 婉转地向客户道歉，并与其探讨纠纷发生的原因和解决方法

无论对错，都应向客户婉转致歉，如“真的很抱歉，发生这种情况的确很令人生气”。说明情况时尽量用温和的语气，如“我们的产品销售至今，也是第一次遇到这种特殊情况，我会及时向厂方（上级）反映”。

3. 提出解决方案

在取得客户的谅解后，针对问题的症结所在提出一个解决方案，如“您看我给您再换一件同款的产品怎样”。站在客户的立场，做换位思考，有利于纠纷的圆满解决。

处理难缠客户投诉的方法和步骤

处理难缠客户时，一般分为以下五个步骤：

1. 接受客户的投诉

在接受难缠客户的投诉时，应遵循“迅速处理，不拖延”的原则，避免对难缠客户说“请等一下”、“我们会及时处理”之类的话。

客户：“你们的产品我用了一点效果都没有，还是把钱还我吧，不还我和你们没完。”

营销人员：“我了解您的心情。像您这样的情况我也碰到过，比如 ×× 先生刚开始用的时候也不见效，我们派专业人员上门了解他的情况，建议他再使用一段时间，看看到底有没有效果。一个星期后打电话去做回访，他说效果开始显现出来了。您也许和他的情况相似。”

2. 平息客户的怨气

对于难缠的客户，不要急于跟他解释，不要说“事情不是你想象的那样”之类的话，这样更会引起他们的愤怒，应该采取低姿态，婉转地向客户致歉，安抚他的情绪，如“很抱歉，这件事我们处理得不够周全，给您添麻烦了”。等客户恢复理智之后，再跟客户一起商量解决问题的方法。

3. 对问题进行澄清

通过开放式提问的方式引导客户讲述事实，提供导致他来投诉的基本情况和信息。在客户讲述过程中，尽量不要打断他的讲话，这是非常重要的一点。待客户讲述完后，用封闭式文体引导出症结所在。

客户：“我不管别人怎么样，我用了就是没效。”

销售人员：“很抱歉，发生这种情况的确很让您失望，我可以理解您的心情。您能向我具体讲述一下您是什么时候买的？买回家后是怎么使用的？”

客户：“我是 × 月 × 日买的，买回去后……”

销售人员：“我了解您的状况了。您是 × 月 × 日买的，用了一星期，是吗？”

客户：“是。”

销售人员：“您是不是严格按照使用说明用的？一天用几次？”

客户：“是照说明书用的，一天 × 次。”

销售人员：“最近您使用其他产品了吗？”

客户：“没有。”

销售人员："使用后有其他症状出现吗？"

客户："就是一点反应都没有，像没有使用前一样。"

销售人员："× 先生，您的情况跟 × 先生很相似，是效果显现较迟，您使用的次数可以适当增加。"

4. 与客户协商，解决纠纷

销售人员在提出解决方案之前应给对方一个选择的余地。处理好这个环节有两个步骤：一是要了解客户希望的解决方案；二是以协商的语气提出自己的方案。

5. 跟客户说感谢

感谢客户是最后一步，也是最关键的一步。在处理完难缠客户的投诉之后，不要忘了感谢客户，比如说"给您带来的这些不便实在是很抱歉"，"很感谢您能提出这些建议"，"对您提出的这些建议，我们会努力改进"，这些话能消除客户心理留存的最后一点埋怨。

客户："你说这事该怎么解决。"

销售人员："您的情况我基本了解了，那您希望我们怎么做比较好？"

客户："我用了不管用，你退我钱就行了。"

销售人员："您用的时间比较短，所以效果还没有显现出来。您看这样吧，您先接着用，半个月后我给您打电话，如果还没有效果，我们再着手解决，好吗？"

客户："那只能这样了？"

销售人员："真抱歉，给您添麻烦了。您对我们的产品这么信任，欢迎您再次惠顾。也希望这个解决方式能让您满意，我们会不断提高产品和服务质量，希望您多提宝贵意见。"

建立完善的客户档案

客户档案，顾名思义就是有关客户情况的档案资料，是反映客户本身及与客户有关的商业流程的所有信息的总和。包括客户的基本情况、市场潜力、经营发展方向、财务信用度、产品竞争力等有关客户的方方面面。

建立客户档案的益处

1. 便于销售人员维护客户关系

任何一个销售人员的精力都是有限的，不可能记住所有客户的所有信息，因此在第一次接触客户时，无论是销售人员主动打电话给客户，还是客户打电话给销售人员，都应在备忘录上记录客户的信息。

2. 有助于销售人员增加订单量

电话销售人员建立客户档案后，只要客户打电话来，销售人员就能根据记录，判断出其打电话的目的。尤其是没有购买过产品的客户打电话，这次电话就会非常重要，它可能是一个难得的转机；如果销售人员处理得好，则客户有可能购买产品；如果处理不好，则可能永远失去这个客户。刚刚买过产品的客户如果打电话，一般属于在使用产品时有不明白的地方，营销人员就要做好处理异议的准备。

跟进过程本身是一项烦琐的工作，建立客户档案和记录开发过程都有助于营销人员与客户的沟通，从而增加订单量。

如何建立客户档案

1. 全面收集客户档案资料

建立客户档案就要专门收集客户与公司联系的所有信息资料以及客户本身的内外部环境信息资料。它主要有以下四个方面的内容：

序号	内容	具体说明
1	有关客户最基本的原始资料	包括客户的名称、地址、电话，以及他们的个人性格、兴趣、爱好、家庭、学历、年龄、能力、经历背景等
2	关于客户特征方面的资料	主要包括所处地区的文化、习俗、发展潜力等。 还要特别关注和收集客户市场区域的政府政策动态及信息
3	关于客户周边竞争对手的资料	如其他竞争者的关注程度等
4	关于交易现状的资料	主要包括客户的销售活动现状、存在的问题、未来的发展潜力、财务状况、信用状况等

2. 分类整理客户档案

由于销售人员每天都会拜访客户，收集到一大堆的客户信息，并且客户信息是不断变化的，客户档案资料就会不断地补充、增加，所以客户档案的整理必须具有管理的动态性。根据营销的运作程序，可以把客户档案资料进行分类、编号定位并活页装卷。具体分类情况如下：

（1）客户基础资料，如客户背景资料，包括销售人员对客户的走访、调查的情况报告。

（2）客户购买产品的信誉，财务记录及付款方式等情况。

（3）与客户的交易状况，如客户产品进出货的情况登记表，实际进货、出货情况报告，每次购买产品的登记表，具体产品的型号、颜色、款式等。

（4）客户退赔、折价情况。如客户历次退赔折价情况登记表、退赔折价原因、责任鉴定表等。

以上每一大类都必须填写完整的目录并编号，以备查询和资料定位；客户档案每年分年度清理，按类装订并保存。

建立客户档案的注意事项

在建立客户档案时，有三点是特别重要的，具体如下：

序号	注意事项	具体说明
1	档案信息必须全面详细	客户档案所反应的客户信息，是我们对该客户确定一对一的具体销售政策的重要依据，因此，档案的建立，除了客户名称、地址、联系人、电话这些最基本的信息之外，还应包括它的经营特色、在业内的影响力、分销能力、资金实力、商业信誉、与本公司的合作意向等更为深层次的因素
2	档案内容必须真实	业务人员的调查工作必须深入实际，那些为了应付检查而闭门造车胡编乱造客户档案的做法是最要不得的
3	对已建立的档案要进行动态管理	要对客户信息进行及时更新，对资料进行分类管理

 与核心客户建立长期有效的联系

核心客户就是在你的客户网络中能够带来80%利润的那20%的客户。因此，用心经营核心客户，与核心客户建立长期有效的联系是每一位销售人员都应关注的问题。

珍视你的核心客户

与核心客户保持长期的联系，致力于与核心客户建立亲密的朋友与伙伴关系，这是电话营销人员工作的长期重点所在。如果能够达到这层关系，电话营销人员的业绩自然会随之上升。

我们可以运用以下方式来与核心客户建立长期关系：

1. 电话定期联络

电话营销人员可以在交易完成后定期与客户进行电话联络，这种方法既省时又省力，但是却可以随时让客户感受到你的关心和体贴。在电话中，推销员可以主动询问客户的意见和状况，同时还可以了解客户是否又有新的需求。例如：

“您好，××小姐，我是向您销售××的×××，我今天打电话是想问一下您在使用过程中觉得有问题吗？您如果有什么意见直接告诉我，您的意见对我们企业来说非常宝贵……”

当然，如果客户在电话中提出了一些相关的问题和建议，那么推销员就要立即着手加以解决和处理，或者寻求企业其他部门的配合，帮助客户解决问题。例如：

“您有哪些问题需要解决吗？如果有问题，我会马上联系客户服务人员帮您解决的……”

或者：

“您发现洗衣机有漏水现象是吗？正好我们有售后服务人员在你们小区，我帮您联系，让他马上就到您家，请您先不要着急……”

有时，推销员也可以通过电话核实一些情况，以确保客户满意：

“您好，这里是××售后服务中心，请问昨天下午您在家发现的问题，我们的客服人员给您解决了吗？”

或者：

“××女士，您好！我想知道您现在使用的洗衣机还有没有出现类似上次的问题？”

2. 短信联系

从电话销售的角度来看，短信也是一个比较好的与客户保持长期接触的方法。但是，在短信使用中，有一点需要特别注意：慎发产品和服务的介绍。当推销员准备通过短信的方式向客户介绍产品或服务时，最好预先告诉客户。

3. 电子邮件联系

通过电子邮件，可以与所有客户保持一种比较密切的联系，新产品的介绍和节日问候都可以通过电子邮件完成。

电话营销人员要注意以下几方面的内容：在征求客户意见的基础上，得到客户允许后再发电子邮件；邮件内容最好是对客户有价值的信息；简讯制作要专业、醒目；要体现个性化。

4. 网上聊天

网络沟通已经成为了一个很普遍的交流方式，这种交流方式为电话营销人员与客户的沟通提供了便利性，而且，也更容易让推销员与客户成为朋友。

5. 邮寄礼品

除了给客户发送电子邮件和短信问候外，如果在条件允许的情况下，最好能给客户寄去一些实用的礼品，不一定多昂贵，但一定要能被客户接受。

怎样与核心客户建立长期有效的联系

1. 努力提高服务水平

核心客户是那些采购量大，直接影响销售员业绩的客户。这些客户往往又是其所处行业中的典范，在服务方面有相当高的要求，所以要与核心客户建立长期有效的联系的关键就是服务。

小云是某化妆品牌的电话销售人员。为了与自己的核心客户建立长期有效的联系，她的主要工作就是提高自己的服务水平。比如，小云会定期给核心客户发送关于皮肤保养、新产品介绍、企业优惠信息等内容的邮件。每到逢年过节，她都亲自拜访核心客户，送上小礼品。并且，每隔一段时间，就会打电话给核心客户，了解产品的使用情况，听取客户的意见等。所以，一直以来，小云都与核心客户保持着良好关系，核心客户的流失率几乎为零。

2. 与客户建立“学习型关系”

所谓“学习型关系”，是指销售人员在每一次与核心客户打交道的过程中，都会增长一份见识和头脑。一旦客户提出需求，销售人员就应努力去满足。这样一个过程循环进行，自然会提高核心客户对你所销售的产品的满意程度。最终，在客户心目中就留下了这样一种记忆：与你打交道会获得更加优质的产品和服务，客户与你的关系自然就更加巩固了。

3. 了解核心客户的想法

无论核心客户怎样对待你、刺激你，都要以学习的心态，坚持问清楚事实的真相，了解客户，变被动为主动。

小王曾是××投资公司的业务员，经常在证券交易所走访客户，由于不断的努力，结识了不少大客户。有一次，小王的一位老客户介绍了一位大客户给他。第二天，小王就到××证券公司拜访这位大客户，这位证券公司经理是一个不到

三十岁的小伙子，很年轻。还没等小王说完，这位经理就把小王赶出来了，说："怎么是一个什么都不懂的人啊？"听到经理这么说，小王十分诧异，也不知道自己到底说错了什么，所以他决心要问清楚真实情况再走。于是，小王问道："你怎么那么厉害，那么多人都没发现我其实刚入行两个月，你是怎么看出来的？"结果这位经理立刻就觉得不好意思了，开始和小王坦诚地交流，之后他们建立了长久的合作关系。

4. 建立核心客户俱乐部

建立核心客户俱乐部也是提高销售人员服务水平的一种方式，这样能为核心客户之间的交流提供一个平台，在俱乐部里，客户可以畅所欲言，可以自行组织活动，可以为产品提出建议，等等，对于维护客户关系具有很大的帮助。

跟进不同类型客户有方法

电话营销人员在与客户进行沟通之后，要根据沟通的情况对客户进行分类，然后对不同类型的客户采用不同的跟进策略，这样才能达到事半功倍的效果。

近期有希望合作的客户跟进

这类客户大体可以分为以下三种情况：

（1）客户确实有需求，而且也愿意提供销售的机会。

（2）客户本来有需求，但他们从内心深处根本就不想给你机会，还处于犹豫的阶段。

（3）客户没有需求，只不过是你的误解或者是你一厢情愿地认为客户有这种需求。

对于第一种情况的客户应加速处理。积极进行电话跟进、沟通，取得客户的信任后，达成交易。在跟进时应注意两点：

（1）在跟进时一定要采用不同的方法和手段，不能每次打电话时都讲同样的内容。其实除了电话以外还有很多辅助的跟进方法，例如电子邮件、传真、信件等，可以用不同的方法跟客户接触，而且一定要让客户觉得你是在真心关心他，觉得你是一个值得信任的人。

（2）在跟进的过程中，应请自己的同事协助。比如，明确地向你的同事嘱咐：即使你不在时有电话打进也一定要帮你留言并把信息传达给你。在平时工作时，也多协助你的同事，这样同事间就会相互真诚帮助。

对于第二种情况，客户应多沟通、联络，不要过多地推销产品。千万不要电话接通后立即向客户推销产品，而是要与客户沟通，了解客户的需求、兴趣，拉近与客户的距离，通过几次电话沟通，让客户给你机会。

第三种情况的客户，当然就不能成为你的推销对象了。

因此，在这一阶段，分析判断客户属于哪一种情况就变得极为重要，如果你判断错误的话，对你接下来采取的销售策略将非常不利。

近期内不合作的客户跟进

对于这类客户，我们要以建立良好关系为目标，千万不要放弃此类客户。要与客户沟通，记录客户预计购买此类产品的时间等信息，同时要与客户保持联络渠道的畅通，使客户允许公司定期将一些产品的功能介绍等宣传资料邮寄给客户或电话通知客户，同时在客户需要的时候可以与公司或与本人联系。这样可以让客户感受到你的存在，当他产生需求的时候，会主动找你。这样，可以用最少的时间来建立最有效的客户关系。

肯定不买的客户跟进

这类客户一般态度比较强硬，在沟通中，一定要排除客户的心理防线，然后了解客户不购买的原因，如果有产品功能方面的问题，一定要为客户做好解释，并将客户的一些功能要求记录下来，集中汇总提供给业务开发部门，以便改良产品或开发新产品。

已经报过价没有信息回馈的客户

对于这类客户，也可以电话跟踪沟通，主要询问一下客户对产品的售后服务、产品质量、使用细则等还有什么不明白的地方，再做进一步详谈，不过价格是客户一直关心的最大问题，为了打消客户合作的顾虑，可以着重介绍一下产品的优点与优惠政策等，要让客户觉得物有所值。

并且，在沟通价格时建议在言语上暗示一些伸缩性，但一定要强调回报。

例如：“如果你能够现款提货，我可以在价格上给予5%的优惠待遇。”

或者：“如果你的定货量比较大的话，在价格方面我可以给你下调3%。”

这样既可以让客户对我们的产品有更进一步的了解，在价格方面也有一定回旋的余地。切记更好的服务、更高的产品质量才是赢得客户的“法宝”。

在上面几种类型的客户跟进中，针对客户购买意愿的不同，要控制电话沟通的间隔。对于有需求并且愿意提供合作机会的客户，我们的跟踪频率多一些，约2天左右电话联系一次，询问客户是否决定购买，大约沟通3 ~ 5次就能够完成订单。对于还处在考虑、犹豫阶段的客户，我们的电话沟通间隔要维持在每周2次左右的频率，约4 ~ 7次才能够将客户转变为愿意合作的客户类型，然后再通过2 ~ 3次的电话跟进，最终完成订单。近期不买的客户，并不代表未来不会购买，所以我们要每隔2~3周的时间，与客户沟通一次，一方面是与客户建立良好的关系，另一方面可以了解客户是否有相应的需求，以便我们能够及时进行产品销售。对肯定不买的客户，我们不要联系过多，以免客户对公司产生不满，同时要在联系、沟通中获得客户对产品的意见信息，包括产品的不足、缺陷等。

顺利开展团体销售

在专业销售技巧中，被提到最多的是一对一的面对面销售技巧，而在电话销售工作中，另一种销售方法同样也起到十分重要的作用。它经常可以取得一对一推销所不能达到的效果。这种销售方式叫团体销售。团体销售是指销售人员向一个团体推销自己的观点、服务、产品或说服他们的一种销售技巧。换句话说就是一种你与一个群体沟通的能力。

团体销售的必要性

（1）企业开发出一个新产品后，马上就有许多仿制品出现，需要通过团体销售提供给客户仿制品与正牌产品不同的观点。

（2）当今市场竞争不断加剧，面对激烈的竞争环境，通过团体销售可塑造专业化的公司形象，增加客户的印象及信赖感。这一点在一对一的销售方式中很难做到。

（3）团体销售可以提高经济效益。因为你可以同时对一群潜在客户推销产品，并且可以与平时很难见到的企业领导进行沟通，同时向他们介绍你的产品，这对于提高你的销售业绩是很有帮助的。

（4）可以同时将最新的产品信息传递给一群客户。

（5）利用团体互动作用使客户之间相互影响。

团体销售将给企业带来的利益

电话团体销售给企业带来的利益是多方面的，主要体现在以下几个方面：

（1）增加企业产品的使用率。

（2）提高客户对电话销售人员所在企业的信赖感。

（3）树立企业在所在行业中的形象。

（4）使企业投入与产出比例更经济。

（5）能更有效地接近客户。

（6）促使客户对产品做深入的了解。

（7）使用集体的力量，促使客户深信电话营销人员所在企业的产品是优秀的。

正是由于电话团体销售能给企业带来如此大的利益，并且企业通过团体销售能够达到一对一销售所不能达到的目的，因此团体销售已被广泛使用，如产品推广会、技术交流会、质量管理交流会等，这些活动都相当细致和专业，而且效果十分明显。

如何做成功的团体销售

既然团体销售的用处如此之大，那么怎样才能做好团体销售工作呢？一个完整的团体销售应经过以下几个步骤：

1. 事前的准备与规划工作

首先电话营销人员应分析举行这次团体销售的目的是什么，有何需求，设定本次活动的目标，选择参加的客户，然后你要选择主题、日期、会议场所。在选择参加的客户时，应遵循以下四个原则：

（1）选择有潜力或有影响力的客户。

（2）选择对探讨内容具有共同兴趣的客户。

（3）选择在你所覆盖的区域的客户。

（4）注意客户的区别与差异性。

最后在公司内部取得认识上的统一，拟定会议纲要。这些工作完成之后，为公司内部人员明确分工，令其分头行动，各司其职。

2. 内容的设计工作

根据公司总体的推广步骤与整体方案，配合市场的需要及电话销售人员想达到的目的，设计本次团体销售的内容。考虑是否要请专家主讲，主讲题目及内容准备，主讲专家与担任大会主席的专家之间的关系与协调。

3. **安排场地**

根据活动的目的，邀请人员的情况及内容的安排选择适合的场地。

4. **会议流程和控制**

当电话销售人员对这次团体销售有了充分的准备后，就成功了三分之一。另外在活动过程中的流程控制也是成功的三分之一。怎样控制好会议流程呢？销售人员必须有一个详细的会议议程，同时将议程发给每一个参会的客户，严格按照议程进行，同时还应预想到各种会影响会议效果的事件发生，并想好多种解决补救的方案。

另外，电话营销人员作为主讲人时应注意以下技巧：电话营销人员必须掌握自己所要讲解的内容的架构，了解客户想听什么，增加一些有趣的资料，准备自我提示的卡片。最后，在讲解之前最好进行多次预演，这样才能达到更好的效果。

5. **活动后的跟进工作**

做了充分的准备，活动进行得也十分顺利圆满，但并不等于说你达到了预期的目的。活动后的跟进工作是你成功的另外三分之一，只有有效地利用会议结果，及时地跟进工作，才能使你的活动完全成功。据调查，如果活动后两周内没有跟进工作，客户就会淡忘这次活动，这样的话，你所做的一切就都是徒劳了。

总之，要想做一次成功的电话团体销售，就必须在活动前有充分的准备，活动中有良好的控制，活动后及时地跟进工作。

随时准备接听客户来电

作为一名优秀的电话销售人员，应随时准备接听客户的来电，而不能把电话铃响之前的情绪带到工作中去。

小李是某公司的电话销售人员，有一天，出现了这样一次状况。小李刚怒气冲冲地挂掉男朋友的电话，心里还在骂着他，这时，电话铃响了，小李气冲冲地拿起电话，大声吼道：“你要是再打过来，我就报警了，你听见没有？”这时，一个陌生的声音传了出来，莫名其妙地说：“你好，我是想咨询一下你们的产品……”小李一下懵了，觉得很尴尬，接下来的谈话也很不自在，交易自然没有达成。

电话销售人员一定要记住，千万不要让这样的事情发生在自己身上。因此，必须在接听电话之前做好准备，做一名职业的电话销售人员。

接电话前先稳定自己的情绪

作为一名优秀的电话营销人员，在听到电话铃声时，就应该意识到自己将要开始工作了。想一想，你在电话铃声响起之前可能在干什么？你可能在吃东西，可能在讲笑话，在哈哈大笑，可能刚刚挂掉一个朋友的电话……不管你刚才在干什么，一旦听到电话铃响，必须稳定自己的情绪，开始自己的工作。

分清客户的类型

在大多数的情况下，打电话进来的客户可以分为三类，第一类双方都比较熟悉，相互认识；第二类是不太熟悉，双方以前可能通过电话，但是没有深入地进行沟通；第三类是陌生客户的来电。

针对不同类型的客户，电话营销人员可以采用不同的接听方式。

对于第一类客户，由于双方比较熟悉，基本上可以多问候一下，然后再进入正题。销售人员可开个玩笑。例如：

客户："小李，我是老陈啊。"
电话销售人员："陈总啊，有什么照顾我的啊？"
客户："呵呵，可别这么说，我是……"

就这样，一个小小的玩笑一下子拉近了双方的距离。当然，这也与人的性格有关。

对于第二类客户，双方在此之前曾通过电话，但销售人员可能已不记得他的姓名，所以，需要再确认客户的公司和名字。下面是两位不同的电话销售人员在不记得客户的名字时的处理方法：

电话销售人员A："不好意思，我把您的姓名忘记了，您能不能再告诉我一下您的姓名？"

电话销售人员B："不好意思，这边电话有些问题，听得不太清楚，您是……"

显然电话销售人员B的处理方式更恰当。如果电话销售人员有数据库的话，应等对方说出自己的姓名之后，马上从数据库中快速查出以往的通话记录，以帮助自己与客户沟通。

对于第三类客户，由于双方以前并没有通过电话，在销售人员的数据库中一般也没有该客户的记录，所以，电话营销人员需要知道客户的公司、姓名、联系方式等。但有些客户并不喜欢立刻告诉销售人员。所以，如果不能在第一

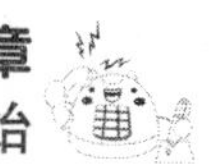

时间了解到的话，也可以在沟通过程中或电话即将结束时，通过提问的方式加以了解。

深度挖掘老客户的潜力

有不少销售员为找不到客户而犯愁，他们没有意识到自己忽略了一种非常宝贵的客户资源，即老客户。实际上，这些老客户是我们的“金矿场”。细心的销售员会发现，那些销售高手都很善于管理自己的客户，有一套自己的管理方法：他们一般都会建立关于各个客户资料的档案，然后找出客户间的联系，利用这些联系，巧妙地挖掘出老客户身上的潜力，为自己找出新的“金矿”。

转介绍能创造出成倍的营业额

乔·吉拉德有一句名言：“买过我汽车的客户都会帮我推销。”他总相信卖给客户的第一辆汽车只是长期合作关系的开端，如果单辆汽车的交易不能带来以后的多次生意的话，他就认为自己是一个失败者。于是他充分利用老客户来帮助自己寻找新的客户和潜在客户。乔·吉拉德深有感触地说：“一个满意的客户一生中大约要花几十万美元去购汽车，再加上满意客户介绍来买汽车的家人、亲戚和朋友，数额会达到几百万美元！新客户买的第一辆汽车只能算是冰山的一角，如果维护不好与他的关系，会失去多少财富啊！”

毫无疑问，客户转介绍的成功率远远大于你的陌生拜访。如果一名电话销售人员善于利用客户转介绍的方法，那么他就永远不会找不到客户。所以，每当一个销售过程结束时，不论客户有没有买你的产品，你都可以提示客户给你介绍一些可能对这种产品有兴趣的客户，同时，你也可以不断地提醒你的老客户向你提供这些名单。

小李是某公司的电话销售人员，她的销售业绩一直排在企业的前列。她成功的原因主要是能灵活运用转介绍。小李每成交一个客户，通常都会在两周之内，打电话给客户做一次礼貌性的回访，问她的客户：“使用我们的产品后，您觉得满意吗？还有什么问题？有没有需要我帮助的地方？”并礼貌性地与客户聊5～10分钟，如果客户有抱怨，她会记录下来，然后告诉客户：“我会在最短的时间之内，给您回复并帮助您解决这个问题。”当聊天结束后，在挂断电话之前，她会继续问老客户：“先生／小姐，请问您知不知道身边有哪些朋友可能也需要我们的产品或服务，或对我们的产品和服务有兴趣？您可以帮忙提供一下他们的名字吗？”小李出色的服务赢得了老客户的信赖，从而使她的关系网越来越大，销售业绩也直线提升。

老客户的分类

一般来说，愿意给你转介绍的老客户可分为以下四类：

（1）热心帮你介绍，并不要求你任何回报的老客户。这类老客户是最受电话销售人员喜欢的，但是这类客户很喜欢出风头，好表现自己，喜欢荣誉。所以，在与这类客户打交道时，应抓住每次机会让他好好表现一下自己，比如公司开产品说明会的时候，让他上台讲几句话，然后给他颁个荣誉奖等。

（2）要你给他好处才帮你介绍的老客户。这类客户要求你给他金钱上的好处，比如吃回扣、给他提成等，这类客户也比较好沟通，因为你可以直接跟他谈好处，只要你的条件让他满意，他在利益的诱惑下会很卖力地给你转介绍。其实现实中这类人很多，就怕他不和你明确提出来要好处，也不给你介绍新客户。只要知道这类客户想要的好处，那就好办了，好好地把握，让他满意，这样你就可以成功地接受新客户了。

（3）希望你帮他解决问题的老客户。这类客户给你转介绍既不要荣誉也不要金钱，他一定有事需要你帮忙，要不然他是不会给你操这个心的，他可能给你成功介绍几个客户后，就会婉转地告诉你，他有什么困难一直没解决，希望你能帮他个忙。你如果拒绝或者说你办不了这件事，他可能就会跟你翻脸；如果你做得令他很满意，那他一定会很感激你，以后也会一直跟你保持这种关系，只要你维持好这种关系，他会一直给你转介绍的。

（4）与你是单纯友谊关系的老客户。这类客户是最省心的，也是转介绍量最少的，他什么要求都没有，他跟你就像好朋友一样，他给你转介绍，纯粹是出于朋友之间的关系给你帮忙，他不会专门给你转介绍，而是遇到了合适的才把这个人转介绍给你，遇到了就介绍，遇不到就算了。对于这类客户，也应与他好好相处，因为他不会要你任何回报，所以你不要把他当客户，要把他当朋友。

上面这四类客户，电话销售人员都应该经常去关怀他们，让他们感到你的温暖，这样就可以了。

请求转介绍时的技巧

在请求老客户转介绍时，电话销售人员可以运用以下技巧：

1. **要让推荐人明白，你将得体地处理这件事情**

比如你要向推荐人说明你将在他推荐的人那里如何行动，如下例所示：

电话销售人员："我告诉他您是出于对我们的信任并且也希望能够与她分享我们良好的产品和服务，而且，我也会在与他联系后向您简单汇报一下。我顺便会告诉他您很久没见他了，他很欣赏您在这个方面的专业精神和您的为人。"

2. **要向推荐人确认是否告知对方姓名，并在约见后向推荐人回馈表示感谢**

推荐人为你推荐客户，事实上为你提供了信誉的担保，所以，你不能辜负推荐人的这片好意，否则很有可能会失去两个客户甚至更多。如果能得体地处理，你就能在行业里赢得一个很好的口碑，也会因为成为"圈里人"而得到他们的认可。

3. **要求客户进行转介绍不要急功近利**

你在要求客户转介绍时，千万不要表现出一副急着想赚钱的样子。适当的规划有助于在你和客户之间培养出长期的关系，而不只是营销而已。你可以通过有技巧地提问，让客户不断地认同你，到最后当你要求他转介绍客户给你的时候，他也会很乐意地答应你的请求了。

4. **了解转介绍客户的个人资料**

这些资料包括公司资料、个人资料、最近一次成功的实践、上一次度假、孩子们就读的学校等；记下他们的名字、电话号码等信息，以及他们为什么会有这种需求，他们的购买动机是什么。

5. **请求你的客户打电话约见转介绍客户**

如有可能，你可以继续向客户提出请求："您可不可以帮我引荐一下，通知一下您的这位朋友，我明天想去拜访他。"假如你的前期销售工作非常到位，客户对你很满意的话，他通常也不会拒绝你的请求。而且这样约见转介绍的客户的机会是很大的，如下例所示：

客户："老徐啊，现在有时间吗？"

转介绍客户："有啊，干吗啊？"

客户："我刚刚买了一种产品，效果还不错，我想你会有兴趣，你应该跟他们谈一谈。"

转介绍客户："什么产品啊？"

客户："出来再说啦。"

转介绍客户："行。"

在这个过程中，客户做了一件事，就是所谓的"自我说服"。任何一个人一旦买了一件东西之后，不管会不会反悔，他都或多或少地会找一些支撑自己购买这种产品是正确决定的理由。所以在这种情况下，他也会把这个理由拿去说服他的朋友，这个客户也就帮了你很大的忙了，如果你能够有效地运用这种方式，也就不愁找不到准客户了。

6. 安排一次三方会面

这是你为第一次拜访或沟通所做的感情铺垫。第一次与转介绍客户及客户见面时，安排在一起用餐或者安排在学术交流活动上见面等。

每一位客户都有一定的人际关系网，如果能把这些关系网逐个开拓出来，那你就是开拓了一个市场，而你就是这个市场的主角。如果将关系网再逐个延伸，将第二层关系网的客户也开拓出来，那这个市场就更大了。开拓完第二层还有第三层，只要这样坚持下去，那么你的客户将源源不断。

在这样一个市场中，失去一个客户就会相应失去几十乃至几百位客户，人们会用自己的切身感受去影响周围的亲友。所以，请求客户转介绍是完整的销售过程中不可或缺的一个步骤。如果在推销时记住这一原则，就一定能不断扩大自己的业绩。

善用传统方法开发客户

成功的销售最为关键的一步就是准确找到需要产品或服务的人，寻找客户的方法也有很多，而传统方法仍然发挥着不可替代的作用。下面主要介绍六种传统的开发客户的方法。

普遍寻找法

普遍寻找法又称逐户寻找法和地毯式寻找法。其方法的要点是，在电话销售人员特定的市场区域范围内，针对特定的群体，用上门拜访、邮件或者电话、电子邮件等方式对该范围内的组织、家庭或者个人无遗漏地进行寻找与确认的方法。

这一方法的优势是：地毯式地铺开不会遗漏任何有价值的客户；寻找过程中接触面广、信息量大，各种意见和需求、客户反映都可能收集到，是分析市场的一种方法；能让更多的人了解到自己的产品或服务。

这一方法的缺点是：成本高、费时费力；容易导致客户的抵触情绪。

因此，如果电话销售人员采用此方法可能会对客户的工作、生活造成不良的干扰，一定要谨慎进行。普遍寻找法可以采用电话销售人员亲自上门、发送邮

件、打电话，以及与其他促销活动结合进行的方式展开。

广告寻找法

实施广告寻找法主要经过两个基本步骤：一是向日标客户群发送广告；二是吸引客户上门展开业务活动或者接受反馈展开活动。例如，通过媒体发送某个减肥器具的广告，介绍其功能、购买方式、购买地点、代理和经销办法等，然后在目标区域展开活动。

这一方法的优点是：传播信息速度快、覆盖面广、重复性好；相对普遍寻找法更加省时省力。

这一方法的缺点是：需要支付广告费用，针对性和及时反馈性不强。

介绍寻找法

介绍寻找法是指电话销售人员通过他人的直接介绍或者提供的信息进行客户寻找，可以通过电话销售人员的熟人、朋友等社会关系，也可以通过企业的合作伙伴、客户等，主要方式有电话介绍、口头介绍、信函介绍、名片介绍、口碑效应等。

采用介绍寻找法的关键是电话销售人员必须注意培养和积累各种关系，为现有客户提供满意的服务和可能的帮助，并且要虚心地请求他人的帮助。口碑好、业务水平高、乐于助人、与客户关系好、被人信任的电话营销人员一般都能取得有效的突破。

介绍寻找客户法由于有他人的介绍或者成功案例和依据，成功的可能性非常大，同时也可以降低销售费用，减小成交障碍，因此电话销售人员要重视和珍惜。

资料查阅寻找法

电话销售人员要有较强的信息处理能力，通过资料查阅寻找客户既能保证一定的可靠性，也有助于减小工作量、提高工作效率，同时还可以最大限度减少业务工作的盲目性和客户的抵触情绪，更重要的是，可以展开先期的客户研究，了解客户的特点、状况，提出适当的针对性策略等。

需要注意的是资料的时效性和可靠性，此外，注意对资料（行业的或者客户的）进行积累往往更能有效地展开工作。

电话销售人员可以利用的资料有：有关政府部门提供的资料、有关行业和协会的资料、国家和地区的统计资料、企业黄页、工商企业目录和产品目录、电视、报纸、杂志、互联网等大众媒体、客户发布的消息、产品介绍、企业内刊等。

一些有经验的电话销售人员在接触客户之前，往往会通过大量的资料研究对客户做出非常充分的了解和判断。

交易会寻找法

国际国内每年都有不少交易会，如广交会、高交会、中小企业博览会等，这是一个绝好的商机，要充分利用。参加交易会往往能让你在短时间内接触到大量的潜在客户，获得相关的关键信息，对重点意向的客户也可以做重点说明，约好拜访的时间。在参加交易会的时候，要注意做到以下几点：

（1）往往在客户的现场你可以看到他们的产品，能够仔细研究客户的产品并能够寻找自己产品与客户产品的适配性，也能了解到他们目前应用的是哪个竞争厂商的产品，是否可以由你们的产品来替代。

（2）拿到该客户相关人员的名片。

（3）在尽可能的情况下与这些潜在客户的销售代表或技术人员交流，明确谁在负责与你的产品应用相关的领域。

（4）交易会结束后，尽快取得联系，免得记忆失效而增加后期接触难度。

（5）将客户的产品资料拿回来仔细分析，寻找机会。

扩大人际关系

销售客户基数就是所谓的人际关系。电话销售人员的销售工作也就是人际关系的一种经营。销售人员的人际关系越广，接触潜在客户的机会就越多。因此，电话销售人员应该不断努力扩大自己的交际圈，全力营造人际关系网。电话销售人员应尽可能参加一些社交性的活动和会议，从而开阔眼界，广交各界人士，建立广泛的社会关系网，以此得到无穷无尽的客户来源。

总之，要想挖掘更多的客户，需要建立随时开发客户的意识，养成一种敏锐搜寻潜在客户的习惯。以上方法或许我们都曾经用过，选择一到几种适合自己的方法并贯彻实行，一定会大有收获。

第14章

化解客户不满，电话销售中处理投诉的技巧

有效处理客户投诉的原则

作为电话销售人员，向客户提供优质服务是你的职责要求之一。由于各种原因，你不可避免会遇到客户的抱怨或投诉。处理客户投诉过程中，理应遵循的基本原则有：

耐心倾听，引导和帮助客户说出内心感受

你一定要有心理准备，满腹牢骚的客户可能会花上半小时的时间埋怨。基本上，只要客户没有要停止投诉的意思，你就得继续耐心地听，并引导客户说出内心真实感受。通常只有当客户充分舒解情绪之后，他的防备心态才会开始卸下。此时，如果得到你的认同，他就会开始接受你，你也才有机会扭转不利局面。

一般的投诉客户多数是发泄性的，情绪都不稳定，如果电话销售人员及其企业对客户的抱怨置之不理或加以争辩，那么客户的不满将会愈演愈烈，最终造成难以收拾的局面。假如客户的发泄得到同情和理解，消除了怨气，心理平衡后事情就容易解决。抱着耐心听取客户投诉的态度，你才能发现其实质原因。一位成熟老练的电话销售人员，遇有投诉上门，应该做到不仅不予阻拦，反而控制住自己，静静倾听对方的尽情倾诉，微笑会使暴怒下的投诉者平静下来，让客户痛痛快快地发一顿牢骚，直到客户将心中的不满与怨愤吐净为止。相反，客户如果心中有怨言却得不到发泄，那对于电话销售人员及其所推销的产品乃至企业本身都是极其危险的，因为客户尽管不向你提出抱怨，但他再也不愿向你洽谈订货。不仅如此，有的客户还会把抱怨四处传播，那么你损失的可能就不只是这一个客户了。可见，正确处理客户抱怨的有效方式，就是引导和帮助客户发泄其内心感受。

客户投诉，首先要做的是了解客户投诉背后的希望是什么，这样有助于按照

客户的希望处理，这是解决客户投诉的根本。试想一下，客户还没有说清自己都有哪些不满意或希望怎样处理的时候，你就匆匆下结论，并提出解决办法，客户能满意吗？例如，表面上看，客户对保险代理人抱怨说，他打电话要求保险公司处理一个简单的问题，等了好几天都没回应。但深入地探究，你会发现，客户实际上是在警告代理人，保单到期后，他会去找另一家保险公司续保。令人遗憾的是许多公司只听到了表面的抱怨，结果因对客户的不满处理不当，白白流失了大量的客户。

在你专心倾听的时候，一定要仔细整理自己的思路，找出客户强调的重点。由于气愤难当的客户很容易产生激烈的感情行为，导致前后的说辞会有错杂的情形发生，相对会使听者不容易掌握到问题的核心。如果不详细清楚地了解客户的不满所在便妄下结论的话，很容易做出错误的反应，以致影响到解决的方法。

同时，也要注意你说话一定要亲切有礼，因为电话中客户无法看到你的表情或态度，这就需要你通过语调和语气来表现。此外，不要过度强调己方的想法或做多余的说明和解释。最好顺着客户的想法或希望进行沟通，绝不能为了澄清公司的立场而打断客户说话。

将心比心，尊重客户

通常客户投诉时寻求的是一种心理的平衡，是为了让他人理解他们的感受，并且找出问题的责任和原因。而这时他们最不愿意听到的就是“这不归我管”、“这不是我们的责任”、“你去 ×× 部门投诉吧”等推卸责任的话。漠视客户的痛苦是处理客户投诉的大忌。所以，你要站在客户的立场上去思考问题，诚心诚意地表示理解和同情，承认过失，才能让客户感受到你的真诚、关注和对他们的尊重。

你要向客户显示充分的诚意和信心，并表明你有足够的权力解决问题。客户最不想听到的一句话是：“对不起，这事我也做不了主，我回去把您的意见反映一下，如果领导同意，我会尽快给您答复，如果领导不同意……”

同时，也不要跟客户讲公司的各项制度是怎样规定的。客户购买的是公司的产品，是与公司构成了平等的法律关系，双方之间只适用合同范围内的法律关系，你公司的制度对客户没有任何约束意义。与客户谈话的时候，你是以公司负责人的身份出面的，你们之间的谈判依据是法律和道理。如果提到公司的规章制度，那么你就是降到了所在公司的位置上，也就代表不了你的公司，自然就没有权力与客户谈话。

正由于电话投诉简单迅捷的特点，使得客户往往正在气头上时提起投诉，这样的投诉常具强烈的感情色彩。而且处理电话的时候看不见对方的面孔和表情，

这些都为电话处理投诉增添了难度。因此在电话处理投诉时要特别小心在意。要注意说话的方法、声音、声调等，做到明确有礼。这时必须善于站在对方立场上，考虑如果我在对方同样的状态之下，会有怎样的心情。无论对方怎样感情用事，都要重视对方，不要有不礼貌的举动。

除了自己的声音外，也要注意避免电话周围的其他声音，如谈话声和笑声传入电话里，使客户产生不愉快的感觉。从这方面看来，投诉电话应设在一个独立的房间，最低限度也要在周围设置隔音装置。

迅速处理，化解客户的不满

体谅客户的痛苦而不采取行动是一个空礼盒。例如，与其说“对不起，是我们的过失”，不如说“我能理解给您带来的麻烦与不便，您看我们能为您做些什么”更能表现自己的诚意。对客户投诉的处理必须采取行动，不能单纯地同情、理解，要迅速、及时地给予回复，给出解决的方案。这个过程给客户的信号是：我的投诉得到了重视。切不要以为拖会解决问题，拖的结果只有两种，一种是激起客户的暴怒，搞得结果不可收拾，这还是好的；另一种结果是客户的流失，那是企业最大的损失。因此，对客户投诉要进行“第一时间”处理，对于能够当时解决的必须立即处理，否则对客户要给出承诺，在承诺时间内要为客户处理，让客户得到满意的结果。

真情对待、微笑服务

将“真情对待、微笑服务”渗透到整个投诉处理过程中，通过真情、微笑服务拉近与客户的距离，对客户动之以情、晓之以理，使得客户投诉处理在一种友好的氛围中进行，最终圆满解决客户投诉。

灵活把握原则

虽然与客户在交流中应保持良好的沟通气氛，但绝不是说你要一味地退让，全盘接受客户的方案。这是因为毕竟是一种谈判，而所有的谈判都是因为存在着分歧。奉行“客户总是对的”这一经营原则，并不代表全盘接受客户提出的谈判要求，无原则地一味退让。因为每一位客户的要求都是不同的，如果全盘接受，企业将无所适从，处处自相矛盾，失去原则。因此，电话谈判过程既要维护自己的立场，又要保证双方是在一种理智的范围内。谈判结果最好能达成比你的最低预期略好一点的方案，这样你在后面的处理过程中将游刃有余。当然，如果客户的不满意是因为你工作的失误造成的，就要设法为客户提供某种补偿，最大限度地平息客户的不满。

处理客户投诉的步骤

处理客户投诉时，首先必须了解客户最需要的是什么？处理电话投诉的经验发现，大部分不满的客户最需要的是情绪的发泄。换句话说，当你接到投诉电话的时候，请务必拿出你的耐心， 先处理客户的情绪，一定要让客户完全发泄他的不满，再开始处理他的问题。

表示歉意

当客户拨打投诉电话时，99%都是在气头上。人只要一生气，通常都是缺乏耐性、得理不饶人的。在他的认知里这都是对方的错，他需要的是发泄情绪，获得认同，得到道歉，而不是辩驳。因此，赶快为事情致歉：“很抱歉我（们）做错了……”要是错不在己，仍应为客户的心情损失致歉：“很抱歉让您这么不高兴……”让客户感受到你的诚意。

在向客户道歉时要注意以下几点：

（1）你代表公司的形象，当你向客户致歉时，一定要了解你是代表整个企业，而不是代表你个人，所以一定要审慎地来处理，绝不可以抱有“那是某某人惹出来的祸，不干我的事”的态度。因为这种推卸责任的方法不仅无法解决问题，反而使同事认为你是一个没有责任心的人。

（2）说明原因并非找借口或辩白。处理不满必须注意的第二要项就是在充分地向客户道歉、请求原谅之后，对于需要说明的地方一定要稳重、清楚地向客户说明。也就是说，事件如果是由于客户的误会而造成，一定要慎重地选择适当的语言来解释清楚。这类说明千万不可以直斥客户的错误，一定要让他充分明了事件的来龙去脉。如果在说明过程中，客户再度产生投诉或不满，也不要心急，一定先让客户把要说的话全部说完，再继续向他说明。

（3）不要强调本身正确的观点。要特别注意的是，假如客户产生投诉的原因是由于你的行为或态度，那么就容易造成辩解的情况发生，甚至会使事态变得比较严重。碰到这类情形，一定要诚恳地向对方道歉，然后禀报上级主管。由上级主管决定如何向客户道歉或赔罪，千万不可一味地强调自己是对的。

表达同理心

与情绪不好的客户打交道，是电话销售人员所面临的一大挑战。如何处理呢？作为电话销售人员，当我们遇到情绪不佳的客户的时候，首先要做的是关注客户的情感，而不是事实。你想要解决客户的投诉，就必须先表达同理心，取得客户的好感与信任。听完客户的投诉，同时表示理解和认同之后，如果你能在此时整理一下客户所投诉的内容的话，客户将会因此更加认同和信任你。把对方的谈话做个整理："您是因为……而觉得很不满，是吗？"表明你前面的倾听是真心诚意的，是再次博取客户好感的方法。只要你处理得当，此时客户的怒气应该已经去除大半。例如：

客户："我的手机买了刚一年，没摔过也没碰过，结果外壳裂了。你说这是怎么回事？"

电话销售人员："哎呀，陈先生，外壳裂了？（显得有些惊讶）裂到什么程度了，现在能不能用？"

客户："裂得倒不是很大，用还是可以用。"

电话销售人员："那还好。不过，这对您来讲确实是件不好的事，我可以理解您现在的心情，换成我也会不开心。"

表示感谢，并解释为何感激客户的投诉

对方愿意花时间精力来投诉，让我们有改进的机会，当然应该感谢他。更重要的是，先说声谢谢，会让对峙的敌意骤降："谢谢您特别花费宝贵的时间来告诉我们这个问题，让我们能有立刻改进补救的机会。"

再次诚意道歉

此时你已经数次展现你的诚意，也已经取得客户的好感与信任，你的投诉处理已经成功了一半，为什么还要再次表示歉意呢？一来是因为这样做可以让客户感受到你的诚意；二来是因为一般的投诉客户都有一种"需要别人认同"以及"得理不饶人"的倾向，你必须多道歉几次才能满足他。

承诺迅速处理

只要投诉是起因于你这一端的任何疏失，就必须立即采取补救行动，而且行动内容要越明确越好。请先表达积极处理的诚意："我很乐意尽快帮您处理这个状况……"如需要询问细节及其他相关信息，别忘了先说："为了能尽快为您服务，要向您请教一些数据……"

说明原因，化解误会

很多时候，客户投诉其实是因为客户对公司、产品及对你有所误会引起的。因此你必须向客户说明原委，化解误会。但是请注意，这样的说明切勿太早出现，因为大部分的客户很难在一开始就接受你的解释，所以化解误会必须放在认同、道歉之后再做。在解释问题的过程中，你的措辞也要十分注意，要合情合理，得体大方，不要一开口就说"你怎么用油也不会"、"你懂不懂最基本的技巧"等伤人自尊的语言，尽量用婉转的语言与客户沟通，即使是客户存在不合理的地方，也不要过于冲动，否则，只会使客户失望并很快离去。

另一方面，化解误会可以避免客户得寸进尺，或是误以为你的公司或是你真的很差。假如误会没有解决，客户对你或公司可能会失去信心，进而取消订单，抵消了你前面的所有努力，这是非常可惜的！

征询并确认解决办法

别径自做决定："就这么办……"而是要将决定权交给客户："您是否同意我们这样做……"这么一来，决定权在对方手上，他会感觉受到尊重而怒气不再，接着就得快速处理错误，同时别忘了尽可能弥补客户损失，以挽救客户心情。但是，有些客户出于面子或其他考虑，往往不直接说出自己的希望，而说些弦外之音，所以你必须认真倾听，听出客户背后的潜台词，做出准确判断。我们可以运用以下方法来了解客户的真实意图：

（1）客户反复陈述和强调的事实。如果客户不断地反复强调并复述某种意见，往往是在表达他的真实本意。比如说，有位客户再三表示说"其实我根本不在意这点损失"，他实际的期望是"我绝不能有半点损失"，那么，除非公司能够给这个客户一个满意的解决，使他的损失得到补偿，否则他不会就此罢休。

（2）客户问句后面的建议。如果客户总在问"你们没有别的处理方法了吗？""你们一般都是这样解决的吗？"表示他们对处理的方式不甚满意。因

此，只要仔细听听接在这些问句后面出现的建议，大抵可以找出客户真正想要的解决方式。

大部分受到不愉快待遇的客户不喜欢直截了当地说出自己的期望，因此，你必须明白，不为客户的表面话所迷惑，真正找出解决方法才是成功的策略。

但是，即使你能了解客户的希望，也不一定可以百分之百地满足客户的要求。例如，客户的要求违反了企业的经营方针或者公司在经费上无法满足客户的希望时，解决问题就会产生一连串的裂痕。遇到这种场合，一定要充分地与客户沟通，尽量让客户了解公司的想法以及解决办法，找出折中的方式来满足客户的要求。

做好客户投诉卡记录和管理

客户投诉卡是用于记录客户发生投诉事件的内容，它记录的通常是客户因企业失误而产生投诉的事件发生的年月日、内容、经过及处理结果等。客户投诉卡将所有客户的怨言记录保存下来，可以知道事情的原委，易于理解客户立场、状况及理由。电话销售人员应利用客户投诉卡尽快行动，以满足客户需求。同时通过对投诉卡的分析归类，及时发现严重的和经常出现的投诉，对其进行检查监督，不要让其由小变大，进而失去控制，并予以及早注意和处理。同样重要的是要对成功的处理记录进行分析以发现客户的心理需求和期望。如果涉及公司的问题，要把它及时传送到公司相关负责人，以使这些问题的出现减少至最低限度。与此同时，一定要进行自检："我学到了什么？""我有什么办法可以防止这种情形再度发生？我需不需要做些改变？"

处理后确认满意度

处理过后再跟客户联系，确认对方是否满意此次的服务，一方面了解自己的补救措施是否有效，同时也能加深客户受尊重的感觉。

检讨作业流程，避免重蹈覆辙

最后，当然应该学到改进的方法，以防患于未然。

总之，投诉是客户对自己的期望没得到满足的一种表述。如果你能及时圆满地处理好这些问题，使客户由不满意转变为满意和惊喜，就不会流失客户。长久积累这些客户，便会成为你的忠诚客户群。

抱怨电话的接听技巧

在电话销售过程中，偶尔也有客户打电话来表示不满，或有所要求。对经验不足的电话销售人员而言，这时常会惊惶失措，不知如何应对。接到这种由于自己公司的错误而给客户带来麻烦的电话时，即使错误和电话销售人员本身并无直接关系，也需诚心诚意地向对方道歉。诚恳地听完客户的抱怨后，需掌握一些处理抱怨情绪的技巧，加以妥善处理。具体说来，有以下方面：

表现专业态度，使客户产生信赖感

当抱怨电话打进来的时候，你要做的首先是体现你的专业素质，打消客户疑虑，你应该诚挚地对待每一位打进电话的人，即使对方的火气再大，抱怨程度再高，你也应该和颜悦色地接受人家的抱怨，这是一名电话销售人员的专业素质。你需要牢记的是，不要与对方争辩，更不应该言辞激烈，甚至说出一些带有攻击性的话。你也许可以赢得一场争论，但同时你也失去了一位客户。

一个专业人士表现出来的是一种不急不躁的态度，语言清晰地与客户交谈。你需要亲切地称呼对方的名字，这有助于增强你的亲和力，同时也给对方一种找对人的感觉。最重要的是你要学会体谅对方的感受，如果每一个抱怨电话你都能感同身受的话，在处理抱怨电话方面，就会增加一些有益的经验了。

询问客户抱怨的真实原因，确认其感受

你需要直截了当地询问客户，提出问题和确认问题产生的原因，并弄清客户的真实感受，留出足够的时间让客户对具体情况进行描述和说明。在耐心倾听的基础之上，对客户的要求给予积极的答复。不要给客户听起来很急躁并且疲惫不堪的样子，这会让对方觉得你没有诚意，并且加重对公司的坏印象。

例如，可以这样说：“张女士，您能告诉我那台空调出了什么问题吗？”

表示你理解客户的处境，并能体谅他们的心情

一般而言，投诉电话打进来，首先听到的就是他们在发泄心中的不平乃至愤

怒，这个时候你需要倾听，让客户感觉被了解和接纳，通常他们激动的情绪就会有所缓解。然后总结一下对方所提出的问题，如果能够简要地重述对方问题的要点，以表示你在认真倾听，对谈论的问题也能够理解，这有助于一步步地消除他们心中的怒火。

提出一个互相都可以接受的解决方案

要提出解决方案，首先你要抓住客户意见的重点。客户在投诉过程中，有时由于心情不好，投诉的内容往往一大堆，但有的事实并非如此，这时就需要你冷静地分析客户投诉的重点，即所谓的抓关键问题。有时关键问题解决了，其他问题也迎刃而解了。你可以提出一个临时方案，接着说明这个计划对对方的好处。但要注意的是，除非在当场必须解决，而且能够解决的事在当场解决外，最好不要马上做出回答，可告诉他："我好好地把原因和内容调查清楚后，一定会以负责的态度处理的。"因为无论处理什么事情，都要进行调查，摸清实际情况，也就是常说的"没有调查就没有发言权"，这一方面证明了你对客户投诉问题的重视；另一方面，还可以用时间换取客户冷静思考的机会。在投诉时，很多客户都是以非冷静的态度进行对话，过一段时间，也许客户的心情就会平静下来，这时你再为其解决问题或给予答复，解决问题的成功率和客户接受程度就会大大提高。

在提出解决方案时，你不要引用先例，更不可以给投诉的客户施加压力，并且想方设法提出用其他的东西代替对方所提的要求。你不可以要求对方从你的角度看问题，因为客户是衣食父母，他们没有责任和义务从你的角度看问题，而且，你又有什么资格提出这样的要求呢？你可以这样说："张小姐，我们公司可以去您那里为您更换一个新的墨盒，您看这样可以吗？如果您同意的话，我们现在就安排一个合适的时间，考虑到给您带来的不便，我们还会给您适当的赔偿。"

力求你所做的让步是一个让客户可以接受的最合适的让步

在与投诉客户进行交涉的过程中，你需要从低起点开始，但是要有抬高的准备。在交涉过程中，当对方感到不满意时，要能够表示理解。

无论你做得多好，总会有不满意的客户。如果解决了一个客户的问题，而引发出更多的客户问题，就会给自己带来很大的麻烦。所以应该既解决客户的问题，又不给自己带来麻烦。如果我们对一个难缠的客户做出巨大的让步，有可能就会面对更多的客户提出同样的要求，企业就会面临巨大的损失。所以，你不要一步到位做出最大的让步，这会培养客户得寸进尺的习惯。同时，你也不要给对方施加压力，对于他们提出的确实无理的要求，你需要巧妙地暗示对方他的要求是没有道理的（即使仅仅在话音中透露出来），例如，你可以这样说："张小姐，我完全同意您的观点，新买的东西无法使用确实令人讨厌。我想您也知道，换个新空调会给您带来不少麻烦，我想内外机不用全换，只换坏了的部分比较好，您说呢？"

善始善终，让客户感受你的专业态度

在结束电话之前，如果你的专业态度给客户留下深刻印象的话，通常客户还会再次光顾。因此，你的职业表现非常关键。比如，在电话结束之前，你应当向客户核实一下细节，告诉他们下一步会怎样，如果以后再遇到这种情况应该怎么做。最后，重复一下你自己的名字以加深对方的印象，并告诉对方以后如何跟你联系。

有效处理投诉的方法

由于在打电话时无法见到对方的脸，客户说话常常无所顾忌，一股脑儿地发泄自己的不满，全然不管处理抱怨人员的说明，甚至情绪激动时会说出一些过激的语言。更有甚者，当你想要向他说明事情的原委时，他会无礼地大吼："我就知道你们一定会这么说，算了，我不要再说下去了！"然后重重地摔下话筒。这些都会给电话销售人员带来严重的受挫感。为此，电话销售人员应以平和、积极的心态与客户沟通，并掌握有效的方法，圆满地处理客户投诉。

换位思考法

接到客户投诉时，首先要有换位思考的意识。不管是谁的失误，都要首先代表公司表示道歉，并站在客户的立场上为其设计解决方案。对问题的解决，也许有三到四套解决方案，可将自己认为最佳的一套方案提供给客户，如果客户提出异议，可再换另一套，待客户确认后再实施。当问题解决后，至少还要有一到两次征求客户对该问题处理意见的行为，争取下一次的合作机会。

人与人之间的相互理解是化解矛盾的良药，换位思考，让自己站在客户的角

度来看待问题。即便你已经表现出了歉意和耐心，客户可能还是会不断发脾气。你的良好态度虽然不会为客户增添新的火气，但并不足以让客户不发脾气。这个时候千万不要试图去制止客户的火气，尊重他，让他发泄。要知道这个世界上有一条原理叫公平。当客户发泄得过了头，而你又表现得那么有涵养，对他那么尊重，他往往会在平静下来后觉得对不起你，甚至会向你道歉，这个时候难道还会有什么问题不好解决吗？这叫不战而屈人之兵。当一个人被放到文明的环境中时，他也会用文明的方式解决问题。相反如果他受到了不公正的待遇，他的行为甚至有可能是非人性的。你所表达的足够的理解和尊重不仅会平息他的怒火，也会将他感染到以理性来解决问题。

下面的这一案例就很好地运用了换位思考法：

顾先生在出差前急于从银行的自动提款机里提取现金，可是没想到匆匆忙忙地来到银行的自动提款机提款时，银联卡却被自动提款机“吃掉”，眼看去机场的客车就快开了，心急如焚的他暴跳如雷，喋喋不休地向大堂经理王经理投诉。

王经理：“我看到您这样也很着急，您能不能告诉我都发生了什么事。”

顾先生：“我马上要出差，银联卡却被自动提款机‘吃掉’了，机场客车快开了，可是我的银联卡还在机器里。”

王经理：“我很理解您现在的感受，这样吧，我马上和技术人员联系，把您的卡从提款机里取出来，您还是到柜台来取款吧。发生这样的事，我们感到非常抱歉，我们会查找原因，保证下次不再发生这样的情况。”

“三明治”法

“三明治”法就是用两片“面包”夹拒绝，“三明治”法就是告诉你与客户沟通时如何避免说“不”的方法。这种方法适用于受理客户投诉、与客户协商解决方案和客户对解决方案不满意等情况。第一片“面包”是：“我可以做的是……”告诉客户，你会想尽一切办法来帮助他，提供一些可选择的行动给客户，虽不是他最想要的，但有助于减少客户沮丧的感觉；第二片“面包”是：“您能做的是……”告诉客户，你已控制了一些情况，向客户提出一些可行的建议，供客户参考。例如：“王先生，我们很理解您的想法，您要是离开这里，这张 200 元卡的余额浪费了确实比较可惜。按照我们公司的规定只有在电话卡发生损坏时才可以退款，也希望您能理解。类似于您这样的情况，我们可以向其他买卡的人推荐一下，按照卡内的余额原价转让给其他人，您也可以看看您的家人或周围的朋友是不是需要用 200 元卡打长途电话，您看这样好不好？”

协商让步法

协商让步法是指在接受客户的投诉时，在调查了解有关情况的前提下，与客户进行协商，沟通时对客户的某种意见加以认可，以便更好地与客户沟通取得客户的认同。比如：可以从考虑到其他客户的需求或感受的角度来进行解释，做出一定让步，找出双方都能认同和接受的方案，对客户的损失加以适当的补偿，如免费维修、包退、包换等，以取得客户的谅解，赢得客户的信任。这种方法适用于受理客户投诉、与客户协商解决方案和客户对解决方案不满意等情况。在沟通中要注意用语：避免说："您说得很有道理，但是……"可以这样说："我很同意您的观点，同时我们考虑到……"

从众心理法

从众心理法就是针对不完全了解产品和服务就投诉的客户，电话销售人员利用人们的一种从众心理，对投诉客户和其他客户的感受进行对比，使客户在心理上获得一种平衡，从而取得客户谅解的一种沟通技巧。这种方法的通用模式是："我理解您为什么会有这样的感受；其他客户也曾有过同样的感受，不过经过说明后，他们发觉这种规定是保护他们的利益，您觉得呢？"

"7+1"说服法

心理学家的统计发现，如果你能够持续问对方七个问题而让对方连续回答七个"是"，那么当第八个问题或要求提出后，对方也会很自然地回答"是"。7+1说服法就是通过你设计的一系列问题，让客户对每一个问题都回答"是"，最终取得客户的认同的一种沟通技巧。处理投诉有时就是这么简单，问对问题，以得到一些小肯定，然后来引导你的客户做出主要的决定和肯定。这种方法适合于客户的要求超出公司规定时和说服客户，取得共识的情况。与客户讨论，使之分段同意。你可以接连向客户发出好几个反问句，为的是引出客户肯定的回答。

征询意见法

征询意见法就是主动去了解客户能够接受的解决方法，探知对方的想法，在公司政策允许的条件下，获得双方认同和接受的沟通技巧。由于征求了客户的意见，他会感到自己受到了尊重，一般比较容易接受。

家住朝阳区的徐先生在金翠宫大酒楼预订了一桌的酒席，准备春节亲友欢聚，结果宴客的前一天晚上，接到酒楼的来电说，最近预订的人实在太多，不得已临时在徐先生预订的房间内增加了两桌。徐先生觉得生气，于是打电话向酒楼投诉。

徐先生："你们也太过分了，我都预订了十多天了这才通知我，我都已经通知了所有的亲友，现在你叫我怎么办，不行，你们必须得给我个说法！"

贾经理："徐先生，这件事情确实是我们的不是，给您的安排造成了麻烦，我向您道歉。"

徐先生："道歉管什么用！"

贾经理："您看，这件事我们怎么处理，您比较满意呢？"

徐先生："人都已经通知过了，取消也来不及了，这样吧，你们得给我打折。"

贾经理："因为酒楼工作的失误给您个人造成了损失，打折是应该的，我们一定给您安排好，那么，您看就根据酒楼的规定，到时按照实际收费打九折给您好吗？"

徐先生表示同意。

从上述案例中我们看到，贾经理成功地运用了征询意见法，使客户的投诉得到了解决。

不管对于公司还是客户，解决投诉都有双方的承受限度，如果客户的要求在公司接受范围内，双方很容易达成共识；如果客户要求过高，可以采用其他的方法，如进一步沟通、关照补偿、外部评审法等措施。比如："您觉得怎么样解决（处理）更能接受呢？""您有没有更好的解决方案呢？"等等。

进行多次电话跟踪

电话跟踪是最有效，也是最常用的一种方法。据统计，2%的销售在第一次接洽后完成；3%的销售在第一次跟踪后完成；5%的销售在第二次跟踪后完成；10%的销售在第三次跟踪后完成；80%的销售在第四至第十一次跟踪后完成。而在实际的操作过程中，80%的销售人员在跟踪一次后，就不再进行第二次、第三次跟踪。少于2%的销售人员会坚持到第四次跟踪。

那么，每一次的跟踪电话应怎样打呢？下面是一个多次电话跟踪的实例：

小李是某公司的电话销售人员，在与客户打电话之前，他已经通过对方公司的网站，了解到该公司的产品类型及总经理的姓名和电话等基本信息。

下面是第一次电话联系：

小李：“陈总，您好，我是李明，××管理咨询公司的电话销售员。今天打电话给您是想向您介绍我们公司的电话销售培训课程。请问贵公司销售产品是否采用电话销售呢？”

客户：“是的，主要是电话销售。”

小李：“那您觉得销售人员电话沟通水平的高低是否对业绩有影响呢？”

客户：“当然有啊。”

小李：“那请问贵公司一共有电话销售人员多少人啊？”

客户：“十个。你们对呼叫中心那块有研究吗？”

小李：“当然，我们的培训大部分都是针对呼叫中心的，陈总听您说话，应该是对呼叫中心很了解，是吗？”

客户：“以前听过这方面的课程。”

小李：“这样说，陈总对呼叫中心还是挺有研究的啦。”

客户：“没有进行深入的研究，这样吧，你先把资料发过来让我看看吧。”

小李：“没问题，陈总，我马上发资料给您。另外，告诉您一个好消息，这段时间，我们公司针对网络客户有一个送书活动，您可以得到我们公司免费赠送的关于电话销售技巧方面的电子书籍一本。我马上发邮件送给您，请您参考。”

客户：“好的，谢谢！”

小李：“别客气！祝您工作顺利。”

下面是第二次电话联系：

小李：“陈总，您好，我是昨天给您打电话的李明，还记得吗？请问您收到资料了吗？”

客户：“收到了！”

小李：“看了资料后，您觉得怎么样？”

客户：“挺不错的。”

小李：“谢谢您的认可，您看有什么需要我帮忙的吗？”

客户：“你们这个培训具体是怎样的？”

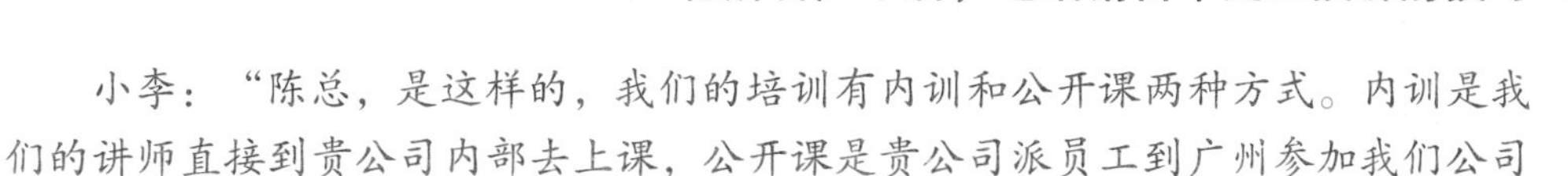

小李：“陈总，是这样的，我们的培训有内训和公开课两种方式。内训是我们的讲师直接到贵公司内部去上课，公开课是贵公司派员工到广州参加我们公司组织的课程。从效果和成本方面考虑，我觉得内训会比较适合贵公司。”

客户：“内训是怎么收费的呢？”

小李：“内训是10000元/次。”

客户：“太贵了，我们的员工比较少，不划算。”

小李：“是的，陈总，您说得很有道理，不过我觉得如果这个培训能够让您公司的业绩提高1～2倍，您一定认为花这个钱是值得的，是吗？”

客户：“你们能够保证培训之后业绩能提升？”

小李：“我不能保证每家企业都能做到，但从过去我们培训的经验来看有50%的企业能做到这一点。”

客户：“我再考虑一下吧，另外，你们公司卖电话录音系统吗？”

小李：“不好意思，陈总，我们公司不卖这个产品。但我可以帮您找一找，找到之后我会尽快和您联系，好吗？”

客户：“好的，谢谢你。”

下面是第三次电话联系：

小李：“您好，陈总，我是李明。今天上午我特意帮您找了五家卖电话录音系统的公司。由于考虑到售后服务，我特意帮您找的这些公司都是本地的。”

客户：“谢谢你。”

小李：“别客气，这五家公司的情况分别是……”

客户：“小李，真是感谢你告诉我这些信息。真的很谢谢！另外关于培训方面的事，我交代另一个经理和你联系，好吗？”

小李：“好的，谢谢您，陈总，那请问那位经理贵姓啊？”

客户：“姓刘，他的分机号码是……”

小李：“好的，我到时会跟他联系的，谢谢陈总。”

从上面的实例中，我们可以看到，电话销售人员小李前后经过了三次电话跟踪，而且是环环相扣，最后赢得了客户的心。

很多电话销售人员都会遇到这样一些情况：打第一次电话时倒还觉得轻松，可是打第二次、第三次电话时就不知道说什么好。其实，只要掌握一个小诀窍，这个问题就会迎刃而解，就像上面案例中的小李一样，在上一次的通话中为下一次通话实现做好铺垫，从而在打下一个电话时很容易找到切入点。

挽回流失的客户

流失客户对于公司来说代价是昂贵的，因为他们对于另一个公司来说可能是很有价值的，失去一个老客户会带来巨大的损失，也许需要你再开发多名新客户才能予以弥补，所以，企业要想避免这种情况的发生，销售员最好提前了解造成客户流失的常见原因都有哪些，以便提前做好各方面工作，最大限度地降低客户流失率。

客户流失的类型

一般来讲根据客户流失的原因，可以把客户流失分为以下几种类型：

1. 价格流失型

价格流失型主要是指客户转向提供低廉价格产品（服务）的竞争对手。比如，价格低廉是人民航空公司的主要吸引力，1981 年唐纳德·伯尔开优惠航线之先河。乘客可以在波士顿和纽约之间飞来飞去，费用几乎只是东部航线的一半。这样的费用对游客、学生和其他自费旅游的乘客是难以抵挡的诱惑。

2. 产品流失型

产品流失型是指客户转向提供高质量产品（或者是发现公司提供的产品是假冒伪劣产品）的竞争者。这种流失是不可逆转的。因为价格原因流失的客户我们可以再"买"回来，但是如果客户认为竞争对手的产品质量更好，那么要想把他们争取过来的概率几乎为零。

3. 服务流失型

服务流失型是指客户由于服务恶劣而离开。这其中服务人员的素质和态度起着非常重要的作用。服务人员的失误主要源于服务人员的态度，对客户漠不关心，不礼貌，不反应或者缺乏专业的知识和经验技能。另外售后服务人员对客户的抱怨和投诉没有及时的处理也会导致客户流失。

4. 技术流失型

技术流失型是指客户转向接受技术更先进的公司提供的产品（服务）。

20 世纪 80 年代，A 公司的客户大量从文字处理器转向多功能的个人电脑。A 公司可以避免这些流失，但是必须接受新技术才能够做到这一点。A 公司最终引进了个人电脑，但是没有认真开展营销活动，其电脑太少，最终被竞争者抢了

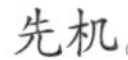

先机。

5. 便利流失型

便利流失型是指客户对现有产品、服务购买的不便性感到不满而流失。这里面包括客户对商家的地理位置、营业时间、等待服务的时间、等待预约的时间太长等方面感到不方便的感觉。客户的自然迁移或者是由于商家经营地点的迁移而导致客户购买的不便利也会导致客户放弃原有的产品或服务。

如何应对客户的流失

1. 鼓励客户投诉和咨询

客户投诉是令任何一家企业都非常头痛的问题，但是，投诉的资料可能是营销者的金矿，他们能够找出导致客户流失的问题所在。毕竟，只要有一位客户投诉，就可能有 10 位客户没有对相同的问题进行投诉。所以，电话销售人员听取客户意见并采取适当的行动不仅有助于留住提出投诉的客户，而且更重要的是，还能够保住没有投诉的客户。

开通免费投诉电话可以极大增加用于分析的投诉量。服务资料对了解客户流失非常有帮助。为了提高客户投诉和咨询的积极性，电话销售人员应该清楚地告诉客户如何进行投诉和投诉可能会带来什么结果。在此基础上，企业也应该增加接受和处理投诉的透明度，建立奖励客户投诉、督促员工积极接受并积极处理客户投诉的机制。

2. 识别和建立品牌转换的障碍

局限于流失和投诉分析是在亡羊补牢，重要的是要着眼于需要纠正的问题。一个成功的“客户忠诚策略”必须超越解决问题的范畴。防止客户流失最有效的思路就是找出防止客户转向其他竞争者的“障碍”，这些“障碍”甚至应该可以防止客户转向产品更好价格更低的公司。

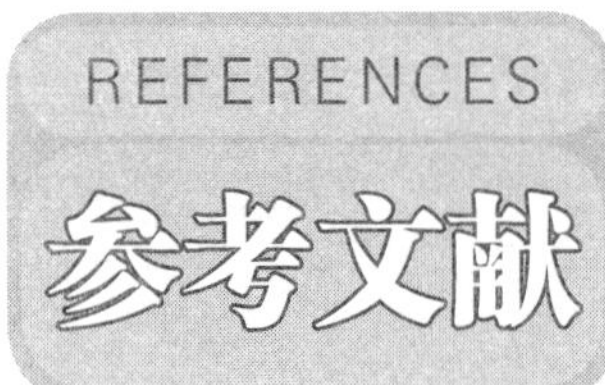

[1] 陈筠琦．下一个销售精英就是你 [M]．杭州：浙江大学出版社，2012.

[2] 璟天．电话营销真功夫 [M]．北京：企业管理出版社，2010.

[3] 张烜搏．一线万金：电话销售培训指南 [M]．北京：人民邮电出版社，2009.

[4] 王宝玲．超级销售口才训练方法 [M]．北京：中国纺织出版社，2009.

[5] 李源快．电话销售圣经：电话营销人员必备的 7 个秘密武器 [M]．北京：中华工商联合出版社，2011.

[6] 徐运全．电话营销十一招 [M]．呼和浩特：内蒙古人民出版社，2009.

[7] 张永成．打破销售困境的 N 个技巧 [M]．北京：中国纺织出版社，2009.

[8] 李向阳，张烜搏，罗宇．电话营销实务 [M]．北京：人民邮电出版社，2009.

[9] 墨墨．新手入门：电话销售 18 堂必修课 [M]．北京：北京理工大学出版社，2012.

[10] 俞慧霞．销售员电话营销训练 [M]．北京：中国纺织出版社，2008 .

[11] 李鸿诚．出口成金：电话营销培训手册 [M]．北京：北京大学出版社，2008.

[12] 肖建中．巅峰销售 [M]．广州：广东经济出版社，2010.

[13] 舒冰冰，李向阳．一点就通：电话销售业绩倍增指南 [M]．北京：人民邮电出版社，2008.

[14] 王静．如何做电话营销 [M]．北京：中国物资出版社，2008.

[15] 华英雄．电话销售快速成交 50 招 [M]．北京：中国经济出版社，2012.

[16] 郑月玲．一本书学会做电话销售 [M]．北京：人民邮电出版社，2010.

[17] 乔梁．销售人脉术全集 [M]．北京：中国纺织出版社，2011.

[18] 销售老兵．销售学常识速查速用大全集 [M]．北京：中国法制出版社，2012.

[19] 周志刚，逯毅君．电话销售的 80 个禁忌 [M]．北京：机械工业出版社，2011.

[20] 鸿蒙．一线销售人员实战培训书系：电话销售情景实战与技巧培训 [M]．北京：中国经济出版社，2013.

[21] 付佳．每天学点电话销售技巧 [M]．北京：中国纺织出版社，2013.

[22] 张海青．不打不成交：电话营销全攻略 [M]．北京：中国城市出版社，2006.

[23] 李智贤．电话销售中的拒绝处理 [M]．北京：机械工业出版社，2011.

[24] 和锋．10 分钟销售演练手册 [M]．北京：北京大学出版社，2012.

[25] 谭慧，黄克琼．每天一堂销售课 [M]．北京：新世界出版社，2011.

[26] 江天．一线真金：电话销售口才 [M]．北京：经济科学出版社，2011.

[27] 邓琼芳．第一次销售就成功：营销中应该避免的 80 个低级错误 [M]．长春：时代文艺出版社，2010.

[28] 张与弛．中国推销员最容易犯的 101 个错误 [M]．北京：中国商业出版社，2008.

[29] 崔希希．我是推销王：世界上最神奇的 60 个推销定律 [M]．武汉：华中科技大学出版社，2012.

[30] 邓媛媛．世界上最伟大的推销员 [M]．北京：人民邮电出版社，2010.

[31] 宋时元．业务员口才训练与实用技巧 [M]．北京：海潮出版社，2013.

[32] 马福存．世界上最伟大的推销员 [M]．北京：中国纺织出版社，2009.

[33] 任锡源．从零开始学电话销售全集 [M]．北京：中国言实出版社，2010.

[34] 天宇．人脉关系大赢家：世界上最棒的人脉销售 108 招 [M]．北京：中国致公出版社，2008.

[35] 王宏．电话销售人员超级口才训练：电话销售人员与客户的 138 次沟通实例 [M]．北京：人民邮电出版社，2010.